Christian Tagsold
Japan

Christian Tagsold

Japan

Ein Länderporträt

Ch. Links Verlag, Berlin

Editorische Notiz: Sofern japanische Begriffe im Deutschen geläufig beziehungsweise im Duden verzeichnet sind, folgt dieses Buch der eingedeutschten Schreibweise. Andernfalls wird die original transkribierte Form beibehalten.

Die Deutsche Nationalbibliothek verzeichnet diese Publikation in der Deutschen Nationalbibliografie;
detaillierte bibliografische Daten sind im Internet
über www.dnb.de abrufbar.

1. Auflage, März 2013
© Christoph Links Verlag GmbH
Schönhauser Allee 36, 10435 Berlin, Tel.: (030) 44 02 32-0
www.christoph-links-verlag.de; mail@christoph-links-verlag.de
Umschlaggestaltung unter Verwendung eines Fotos von einem Taxi in Tokio (bigstock / Lucian Milasan)
Lektorat: Günther Wessel, Berlin
Satz: Martin Prskawetz, Berlin
Druck und Bindung: Druckerei F. Pustet, Regensburg

ISBN 978-3-86153-715-1

Inhalt

Vorwort   7

Von modernen Traditionen und langlebiger Moderne   12
Der gleichzeitige Beginn der Moderne und der Traditionen   13
Japanertheorien   18
Wider die Mentalität   22

Imaginäre Geografie   27
Alte und neue Hauptstadt   28
West und Ost   31
Zentrum und Peripherie   35
Kleinere Gegensätze   39

Die Last der Geschichte   45
Postkoloniale Probleme   47
Das Erbe der Schuld   51
Der Kaiser und die jüngere Geschichte   57

Alles Sushi oder was?   64
Reis und Identität   67
Regionale Unterschiede   71
Ein Lächeln kostet nichts   75

Alltagskultur   81
Religion   82
Feste   85
Umgangsformen   88

Bücher und Zeitungen	90
Manga und Anime	92
Fernsehen und neue Medien	96

Als die aufgeblasene Wirtschaft platzte — 100

Das Wunder der Einkommensverdoppelung	102
Die zweitgrößte Weltwirtschaft	107
Die Spekulationsblase	111
Die verlorenen Jahrzehnte	116

Das Ende der Gemeinschaft? — 122

Individuum und Gruppe	123
Der Normlebenslauf	128
Die politische Starre und Stabilität	133
Gewinner und Verlierer	138
Wer ist Japan?	141

Die Zukunft ist das Alter — 147

Die radikale Alterung	149
Pflege als Problem	153
Altern als Chance	158
Wie sieht die alte Zukunft aus?	161

Three Eleven — 164

Das große Hanshin-Awaji-Erdbeben 1995	166
Der 11. März 2011 und die Folgen	170
Fukushima – und wie weiter?	175
Die dreifache Katastrophe in Deutschland	180

Anhang

Empfehlungen: Literatur, Mangas und Internetquellen	185
Übersichtskarte Japan	188
Basisdaten	189

Vorwort

Viele Bücher oder Zeitschriftenartikel, die Japan vorstellen, beginnen damit, das Land »zwischen Tradition und Moderne« anzusiedeln. Traditionen, das sind buddhistische Mönche und Tempel, altertümliche Riten und Kunstwerke. Auch die scheinbar untergeordnete Stellung der Frau in der Gesellschaft wird gerne unter dieser Rubrik verbucht. Dem gegenüber stehen Hightechprodukte wie Plasmafernseher und zukunftsweisende Autos mit Hybridtechnologie. Das Miteinander von Tradition und Moderne sei das typische Kennzeichen des Landes, manchmal schwer zu ertragen, manchmal aber von wohltuend ausgleichender Wirkung. Dieses Bild wird in Japan von der Politik und den Medien gerne angenommen und kultiviert, und so hat es sich fest verankert. Es ist jedoch nicht sonderlich hilfreich, wenn man dort leben und dazu seine Umgebung verstehen will. Das wurde mir recht schnell vor Augen geführt, als ich mich nicht mehr nur in meiner Studierstube mit Japan beschäftigte, sondern mich auf ins Land »zwischen Tradition und Moderne« machte.

Als ich zu Beginn der 1990er Jahre anfing, Japanologie zu studieren, schienen Tradition und Moderne gerade besonders heftig aufeinanderzuprallen. Japan überschwemmte die westlichen Märkte mit Videorekordern, Videospielkonsolen und Autos. Gleichzeitig begeisterten sich die meisten meiner Kommilitonen wie viele andere Menschen für Zen-Buddhismus oder japanische Kampfkünste. Schulen für Judo, Karate oder Aikido waren gut frequentiert, und Berichte über asketische Mönche in alten Klöstern liefen häufig im Fernsehen. Auch die wirtschaftliche Stärke wurde oft auf Zen zurückgeführt. Meditieren stärke die Manager und mache sie offen für ungewöhnliche Lösungen, so konnte man in der einschlägigen Literatur lesen. Japan, damals ökonomisch unglaublich erfolgreich, wurde also oft durch Zen-Buddhismus erklärt, und nicht wenige erlagen der Faszination dieser buddhistischen Schule. Manche tun es sogar heute noch, wie die Regisseurin Doris Dörrie in ihrem Film »Erleuchtung garantiert«.

Obwohl ich kein Zen-Adept und Anhänger von Kampfkünsten war, fand ich es schon ein wenig überraschend, von all dem so wenig zu sehen, als ich mich 1993 erstmals gen Osten aufmachte. Ich lebte das erste halbe Jahr in einer Homestayfamilie und bekam dadurch einen sehr guten Einblick in das Alltagsleben. Meine Homestayeltern hatten zwar einen buddhistischen Hausaltar, aber mit Zen konnten sie wenig anfangen. Für meine Homestayfamilie war Judo so anrüchig wie Boxen – ein seltsamer Sport für Gewaltfanatiker –, und meine Freunde sahen es allesamt genauso. Ebenso liefen nirgends Zen-Mönche durch die Straßen, und buddhistische Tempel waren fast immer verwaist. Noch dazu gehörten die meisten von ihnen ganz anderen buddhistischen Schulen an. Gerta Ital, eine Deutsche, die in den 1960er Jahren nach Japan reiste, um sich voll dem Zen-Buddhismus zu verschreiben, machte eine ganz ähnliche Erfahrung. Aber sie ließ sich nicht davon verunsichern, dass so wenig von Zen zu sehen war, obwohl im Westen so viel darüber geschrieben und geredet wurde. Stattdessen behauptete sie in ihrem Buch *Der Meister, die Mönche und ich. Eine Frau im Zen-Buddhistischen Kloster* einfach, dass die Japaner sehr wohl alle tief vom Zen-Buddhismus beeinflusst seien. Sie wüssten es nur selber nicht mehr und hätten ihre zen-buddhistische Prägung gewissermaßen ins Unterbewusste verdrängt – eine nicht wirklich überzeugende Erklärung.

Inzwischen unterrichte ich selber Studierende an der Universität und bemerke, dass sich der Blick auf Japan seit Anfang der 1990er Jahre völlig verändert hat. Zen ist überhaupt kein Thema mehr – kaum jemand würde heute deshalb Japanologie studieren. Stattdessen interessieren sich die Studierenden für Mangas und Animes, japanische Comics und Zeichentrickfilme. Manche träumen sogar davon, selber *mangaka*, also Comiczeichner, zu werden. Ob nun die Vorstellung wirklich zutrifft, Japan sei das Paradies für Mangaanhänger, ist vielleicht fraglich. Ziemlich sicher trifft es die Sache aber eher als der Glaube meiner Studentengeneration an das zenbuddhistische Paradies auf Erden. Im Gegensatz zu Zen sind Manga und Anime wirklich weit verbreitet.

Heißt das nun, dass Japan eher ein modernes als ein traditionelles Land ist, weil so viele Japaner moderne Populärkultur schätzen und deshalb Manga lesen, jedoch nur ganz wenige sich dem Zen zuwenden? Haben die Japaner ihre Traditionen abgelegt und sich nun endgültig und unwiderruflich der Moderne zugewandt? So einfach ist es nun auch wieder nicht. Zen mag keine so große Rolle spielen. Doch seit über tausend Jahren regiert ein Kaiser, und obgleich Zen-Mönche eher seltene Erscheinungen sind, ist doch beispielsweise Schinto, den man gerne als japanische Naturreligion bezeichnet hat, ein wichtiger Bezugspunkt. Also doch ein Land »zwischen Tradition und Moderne«? An diesem Punkt möchte ich mit meiner Beschreibung einsetzen. Wenn man versteht, dass dieser Gegensatz zwischen Tradition und Moderne so nicht existiert, hat man schon viel gelernt. Der Trick dabei ist, dass vieles an dem, was uns traditionell anmutet, alles andere als alt ist. Viele Traditionen sind jüngeren Datums und sehr bewusst von der Politik lanciert worden. Das heißt nicht, dass die Beschäftigung mit diesen »Traditionen« unsinnig wäre. Im Gegenteil versteht man vieles von dem, was heutzutage vor sich geht, indem man sich vor Augen hält, warum diese Traditionen so modern geworden sind.

Die Frage, wie Tradition und Moderne einerseits so zusammengehen könnten und welche Widersprüche sich daraus ergäben, wurde vor nicht allzu langer Zeit noch einmal aufs heftigste in den Medien aufgeworfen. Als im März 2011 erst ein Erdbeben Nordjapan erschütterte, dann ein Tsunami die Küstenregion zerstörte, fast 20 000 Menschenleben forderte und schließlich in den Kernkraftwerken von Fukushima mehrere Reaktorblöcke unkontrollierbar wurden, wollten nicht nur Journalisten schnelle Erklärungen haben. Viele Verhaltensweisen schienen unverständlich. Warum zeigten so wenige Menschen ihre Gefühle und ließen ihrer Trauer freien Lauf, warum flüchtete praktisch niemand ins Ausland, warum opferten sich 50 Arbeiter in Fukushima, um Schlimmeres zu verhindern? Zunächst einmal beruhten diese drei häufigsten Fragen auf höchst oberflächlichen Beobachtungen und waren falsch gestellt. Davon abgesehen fielen die Antworten in alte Muster zurück. Die Antwort, die Georg Diez im *Spiegel* zehn Tage nach dem Beginn der Katastrophe auf die letzte der drei Fragen, die nach den Motiven der sogenannten *Fukushima 50*, gab, ist bezeichnend: »Weniger die Pflicht scheint diese Männer anzutreiben …, sondern das, was man mit dem altmodischen, vordemokratischen, sperrigen Wort der Ehre meint.« Mit vordemokratischen und altmodischen Motiven hätten die Arbeiter sich also dem größtmöglichen Unfall der Moderne, der Kernschmelze, entgegengeworfen. Ihr Opfer für die Gruppe sei in Zeiten des Individualismus vorbildlich.

Ich habe im März 2011 einer Journalistin der *Bild*-Zeitung versucht zu erklären, warum die Dinge etwas komplexer sind als diese holzschnittartigen Beschreibungen. Das Gespräch war sehr fruchtlos, weil die Dame immer wieder auf ihre einfachen Antworten zurückkam und diese nur von mir bestätigt haben wollte. Am Ende kamen wir zu keiner gemeinsamen Version der Ereignisse, und sie zog los, einen neuen, handzahmeren Fachkundigen zu suchen. Viele Japaner in Deutschland und Japanexperten bemühten sich ebenfalls nach Kräften, den Medien bessere Erklärungen zu geben. Nicht allzu oft sind sie damit durchgedrungen. Die Medien sind im Falle einer Katastrophe diesen Ausmaßes völlig überfordert und greifen auf bekannte Muster zurück. Aber gerade dieses Beispiel zeigt, wie wichtig es ist, sich nicht mehr mit dieser Form von Analysen zufriedenzugeben. Ich schreibe deshalb am Ende des Buches über die dreifache Katastrophe und zeige anhand dieses Beispiels, dass man Japan nicht mehr als in sich geschlossene, selbstgenügsame Gesellschaft beschreiben kann. Wir müssen ständig im Auge behalten, wie sich Informationen, politische Bedingungen und Netzwerke weltweit in Reaktion auf lokale Ereignisse verhalten.

Man kann die Auseinandersetzung allerdings nicht nur auf die Demontage vieler uns vertrauter Japanbilder reduzieren, und das will auch ich in diesem Buch nicht tun. Die japanische Gesellschaft erlebt nicht nur in Folge der dreifachen Katastrophe riesige Umbrüche. So wurde der Glaube an eine immer weiter wachsende Wirtschaft, die damit einhergehende Vollbeschäftigung und letztlich die unbegrenzten Segnungen der Moderne bereits Anfang der 1990er Jahre erschüttert. Damals platzte die sogenannte »Bubble Economy«, die über alle Maßen aufgeblasene Wirtschaft – das spielt für die Beschreibung des Landes eine zentrale Rolle. Vielleicht können wir dabei auch etwas über uns selbst lernen. Eine ganz ähnliche Krise haben wir mit der Weltwirtschaftskrise gerade erst erlebt und stecken eigentlich noch mittendrin.

Noch eine Entwicklung, die wir mit Japan teilen, vollzieht sich dagegen langsamer, aber im internationalen Vergleich doch erschreckend rasch. Die japanische Gesellschaft ist die am schnellsten alternde der Welt. Schon jetzt ist fast ein Viertel aller Menschen dort über 65 Jahre alt, und ihr Anteil an der Gesamtbevölkerung wird sich in den nächsten Jahrzehnten noch weiter erhöhen. Hier ist man uns ebenfalls einfach nur ein Stückchen voraus, wenngleich auf ungewohnte Weise. Die deutsche Gesellschaft altert zwar etwas weniger schnell, doch ein Blick nach Japan könnte gleichzeitig etwas über unsere eigene Zukunft verraten.

Es lohnt sich also, überkommene Vorstellungen beiseitezuschieben und unvoreingenommen auf das Land zu blicken, weil uns einiges nur allzu bald sehr vertraut sein wird. Das heißt nicht, dass man die klassischen Japanbilder direkt überspringen sollte. Die Beschäftigung mit ihnen verrät viel über das Land.

Ein letzter Punkt ist noch wichtig. Japanische Namen werden oft falsch ausgesprochen. Besonders Sportreporter tun sich hier unrühmlich hervor, was auffällt, da in der Fußball-Bundesliga immer mehr japanische Spieler antreten. Dabei ist die Aussprache des Japanischen eigentlich ganz einfach. Alle Vokale spricht man wie im Deutschen aus, alle Konsonanten wie im Englischen. Shinji Kagawa, der ehemalige Spieler von Borussia Dortmund, ist also ein Fall, wo man beim Nachnamen nichts falsch machen kann. Der Vorname allerdings würde für Deutsche wohl Schindschi geschrieben, wobei das »dschi« stimmhaft ist. Die Aussprache mit einem deutschen »j« ist jedenfalls sehr schmerzhaft für geschulte Ohren. In diesem Buch heißt Shinji Kagawa aber sowieso Kagawa Shinji. Japanische Namen werden in der in Japan üblichen Reihenfolge wiedergegeben – was die Wiedererkennung vor Ort wesentlich erleichtern wird. Der Nachname, also Kagawa, steht dabei immer vor dem Vornamen, also Shinji. Außerdem finden sich mitunter Striche über dem o oder dem u, wie bei Kyūshū, der südlichsten der vier Hauptinseln Japans. Diese Vokale werden lang ausgesprochen, alle anderen kurz. Eigentlich müsste es im Text nach diesem System der Umschrift auch Tōkyō, Kyōto oder Ōsaka heißen. Da aber diese Eigennamen längst als Tokio, Kioto und Osaka Eingang ins Deutsche gefunden haben, werden sie im Buch auch so verwendet. Beim e gibt es den Längenstrich im Übrigen nur bei Fremdwörtern. Ansonsten spricht man »ei« als langes e aus und eben nicht als Ei.

Von modernen Traditionen und langlebiger Moderne

Wenn ich Vorträge über Japan in einem nichtwissenschaftlichen Rahmen gehalten habe – und selbst manchmal in einem wissenschaftlichen –, kam fast immer irgendwann einmal eine Frage oder Bemerkung in der anschließenden Diskussion, die sich unter die Rubrik »Japan – Land zwischen Tradition und Moderne« einordnen lässt. Dann musste ich erklären, dass der Widerspruch nur scheinbar ist und alles sowieso viel komplexer, als es die Frage andeutet. Aber die konkrete Antwort ist gar nicht so wichtig. Hier geht es mir nur um den Reflex vieler, Tradition und Moderne in einem ewigen Spannungsverhältnis zu sehen. Die Idee, dass sich da etwas reiben würde, ist jedenfalls sehr stark ausgeprägt. Dieser auffallend große Gegensatz regt die Fantasie an. Das macht Japan besonders exotisch, irgendwie rätselhaft und zu einem Objekt der Neugier.

Aber es ist nicht allein eine mögliche Zerrissenheit, die exotisch ist. Oft wird für Japan konstatiert, dass trotz dieser Zerrissenheit Tradition und Moderne doch irgendwie sogar zusammenkommen. Das wirft eine Reihe weiterer verwirrender Fragen auf: Wie kann es sein, dass da ein Ort existiert, an dem die Moderne nicht einfach die Tradition nach und nach auslöscht, wie es eigentlich sein müsste? Und wenn wir uns schon eingestehen, dass andernorts oder womöglich sogar bei uns Traditionen nicht vollständig durch die Moderne verdrängt wurden, bleibt doch eines offen: Warum sind die Traditionen in Japan nicht fein säuberlich abgetrennt von der Moderne, sondern gehen mit ihr scheinbar eine wilde Mischung ein? Wie kann ein schintoistischer Priester, der allein durch seine Kleidung und seinen rituellen Gestus für das Vergangene steht, ein Auto weihen, das ein Produkt der Moderne ist? Das ergibt doch irgendwie keinen Sinn.

Der Gegensatz zwischen »Tradition und Moderne« ist an sich schon problematisch. Das wird klar, wenn man sich viele der Traditionen einmal genauer anschaut und bemerkt, dass sie oft kaum älter als 150 Jahre sind und sehr bewusst erfunden wurden. Das heißt, dass so manche Tradition oft genauso modern ist wie eben jene Moderne, zu der sie doch den Gegensatz bilden sollte. Es ist keineswegs ein Zufall, dass das Traditionelle und das Moderne in Japan in ihrer Entstehung zeitlich so nahe beieinanderliegen. Beides entstammt einer Epoche der Geschichte, in der ganz neu definiert wurde, was eigentlich als Kern der japanischen Identität gelten soll. Wenn man diesen Prozess der Selbstdefinition durchschaut, wird so manches klarer, und viele Bestandteile des fremden und scheinbar so unverständlichen Japans verlieren ein bisschen ihre Exotik.

Der gleichzeitige Beginn der Moderne und der Traditionen

Wenn meine Studierenden sich nur eine Jahreszahl zur japanischen Geschichte merken können sollten, so ist es ganz sicher 1868. Bis 1868 regierten die Shogune der Tokugawa-Familie de facto das Land von Tokio aus, das damals Edo hieß. Sie hatten rund 250 Jahre vorher die Macht an sich reißen können, nachdem das Land eine Phase chaotischer Bürgerkriege hinter sich gebracht hatte. Der Begriff Shogun ist vielen aus der gleichnamigen Fernsehserie mit Richard Chamberlain aus den 1970er Jahren bekannt und bedeutet in etwa Militärherrscher. In der Fernsehserie wird eines der wichtigsten Merkmale der Zeit thematisiert: Die Europäer, speziell die Seefahrernationen wie Portugal, Spanien, die Niederlande und England, entdeckten Japan. Der Shogun durchschaute aber, dass ihre Einflussnahme das Land womöglich schwer regierbar machen könnte, und verbot nach und nach jegliche Außenkontakte. Am Ende waren die Holländer die einzigen Europäer, die noch begrenzten Kontakt mit den Japanern haben durften. Der Erfolg gab dem Tokugawa-Shogunat recht. 250 Jahre durchlebte das Reich eine relativ friedliche Zeit.

Mitte des 19. Jahrhunderts schickten allerdings die USA eine Mission nach Edo, die die Öffnung des Landes für ihre Schiffe und

Händler verlangen sollte. Ein Hintergrund war, dass der amerikanische Walfang immer größere Ausmaße annahm, wie man gut in Melvilles *Moby Dick* nachlesen kann. Die global agierenden Walfangschiffe hätten gerne Japan angesteuert, um ihre Vorräte aufzufüllen, wurden jedoch aufgrund der Politik des Shogunats immer wieder abgewiesen. Die US-Mission wurde angeführt von Commodore Matthew Calbraith Perry. Sie erreichte die Bucht von Tokio, damals noch Edo, 1853. Der Anblick der ausländischen Schiffe, die vor Anker gegangen waren und durch Kanonenschüsse ihre Präsenz zu unterstreichen versuchten, war ein Schock für die Bewohner Edos, die so etwas nicht gewohnt waren. Sie verpassten Perrys Miniflotte den Namen »schwarze Schiffe«. Das Shogunat geriet in Aufruhr. Wie sollte man sich angesichts der amerikanischen Forderungen verhalten? Die Holländer hatten die Regierung zwar vorgewarnt und mit Informationen zur allgemeinen Weltlage versorgt, dennoch brach Konfusion aus. Perry segelte wieder ab mit der Ankündigung, in einem Jahr zurückzukommen. Bis dahin hatte das Shogunat erkannt, dass eine Ablehnung der Forderungen angesichts der Kräfteverhältnisse wohl wenig ratsam gewesen wäre. So weitete das Land also seine Außenkontakte deutlich aus. Die europäischen Mächte kamen schon bald und verlangten ähnliche Bedingungen wie die Amerikaner. Die Verträge spiegelten die Machtverhältnisse deutlich wider. Die japanische Seite musste Häfen öffnen und den Ausländern eine Reihe von Rechten einräumen, ohne selbst sonderlich viel zu erhalten. Deswegen werden die Abmachungen ungleiche Verträge genannt. Einzig die Einfuhr von Opium wurde verboten – angesichts des Schicksals Chinas, wo die Menschen von den Engländern durch Opium gefügig gemacht wurden, ein nicht ganz unwichtiges Zugeständnis.

Als Konsequenz dieser Episode zerbrach das Shogunat nur ein Jahrzehnt später. Viele Samurai hatten ihr Vertrauen in die Macht des Shoguns verloren, hatte dieser doch das Eindringen der Ausländer nicht abwenden können. Sie setzten deshalb auf eine andere Macht: den Kaiser. Der hatte durch die ganze Zeit des Shogunats hindurch seinen Hof in der alten Hauptstadt Kioto, wie schon Jahrhunderte zuvor. Allerdings war seine Macht eher symbolisch. Alle tatsächliche Regierungsgewalt ging von den Shogunen aus, die zwar den kaiserlichen Hof alimentierten, aber dafür sorgten, dass er allmählich bei der breiten Bevölkerung in Vergessenheit geriet.

Angesichts der Krise pochten vor allem junge Samurai darauf, die Macht wieder komplett zurück an den Kaiser zu übertragen. Nach diversen inneren Unruhen kam es im Jahr 1868 zum Showdown. Die feindlichen Lager, die Anhänger des Shoguns und des Kaisers, bekämpften sich. Am Ende dankte der letzte Shogun ab. Die neue Regierungsepoche bekam den Namen Meiji. Der Kaiser, der mit Eigennamen Mutsuhito hieß, wurde deshalb Meiji-Tenno genannt – alle japanischen Kaiser werden seitdem nach der Bezeichnung ihrer Regierungsepoche benannt. Der Meiji-Kaiser war ein junger Mann, der erst kurz vorher den Thron bestiegen hatte. Er sollte etwas mehr als 40 Jahre auf diesem bleiben.

In der Meiji-Zeit wandelte sich das Reich ganz grundlegend. Die jungen Samurai, die infolge dieser sogenannten Meiji-Restauration von 1868 die politische Macht ergriffen hatten, erkannten sehr schnell, dass das Land sich modernisieren musste. Es half nichts, über das Eindringen der Amerikaner und Europäer zu lamentieren. Im Zeitalter des Imperialismus galt offenkundig das Recht des Stärkeren. Wollte man irgendwann einmal die ungleichen Verträge revidieren – und das war das erklärte Hauptziel – musste man im imperialen Spiel mitspielen und stark werden. Nur so konnte man die Nordamerikaner und Europäer beeindrucken.

In nur wenigen Jahren wurden die alten Strukturen der Tokugawa-Ära abgeschafft. Die Shogune hatten das Land weitestgehend durch einen feudalen Aufbau regiert. Jetzt wurde die Macht zentralisiert. Um den Machtübergang symbolisch ganz eindeutig festzuhalten, verließ der Tenno die alte Hauptstadt Kioto und machte Edo zur neuen Hauptstadt. Edo wurde sogleich in Tokio umbenannt, was so viel heißt wie Hauptstadt des Ostens. Das war ein sehr selbstbewusster Schritt, trat die Stadt doch damit in Konkurrenz zu Beijing, deren Name übersetzt Hauptstadt des Nordens bedeutet. Japan wollte sich nicht mehr wie jahrhundertelang vorher an China orientieren, sondern am Westen. China zerfiel offensichtlich im Zeitalter des Imperialismus. Sein alter Glanz war längst vergangen. Stück für Stück wurde die Küste unter den westlichen Kolonialmächten aufgeteilt – das konnte kein Vorbild sein.

Stattdessen wurden westliche Errungenschaften eingeführt. Schon kurz nach der Meiji-Restauration 1868 wurde die erste Eisenbahn zwischen Tokio und Yokohama eingeweiht. Yokohama war noch zehn Jahre vorher ein kleines Fischerdorf gewesen, jetzt aber einer der Häfen, die die Westmächte anlaufen durften. In der Folge entwickelte sich die Stadt zur zweitgrößten in Japan. Auch andere Zöpfe wurden im wahrsten Sinne des Wortes abgeschnitten. Die Samurai mussten ihre Haartracht, die bis dato aus einem zusammengebundenen Zopf auf einem weitestgehend rasierten Kopf bestanden hatte, den westlichen Gepflogenheiten anpassen. Sie verloren ihre Standesrechte wie das Tragen von Schwertern. Dafür wurde eine reguläre Armee aufgestellt und nach preußischem Vorbild ausgebildet. Die Preußen hatten 1870/71 im Krieg gegen Frankreich bewiesen, dass sie auf diesem Gebiet die besten waren. Überhaupt wollte man immer von den Besten lernen. Die Marine orientierte sich an England. Das neue Rechtssystem schaute man sich in Frankreich und im neuen Deutschen Reich ab. Um die Grundlagen der westlichen Medizin kennenzulernen, lud man vorwiegend Deutsche als Professoren in die neugegründeten Universitäten ein. Aus diesem Grund können viele ältere Ärzte noch Deutsch, das bis vor einigen Jahrzehnten Pflichtfach im Medizinstudium war. Ein Arzt diagnostizierte bei mir einmal Mumps, obwohl er sonst nicht viel Deutsch sprach.

Der gesamte Wissenstransfer der Meiji-Zeit ging in nur wenigen Jahrzehnten vor sich. Nicht wenigen dürfte es angesichts des raschen Wandels schwindlig geworden sein. Eine ganze Welt, die der Shogune und des Feudalismus, brach in kürzester Zeit zusammen und wurde nach westlichem Vorbild wieder aufgebaut. Jetzt könnte man vermuten, dass genau hier der Bruch zwischen Tradition und Moderne begründet liegen würde. Alles Alte würde als Tradition erhalten bleiben, alles Neue als Moderne das Leben bestimmen. Die Traditionen hätten dazu gedient, den Menschen Halt in einem sehr unübersichtlichen Wandlungsprozess zu geben. Da sie aber gegen die Moderne der Meiji-Zeit gerichtet gewesen seien, wären das Land und die Menschen innerlich hin- und hergerissen. Nicht nur die schon genannten zahllosen Bücher mit dem ominösen »zwischen« im Titel stützen diese These. Filme wie »Der letzte Samurai«, in dem Tom Cruise quasi als Bewahrer der echten Tradition Japans auftritt, schlagen in die gleiche Kerbe. In Japan ist diese Sichtweise durchaus populär.

Aber genau so ist es eben nicht. Die meisten Traditionen sind nicht die Überreste aus der Zeit von vor 1868, die sich trotz des Ansturms der Moderne erhalten haben. Stattdessen wurden sie von den neuen Mächtigen im Land im Zuge der Modernisierung gleich mit eingeführt. Das Beispiel des Schinto zeigt dies besonders eindrücklich. Die jungen Samurai, die an die Regierung gelangt waren, wollten nach westlichem Vorbild eine Staatsreligion einführen. Sie hatten erkannt, dass die Kolonialmächte ihre Regierenden jeweils mit verschiedenen Formen des Christentums legitimierten. Sehr deutlich war dies beim deutschen Vorbild, wo der Kaiser gleichzeitig das Oberhaupt des Protestantismus war. Auch in England lagen die Verhältnisse mit Königin Viktoria an der Spitze der Church of England, also der anglikanischen Kirche in Großbritannien, ähnlich. Zwei religiöse Systeme boten sich in Japan an, um eine Staatskirche zu formen: der Buddhismus und der Schinto. Der Buddhismus war allerdings in unzählige Schulen mit teilweise recht widersprüchlichen Ansichten zerfallen. Außerdem war er aus China nach Japan gekommen, hätte also als Staatsreligion immer irgendwie Bezüge nach außen mit sich getragen, die sich womöglich schwer in eine neue nationale Religion hätten einfügen lassen. Aber das Hauptargument gegen den Buddhismus als Staatsreligion war, dass sich die Tokugawa-Shogune für ihre Regierung auf dessen Tempel gestützt hatten. Die Tempel waren für die Registrierung der Bevölkerung eingesetzt worden. Da sich die neuen Mächtigen deutlich von der alten Regierungsgewalt distanzieren wollten, verfolgten sie zu Beginn der Meiji-Zeit sogar die buddhistischen Mönche und zerstörten deren Tempel.

Stattdessen bauten sie die höchst diversen Volksriten zu einem einheitlichen System aus, dem Schinto. Die unzähligen Schreine, in denen man alle möglichen Gottheiten anbetete, wurden alle dem Hauptschrein in Ise unterstellt. Dieser Schrein beherbergte die Sonnengöttin Amaterasu, die mythische Urahnin des Tenno-Geschlechts. Auf diese Weise wurden die religiösen Praktiken auf den Kaiser hin ausgerichtet. Der Staats-Schinto, im Unterschied zum Volks-Schinto, wurde an Schulen gelehrt und gelebt. Er wurde durch aufwendige Inszenierungen, aber auch durch Zwang in die Köpfe der Menschen eingebrannt. Dabei behaupteten die Mächtigen gerne, dass es sich um die eigentliche und ursprüngliche Religion Japans handle, um dem neuen Staats-Schinto mehr Legitimität zu verleihen.

Im Ergebnis war der Staats-Schinto höchst erfolgreich, sogar genau genommen viel zu sehr. Diese scheinbare Tradition war eine der Grundlagen für die ultranationalistische Zeit ab den 1930er Jahren, die oft als japanischer Faschismus bezeichnet wird. Auf der Grundlage dieser Ideologie eroberte die japanische Armee halb Ostasien und verübte schwerwiegende Kriegsverbrechen – dazu später mehr.

Ganz deutlich wird an diesem Beispiel, dass vieles von dem, was wir heute als äußerst ursprünglich vorgestellt bekommen, eigentlich recht neuen Datums ist. Der Widerspruch zwischen Tradition und Moderne ist nur ein scheinbarer. In der Meiji-Zeit wurden viele Traditionen geradezu erfunden, um zum einen den eigenen Machtanspruch zu legitimieren. Zum anderen sollten die Menschen mit dem Ansturm der westlichen Moderne versöhnt werden, indem man ganz bewusst scheinbar uralte japanische Werte dagegenhielt. Das Motto hieß westliche Technik, aber japanischer Geist. Nur dass der Geist gleichzeitig mit der Technik eingeführt wurde und keineswegs der Kern der japanischen Identität war, der die Jahrhunderte oder gar Jahrtausende überdauert hatte.

Japanertheorien

Dieser Erfindung von Traditionen im ausgehenden 19. Jahrhundert folgten im 20. Jahrhundert die sogenannten Japanertheorien, die auf Japanisch *nihonjinron* heißen. Nachdem durch die neuen Traditionen ein Korsett für die neue japanische Identität geschaffen worden war, musste es noch mit Leben gefüllt werden. Das leisten die Japanertheorien. Deren Höhepunkt liegt eigentlich in den 1960er bis 80er Jahren, aber der Ausgangspunkt lässt sich schon im frühen 20. Jahrhundert finden. Diese Theorien ziehen sich durch zahllose Zeitungs- und Zeitschriftenartikel. Das typische Medium, durch das sie sich verbreitet haben, sind jedoch Bücher. Einige der großen japanischen Bestseller der letzten 50 Jahre lassen sich diesem Genre zurechnen. Es haben also sehr viele Japaner und Japaninteressierte irgendwann einmal Japanertheorien gelesen und oft verinnerlicht.

Grob gesagt geht es bei diesen Theorien darum, Japan gezielt gegenüber dem Westen abzugrenzen. Viele Autoren finden immer neue Argumente, warum ihr Land ganz anders ist als der Rest der Welt. Und wenn sie »Rest der Welt« schreiben, meinen sie in aller Regel Europa und Nordamerika, also die einflussreichsten Staaten ihrer Zeit. Doch nicht nur Japaner haben Japanertheorien geschrieben. Einige der bekanntesten Werke des Genres stammen sogar von westlichen Autorinnen und Autoren wie das Buch *Die Chrysantheme und das Schwert* der amerikanischen Ethnologin Ruth Benedict. Sie wurde von den amerikanischen Streitkräften kurz vor Ende des Zweiten Weltkrieges beauftragt, die Kultur Japans im Hinblick auf die bevorstehende Besetzung zu analysieren. Ihre Voraussage, dass die Japaner keinen Widerstand leisten würden, traf zwar ein, aber ihre krasse Gegenüberstellung der westlichen und der japanischen Welt liest sich aus heutiger Sicht recht zwiespältig. Ihr Buch hatte auf jeden Fall im Nachkriegsjapan großen Erfolg und wurde intensiv diskutiert.

Es lohnt sich, die Japanertheorien genauer zu kennen, weil man immer noch in Gesprächen, Vorträgen oder den Medien sowohl in Japan wie auch hierzulande auf viele Versatzstücke und Argumente trifft, die genau hier ihren Ursprung haben. Kennt man die Hintergründe, muten einige Aussagen nicht mehr so überzeugend an. Ich werde selbst immer wieder auf allen Ebenen mit diesen Theorien konfrontiert. Meine Studierenden haben oft einige Thesen aufgesogen, bevor sie an die Universität kommen, und können sich nur schwer wieder davon lösen. In Vorträgen gibt es immer Zuhörer, deren Fragen dadurch klarer werden, dass ich den Hintergrund einschätzen kann. Und in Japan selbst greifen Gesprächspartner ebenfalls oft auf Japanertheorien zurück, um ihr Land zu erklären – sogar, wenn das offensichtlich nicht sinnvoll ist.

Die Japanertheorien waren und sind einfach so erfolgreich, dass viele Menschen auf sie zurückgreifen. Das kann manchmal ganz schön anstrengend sein, denn diese Theorien sind sehr holzschnittartig vergröbernd. Differenziert wird in ihnen eigentlich nur auf eine Art – Japaner gegenüber Nichtjapanern (sprich Westlern). Die Sprache neigt in diesen Theorien oft zu einer Art von Verallgemeinerung, dass man sich an Bücher über die Flora und Fauna erinnert fühlt: Der gemeine Hausjapaner ist im Gegensatz zum gemeinen Hauswestler … – an dieser Stelle kann man dann einen beliebigen abgrundtiefen Unterschied zwischen dem einen und dem anderen Menschenschlag einsetzen.

Was für Japanertheorien gibt es konkret? So ziemlich alles, was man sich an potenziellen Unterschieden zwischen Japanern und anderen Menschen denken kann, wurde schon einmal aufgegriffen. Sehr beliebt sind psychologische Erklärungsmuster. Da wären dann Japaner anders als Westler, weil ihr Verhältnis zur Mutter ein ganz anderes sei. Westliche Mütter würden ihren Kindern klare Regeln mit auf den Weg geben. Bei Verstößen werden die Kinder dann bestraft und lernen so ihren Weg durchs Leben. Dagegen hätten japanische Kinder bis zu einem gewissen Alter alle Freiheiten, weil die Mütter höchst nachsichtig seien. Während die westlichen Kinder durch die Regeln irgendwann zu Individuen erzogen würden, die nicht auf die Nachsicht der Mutter hoffen dürfen, so dass die enge Bindung sich nach und nach löst, würden die japanischen Kinder lernen, Abhängigkeiten wie die zur Mutter zu schätzen. Am Ende sind die Westler Individuen. Die Japaner dagegen vertrauen sich ganz höhergestellten Bezugspersonen wie dem Chef an und verlassen sich gänzlich darauf, dass er sie bei Fehlverhalten nicht fallenlassen wird. Eine Gruppenbezogenheit entsteht. Das ist sehr verkürzt das Grundgerüst eines der bekanntesten Werke der Japanertheorien, *Amae – Freiheit in Geborgenheit. Zur Struktur japanischer Psyche* des Psychologen Doi Takeo. Die schlussendliche These ist ganz typisch für Japanertheorien und kommt in vielen Werken zur Anwendung: Die Westler sind starke Individuen, die Japaner dagegen Gruppenmenschen.

Diese These findet sich auch oft in Religionsstudien, hat dort aber eine andere Begründung. Die Japaner sind gruppenorientiert, weil der Schinto die dörfliche Gemeinschaft oder die Nation als Ganzes im Auge hat, wird argumentiert. Das Christentum hingegen stellt die Beziehung zwischen Individuum und Gott in den Mittelpunkt. Der Einzelne hat sich nur seinem Schöpfer gegenüber zu verantworten. Allein die Zwiesprache mit ihm steuert das Gewissen des Christen. Dagegen besitzen weder der Buddhismus noch der Schinto eine starke Morallehre. Verfehlungen werden durch die Dorfgemeinschaft bestraft, so sie überhaupt bekannt werden. Als Konsequenz leben Westler nach ihrem Gewissen und scheren sich im Zweifelsfall wenig darum, ob ihre Gewissensentscheidungen im Einklang mit den Regeln ihrer Umgebung stehen. Wichtig ist ja allein, ob sie vor Gott Bestand haben. Ganz im Gegensatz dazu sind Japaner quasi gewissenlos und schauen nur darauf, wie die anderen Mitglieder ihrer Gruppe zu ihrem Verhalten stehen. Was nicht der Norm der Gruppe entspricht, wird einfach verheimlicht. Die Gruppe ist in den Theorien historisch das Dorf, das dann in der Neuzeit durch die Nachbarschaft, die Kollegen und ähnliche moderne Kontexte ersetzt wird. Das alles klingt in der Theorie halbwegs nachvollziehbar. In der Praxis wird es problematisch. Wer die Enge von Dorfgemeinschaften in Europa kennt, weiß, dass sich nicht jeder an Gott und absoluten Werten orientiert, sondern durchaus japanisch die Meinung der Umgebung in seine Entscheidungen einbezieht. Die Details und konkreten Fallstricke sind also nicht so die Sache der Japanertheorien. Wenn es nur schön schwarz-weiß ist, wird es schon stimmen. Hauptsache, die Japaner sind am Ende völlig anders als alle anderen Menschen.

Man kann die Japanertheorien strategisch einsetzen, und damit sind wir bei einem dritten Bereich nach der Psychologie und der Religionswissenschaft. Als in den 1980er Jahren zwischen Japan und den USA ein Streit um den Freihandel tobte und die Amerikaner forderten, dass Importbeschränkungen aufgehoben würden, argumentierten japanische Wissenschaftler, dass das in einigen Bereichen gar nicht gehe. Amerikanisches Rindfleisch könne beispielsweise gar nicht so einfach verkauft werden, weil der Verdauungstrakt der Japaner ganz anders aufgebaut sei als der der amerikanischen Konsumenten. Nicht, dass es in Japan kein Rindfleisch gäbe. Die Kobe-Rinder, deren Bäuche unter sanften Musikklängen gestreichelt und massiert werden, liefern bekanntermaßen ganz außergewöhnlich zartes und teures Fleisch. Aber wahrscheinlich sind amerikanische Rinder ganz anders und somit völlig ungeeignet für den Export nach Japan. Die Argumentation war jedenfalls durchsichtig.

Vielleicht kann man das als Westler gar nicht richtig verstehen, weil natürlich das Hirn laut einigen Theorien ganz anders aufgebaut ist. In *Das Gehirn der Japaner* behauptete der Hirnforscher Tsunoda Tadanobu Ende der 1970er Jahre, dass Japaner Vokale, natürliche Geräusche und Musik im Gegensatz zum Rest der Welt, insbesondere den Westlern, mit der linken Hirnhälfte verarbeiten würden. So würden Japaner beim Zuhören vor allem auf die mitschwingenden Gefühle achten und weniger auf die Informationen des Gesagten. Letzteres ist wieder eine recht typische These der Japanertheorien. Sie konstatieren immer wieder, dass Japaner überaus feinfühlige, emotionale Menschen seien, während es dem Westler eher um das Rationale ginge. Diese Idee schwingt ja schon bei der Gegenüberstellung von westlichen Individuen gegenüber japanischen Gruppenmenschen mit. Diese Hirntheorie hielt jedoch unabhängigen Messungen nicht stand. Das tat allerdings den Verkaufszahlen des Buches keinen Abbruch.

Eine andere Hirntheorie schlägt in eine ähnliche Kerbe. Während Westler sich des Alphabets bedienen, gibt es in Japan die Schriftzeichen. Diese sind eher wie Bilder aufgebaut. Diesmal benutzen die Leser der Schriftzeichen mehr die rechte Hirnhälfte, während westliche Leser die linke für das Alphabet einsetzen. Im Gegensatz zur obigen Hirntheorie sind die Beweise deutlich stichhaltiger. Interessanterweise werden die beiden alphabetartigen Schriften Katakana und Hiragana, die es neben den Schriftzeichen gibt, wie das lateinische Alphabet ebenfalls mit der linken Hirnhälfte gelesen. Das Problem bei dieser Theorie ist, dass von einigen Autoren wieder recht weitreichende Schlüsse aus all dem abgeleitet wurden, die weit weniger belegbar sind.

Ein letzter wichtiger Bestandteil der Japanertheorien, der einem im Land immer wieder begegnet, ist die Behauptung, Japaner besäßen eine besonders innige Beziehung zur Natur. Man mag das eigentlich kaum glauben, lebt man in Tokio oder einer anderen Großstadt. Selbst auf dem Land ist sehr auffällig, wie Beton die an sich sehr schöne Landschaft ganz oft aufs Gröbste verschandelt. Trotzdem bekommt man immer wieder zu hören, dass wir Westler die Natur ja zu beherrschen versuchten, weil schon in der Bibel stehe, dass wir uns die Erde untertan machen sollten. Die Japaner würden dagegen im Einklang mit der Natur leben und eine besondere Sensibilität für sie empfinden. Dieses Argument hat eine lange Tradition. Schon um 1900 herum wurden sowohl in Europa und Nordamerika als auch in Japan das Naturempfinden der Ostasiaten und ihr besonderer Sinn für Ästhetik immer wieder hervorgehoben. Letztendlich hängt viel von der Frage ab, was Natur überhaupt sein soll, und natürlich davon, ob man fest daran glauben möchte, dass Japaner und Westler ganz grundsätzlich unterschiedlich sind.

Wider die Mentalität

Irgendwann war ich es ein bisschen leid, in meiner Umgebung immer wieder mit recht oberflächlich durchdachten Argumenten dazu konfrontiert zu werden, wie anders die Japaner doch sind.

Die ständige generelle Gegenüberstellung zu Westlern wurde etwas anstrengend. Es hilft im Alltag nicht wirklich, wenn man auf diese Art ständig auf mehr oder weniger subtile Weise ausgeschlossen wird, vor allem, wenn man einer der wenigen Vertreter des anderen ist und damit die Last auf den Schultern trägt, die westliche Welt schlechthin zu repräsentieren. Ich hole also zum Gegenschlag aus. Da viele Bücher des Genres für die Leser selbst dann glaubhaft zu sein scheinen, wenn die Schlüsse recht weit hergeholt sind, testete ich an Freunden und Bekannten eine eigentlich kaum glaubliche Theorie. Ich behauptete, ich wüsste nun, warum die Japaner alle deutlich kleiner seien als wir Westler. Da ich selbst 1,90 Meter groß bin und rund 20 Zentimeter größer als der durchschnittliche Japaner meines Alters, war diese Frage für meine Gesprächspartner unmittelbar interessant. Meine Erklärung lautete, dass Westlerinnen im Schnitt einen Monat länger schwanger seien. Normalerweise sind es zehn Monate, denn es wird in Japan ab dem Zeitpunkt der Befruchtung gerechnet und nicht ab dem ersten Ausbleiben der Regel – wobei man freilich erst nach dem Ausbleiben der Regel zurückrechnet. Westlerinnen seien also elf Monate schwanger, und deswegen seien schon die Babys größer. Dieser Vorsprung würde sich dann nur noch vergrößern. Diese Theorie klingt ziemlich unsinnig. Wenn man es hingegen gewohnt ist, häufig auf sehr grundlegende Unterschiede zwischen West und Ost gestoßen zu werden, sind solche Aussagen plötzlich im Bereich des Möglichen. Meine Theorie kam jedenfalls gut an. Einen befreundeten Doktoranden der Ethnologie konnte ich sogar gerade noch daran hindern, diese neue Erkenntnis direkt seinem Professor zu erzählen, der die Geschichte allerdings sicher direkt als völlig blödsinnig abgetan hätte. Ich muss jedoch anfügen, dass eine zweite von mir erfundene Theorie in meinem Freundeskreis sogleich entlarvt wurde. Dass wir Westler aufgrund unserer niedrigeren Körpertemperatur von 34 Grad Probleme mit der Hitze in Japan hätten, war doch zu offensichtlicher Unsinn.

Sosehr Japanertheorien oft übergeneralisieren, sosehr die breite Rezeption des Genres durch die Leser zu noch weiteren Vergröberungen führt und sosehr einige Autoren durch steile Thesen nur versuchen, schnell viele Bücher loszuschlagen, muss man doch zugestehen, dass es gute Gründe für manche Argumente gibt. Das wird mit einem Blick auf die psychologischen Theorien schnell deutlich. Eine Reihe von Büchern in diesem Bereich wurde von Psychiatern mit viel praktischer Erfahrung geschrieben. Sie hatten an der Universität in den 1950er und 60er Jahren in der Regel ein Curriculum, das die Klassiker der westlichen Psychologie beinhaltete. Freud war einer der Hauptbezugspunkte. Während sicherlich viele Psychiater in ihrer Praxis nach dem Studium nicht sonderlich von diesem Kanon abwichen, begehrten einige mit guten Gründen auf. Ist es beispielsweise sinnvoll, die Theorie zum Ödipuskomplex von Freud ohne weiteres zur Erklärung von Mutter-Sohn-Konflikten heranzuziehen? Gerade diese Theorie fußt sehr eindeutig auf der europäischen Geistesgeschichte, indem sie eine tragische Gestalt der griechischen Mythologie in den Mittelpunkt stellt. Es liegt nahe, daran zu zweifeln, dass japanische Knaben in dieses Raster passen. Insofern hatte die Idee, dass die Bindung zwischen Mutter und Kind einfach anders ist, eine starke Berechtigung und wirkte überaus befreiend in einem verkrusteten Psychiatriebetrieb. Ähnliches lässt sich für andere grundlegende Werke des Genres festhalten.

Das Problem ist nur, dass diese neuen Theorien ins andere Extrem abdrifteten. Gab man also zuerst einmal sehr viel auf die Erkenntnisse der westlichen Wissenschaft in allen Bereichen, wurde danach ein oft viel zu überspitztes Gegenbild erzeugt. Außerdem unterstellten die Japanertheorien praktisch grundsätzlich, dass die Japaner ein höchst homogenes Volk seien. Das war die Grundlage der Gegenüberstellung. Eine zu starke Differenzierung hätte die Schlagkraft der Thesen entkräftet. Diese groben Generalisierungen waren in der zweiten Hälfte des 20. Jahrhunderts keineswegs ein Monopol der japanischen Autoren. Es gab darüber hinaus nicht wenige westliche Autoren, die an diesem Genre mitwirkten, und das mit hohen Auflagenzahlen. Außerdem waren nationale Stereotypisierungen insgesamt modisch. Dass Deutsche fleißig, pünktlich und obrigkeitshörig sind, ist ja heute noch ein gängiger Topos, obwohl wir eigentlich alle wissen, dass bei genauerer Betrachtung nicht allzu viel hinter diesem Klischee steckt. Insofern spiegeln die Japanertheorien nur sehr verdichtet und mit großer Publikumswirkung wider, was lange in der Wissenschaft und populären Varianten der Völkerpsychologie gang und gäbe war: Angehörige einer Nation lassen sich ohne weiteres über einen Kamm scheren. Das Stichwort, das hierzulande oft in diesem Zusammenhang gebraucht wird, ist das der Mentalität. Es ist meist nicht leicht zu erklären, dass die Dinge nicht so einfach liegen und man schlecht alle Japaner mit ein paar Stichworten charakterisieren kann.

Gerade im Falle Japans ist das Bedürfnis groß, herauszufinden, wie die Mentalität dieser Menschen ist. Das Land ist sehr weit weg und augenscheinlich exotisch. Damit ist nur angerissen, warum besonders in diesem Fall der Wunsch nach einem Schlüssel zum besseren Verständnis groß war. Japan hat es nämlich lange als einziges Land vermocht, zum Westen aufzuschließen. Schon die Rolle im Zweiten Weltkrieg sticht heraus, so völlig fehlgeleitet die Politik auch war. Das Kaiserreich war jedenfalls der einzige nichtwestliche Kriegsteilnehmer, der wirklich ernst genommen und gefürchtet wurde.

Ab den 1960er Jahren schloss das Land dann wirtschaftlich zum Westen auf. Es wurde deutlich, dass es jenseits von Nordamerika und Westeuropa noch etwas anderes als Schwellenländer oder Drittweltstaaten gab. Anfang der 1970er war Japan plötzlich die zweitstärkste Wirtschaftsmacht der Welt. In den 1980er Jahren hatte man gar Angst, die mächtige japanische Wirtschaft würde den Westen mit Importen überfluten, die heimischen Unternehmen nach und nach vom Markt drängen und am Ende alles aufkaufen. Das ist nicht eingetreten, aber diese Entwicklungen machten das Land zu einer westlichen Industrienation. Genau diese paradoxe Bezeichnung – was wäre östlicher als die westliche Industrienation Japan? – schrie nach schneller Aufklärung. Wie konnten Asiaten so schnell aufschließen? Welche Mentalität steckt dahinter?

Ganz ähnlich verhielt es sich in Japan selbst. Der wirtschaftliche Erfolg verlieh ein völlig neues Selbstbewusstsein, das freilich nach neuen Erklärungen der eigenen Identität verlangte. Obwohl man genauso erfolgreich wirtschaftete wie die anderen westlichen Industrieländer, wenn nicht erfolgreicher, war man doch nicht genauso. Was steckte also hinter diesen Entwicklungen? Die Japanertheorien haben geholfen, diese Fragen zu beantworten. Durch sie konnte man sich erklären, warum das Land nach der Niederlage im Zweiten Weltkrieg so schnell wieder auf die Erfolgsspur zurückkehren konnte. Dabei waren die Theorien häufig durchaus selbstkritisch und prangerten offen Missstände an, so ein fehlendes Verantwortungsbewusstsein für eigene Taten wie die Kriegsverbrechen im Zweiten Weltkrieg.

Die Japanertheorien sind dabei jedoch, getrieben vom eigenen Erfolg am Buchmarkt, oft immer mehr über das Ziel hinausgeschossen. Am Ende stehen zwei Welten, Japan und der Westen, die unvereinbar anders zu sein scheinen. Oder wie Rudyard Kipling in seiner berühmten Ballade von Ost und West es ausdrückte, wenn auch mit Indien im Hinterkopf: »Oh, East is East, and West is West, and never the twain shall meet« – »Oh, Ost ist Ost und West ist West, und niemals können sich die beiden treffen.« Das mag eine Haltung sein, die im Kolonialismus oder bei einem Urteil aus der Ferne noch gangbar ist. Aber wenn man im Land selbst lebt, ist das nicht angebracht – genauso wenig wie man alle Japaner in einen Topf stecken wird, hat man erst einmal ein paar Eindrücke gesammelt.

Ich weiß aus eigener Erfahrung, dass man nicht recht weit kommt, wenn man immer nur nach der einen Mentalität fragt oder sich mit groben Gegenüberstellungen zufriedengibt. Ich habe mich zu oft in Japan wie auch zu Hause mit Japanertheorien herumschlagen müssen, als sie jetzt selber reproduzieren zu wollen. Deswegen werde ich mich in diesem Buch sehr zurückhalten, von »den Japanern« zu reden und über die Maßen zu verallgemeinern. Im schlimmsten Fall klingt diese Rede von »den Deutschen«, »den Japanern«, »den Chinesen« manchmal wie aus einem Biologiebuch Grzimeks. Über »den gemeinen Hausjapaner« möchte ich jedenfalls nicht erzählen. Japan und »die Japaner« sind viel bunter als all diese einfachen Wahrheiten in Schwarzweiß. Ich habe zu viele spannende Dinge in Japan erlebt, die ich gar nicht in Japanertheorien packen könnte.

Imaginäre Geografie

Neben dem Gegensatzpaar Tradition und Moderne gibt es eine Reihe ähnlicher Gegenüberstellungen. Gespräche und Beschreibungen in Japan selbst orientieren sich oft an diesen Gegenüberstellungen, um sich Gewissheit über die eigene Identität zu verschaffen. Auch als Ausländer bin ich damit immer wieder konfrontiert worden und habe gelernt, mir Gegensätze wie Ost- und Westjapan, Zentrum und Peripherie und noch einiges ähnliches zu eigen zu machen. Dabei muss man immer ein bisschen aufpassen. Ich lebe als Bayer in Düsseldorf und weiß sehr wohl, dass die bloße Erwähnung von Köln hier starke Gefühle hervorruft. Alles ist dort anders, versichert mir meine Umgebung. Natürlich ist es letztendlich gar nicht so anders in Köln. Aber die mehr als 5000 Japaner, die in Düsseldorf leben, würden zweifellos anerkennen, dass die Menschen am Rhein dem Unterschied eine große Bedeutung beimessen, ihn aber gleichzeitig oft augenzwinkernd als Scherz abtun. Von Tokio aus gesehen relativiert sich alles sowieso deutlich. Mit anderen Worten sind die Unterschiede, mit denen ich in Japan konfrontiert worden bin, nicht immer so absolut, dass sie für jeden zu erkennen wären. Manches existiert jenseits der fortwährenden Gespräche darüber gar nicht so recht.

Freilich gibt es zwischen Ost- und Westjapan oder zwischen Zentrum und Peripherie zum einen tatsächlich handfeste Unterschiede. Zum anderen ist mindestens genauso interessant, wie diese Unterschiede thematisiert und damit zu einer Realität ganz eigener Art gemacht werden. Daraus ergibt sich eine Art imaginäre Geografie, also wie sich die meisten Menschen ihr Land einteilen und vorstellen. Das ist oft wichtiger als die eigentliche Geografie, deren objektive Kriterien zu wenig über diese Ebene aussagen. Deshalb lohnt es sich, nicht nur auf die geografische Landkarte zu schauen, um Japan kennenzulernen, sondern sich ebenso mit der anderen, imaginären Landkarte vertraut zu machen. Nur so versteht man überhaupt, warum der Unterschied zwischen Ost- und Westjapan so wichtig ist, obwohl doch jede Karte zu zeigen scheint, dass das Land eher von Norden nach Süden ausgerichtet ist. Die meisten Vorstellungen zur imaginären Geografie haben eine recht lange Geschichte. Schon vor 150 oder 250 Jahren spielte es eine große Rolle, ob man aus dem Westen oder Osten des Landes war, und dasselbe gilt für die meisten anderen Unterteilungen.

Alte und neue Hauptstadt

Das gilt selbst für die Frage der beiden Hauptstädte des Landes, des alten Kioto und des neuen Tokio. Obwohl Tokio erst seit 1868 die offizielle Hauptstadt Japans ist, gab es den Gegensatz zwischen den beiden kulturellen Kosmen schon viel länger. Kioto ist der alte Kaisersitz und damit gleichzeitig das Zentrum der japanischen Hochkultur. Tokio dagegen war als Edo ab dem Jahr 1603 Sitz der Shogune. Von hier aus wurde das Land de facto regiert. Damit entfaltete sich dort ein kulturelles Leben, das dem von Kioto schnell entwuchs und durch seine eigene Lebhaftigkeit und Kreativität überzeugte. Allerdings hatte Edo/Tokio aus Sicht von Kioto etwas überaus Parvenühaftes. Die Konkurrenzmetropole war bis Ende des 16. Jahrhunderts gerade einmal ein verschlafenes Fischerdorf, bis der spätere Shogun Tokugawa Ieyasu seinen Sitz hierher verlegte. Dagegen war Kioto schon Ende des 8. Jahrhunderts zum Sitz der Tenno-Familie und damit zur Hauptstadt auserkoren worden. Über tausend Jahre residierte die Kaiserfamilie dort, wenngleich die politische Macht am Ende sehr eingeschränkt war und kaum noch Impulse vom Hof kamen.

Der Gegensatz zwischen Kioto und Tokio ist heute nicht mehr ganz so ausgeprägt. Es ist ganz klar, dass Tokio als Hauptstadt in praktisch jeder Hinsicht das Zentrum Japans ist. Politisch wird alles dort entschieden, denn Japan wird sehr zentralistisch regiert. Nahezu alle großen Wirtschaftsunternehmen haben ihren Sitz dort. Die Kulturszene fokussiert sich ebenfalls auf Tokio. Die großen Filmstudios sitzen dort wie auch alle großen Verlage. Deshalb sind Schauspieler und Autoren meist in Tokio anzutreffen. Kioto dagegen zehrt eher von seiner Geschichte. Die Zeiten, in denen alle wichtigen Künstler und Kreativen dort wirkten, sind lange vorbei.

Einzig in Sachen universitärer Bildung und Forschung ist das Rennen noch halbwegs offen. Die beiden prestigereichsten und ältesten staatlichen Universitäten, die Tokio-Universität und die Kioto-Universität, stehen in dauernder Konkurrenz miteinander. Während die Tokio-Universität von der hauptstädtischen Umgebung profitiert und das höhere Ansehen genießt, kommt der erste japanische Nobelpreisträger von der Kioto-Universität – ein Umstand, auf den man in allen Werbebroschüren der Universität direkt hingewiesen wird. Außerdem haben Professoren der Kioto-Universität mehr Nobelpreise gewonnen als ihre Kollegen in Tokio. Ansonsten ist die alte Hauptstadt meist nicht mehr der Hauptkonkurrent der neuen. Tokio ist eine Weltstadt, die in den meisten Indizes unter den wichtigsten fünf globalen Zentren geführt wird. Es liegt im Wettstreit mit New York, London oder Paris und muss in Asien seinen Spitzenplatz gegen Shanghai, Hongkong oder Singapur verteidigen. Kioto taucht auf solchen Listen noch nicht einmal auf den hinteren Plätzen auf, ist also gerade einmal von nationaler Bedeutung, international aber völlig unbedeutend.

Nach außen hin lebt der Gegensatz zwischen der alten und der neuen Hauptstadt allerdings fast ungebrochen fort. Tokio und Kioto sind die beiden wichtigsten Ziele für ausländische Touristen. Für diese Gäste werden die beiden Städte recht unterschiedlich inszeniert. In Tokio stehen wenige Orte auf dem Pflichtprogramm, die älter als 200 Jahre sind – es gäbe sowieso kaum welche. Die Stadt hat sich nach 1868 immer wieder erneuert. Ein großes Erdbeben 1923 und die amerikanischen Luftangriffe des Zweiten Weltkrieges löschten zusätzlich viele alte Stadtteile aus. Dagegen muss man in Kioto ganz klar unbedingt die vielen jahrhundertealten Tempel der Stadt besichtigen und in ihrer Atmosphäre in die Vergangenheit abtauchen. Touristisch aufbereitet, symbolisieren die beiden Städte in gewisser Weise den großen scheinbaren Gegensatz von Tradition und Moderne aus dem vorigen Kapitel.

Dass es so einfach nicht ist, merkt man schon bei der Ankunft an den jeweiligen Hauptbahnhöfen. Der von Tokio ist unübersichtlich und voller Menschenmassen. Zahllose Bahntunnel, Übergänge und Shoppingarkaden erschweren es, den richtigen Weg nach draußen zu finden. Wenn man schließlich durch den Haupteingang geht und sich auf den Platz vor dem Bahnhof stellt, blickt man plötzlich auf ein großes Ziegelsteingebäude, das weder sonderlich japanisch aussieht noch neu. Es wurde 1914 eröffnet und war damals nach zeitgenössischem Geschmack gebaut. Manche behaupten, dass der Bahnhof von Amsterdam das Vorbild gewesen sei. Wiewohl diese Theorie nicht bewiesen und ziemlich wahrscheinlich sogar einfach falsch ist, könnte das Bahnhofsgebäude von Tokio vom Aussehen her fast in einer europäischen Hauptstadt stehen. Eindeutig repräsentiert es die Moderne des frühen 20. Jahrhunderts und damit die Zeit, als Japan in den Augen der westlichen Beobachter wie der eigenen Bevölkerung zum fortgeschrittensten Staat Asiens aufgestiegen war.

Ganz anders sieht der Hauptbahnhof in Kioto aus. Er wurde 1997 zum 1200-jährigen Stadtjubiläum fertiggestellt und ist ein extrem beeindruckendes Bauwerk der Postmoderne. Zahlreiche Elemente des Baus zitieren die klassische Architektur Kiotos. Allerdings merkt man das nur bei genauerem Hinsehen, denn der Bahnhof wirkt insgesamt unglaublich modern. Das Gebäude ist weitläufig und übersichtlich. Steht man am Platz vor dem Gebäude, schaut man auf eine Glasfassade mit spielerischen Brechungen. Die 70 Meter hohe Bahnhofshalle ist zu beiden Seiten hin offen und deshalb selbst im schwülen Sommer Kiotos angenehm luftig. Auf der einen Seite kann man auf einer großen Treppe auf das Dach des Bahnhofs steigen und hat dann einen grandiosen Blick über die Stadt. Dasselbe gilt für die Zimmer des auf der anderen Seite in den Bau integrierten Hotels, die auch eine wunderbare Aussicht haben. Am Hauptbahnhof Tokio wird also Geschichte bewahrt, wenngleich eher die jüngere, während der von Kioto ein mutiger Schritt ins 21. Jahrhundert ist. Von den Tempeln an den Hängen Kiotos ist der Bahnhof gut sichtbar. Er überragt die umgebenden Gebäude mit Ausnahme des Kioto Towers direkt gegenüber deutlich. Deshalb wirkt der Bahnhof ein bisschen wie ein Raumschiff, das mitten in der Stadt gelandet ist. Der Plan für das Gebäude war umstritten, weil er mit dem Image von Kioto als Hort der Tradition brach. Tatsächlich sind in den letzten zwei Jahrzehnten viele große und moderne Gebäude in Kioto entstanden, darunter das Kyocera-Hochhaus, das durch seine Höhe ebenfalls aus der Umgebung heraussticht.

Abseits der touristischen Tempel-Routen wirkt Kioto sowieso kaum traditioneller als Tokio, sondern wie eine typische, ganz normale japanische Großstadt, in der es städtebaulich ein wenig durcheinandergeht. Viel Beton prägt das Stadtbild, und viele Straßenzüge sind mit hohen Wohnblocks zugebaut worden. Vergleicht man das Stadtbild mit Fotografien, die keine hundert Jahre alt sind, sieht man, dass die alten prächtigen Holzhäuser der stolzen Bürger von Kioto weitestgehend verschwunden sind. Jenseits der Touristenmagneten ist es also nicht allzu weit her mit der Tradition.

Immerhin hat sich die Stadtverwaltung durchgerungen, strengere Bauvorschriften zu erlassen. Bestimmte Blickachsen innerhalb der Stadt auf die umliegenden Hänge, wo die jahrhundertealten Tempel stehen und im Sommer beim Totenfest große Feuer entzündet werden, sollen frei bleiben oder wieder frei geräumt werden. Da moderne Gebäude in japanischen Großstädten in der Regel nur wenige Jahrzehnte überdauern, stehen die Chancen gut, dass Kioto bald wieder ein bisschen mehr seine alte Atmosphäre zurückerhalten wird. Das könnte den Gegensatz zwischen Kioto und Tokio erneut stärker jenseits der touristischen Fassade akzentuieren. Kioto würde städtebaulich zum Gegenmodell, das nicht mehr auf ungezügeltes Wachstum und Bauinvestitionen setzt, sondern praktisch als einzige japanische Großstadt eine Stadtentwicklung mit viel Augenmaß vorantreibt.

West und Ost

Der Gegensatz zwischen Kioto und Tokio ist in einen größeren Kontext eingebunden. Kioto liegt in Kansai, der Westregion auf Honshu, Tokio ist das Zentrum von Kantō, dem Osten der Hauptinsel. Dieser Gegensatz prägt die Wahrnehmung im Land grundlegend. Auf einer Weltkarte sieht es eigentlich eher so aus, als müsste man zwischen Nord und Süd unterscheiden, aber die nördlichen und südlichen Zipfel des Landes sind nicht so dicht besiedelt und teilweise noch nicht lange Teil des Landes. Die meisten Menschen leben auf rund tausend Kilometern, die sich von Ost nach West am Pazifik erstrecken. Dort sind die wichtigsten Zentren und die Wirtschaft konzentriert.

West gegen Ost spielt sich auf vielen Ebenen ab, und fast jeder kann Stereotype, Geschichten und eigene Erfahrungen zu diesem Unterschied beitragen. Historisch betrachtet ist die Sache klar.

Der Westen ist das eigentliche Kulturland Japans. Im Osten waren die Ainu, wilde Stämme, die Bärenkulte praktizierten. Sie wurden langsam immer weiter abgedrängt und wanderten nach Hokkaido ab. Kioto ist nicht die einzige Stadt mit einer langen Geschichte im Westen des Landes. Vor Kioto war Nara Hauptstadt und kann daher mit einigen sehr alten Tempeln aufwarten, die teilweise Weltkulturerbe sind. Osaka, das die heimliche Hauptstadt des Westens ist, weil es einfach viel größer als Kioto ist und das Wirtschaftszentrum, rühmt sich ebenfalls einer langen und glorreichen Vergangenheit.

Tokio kann dagegen wie gesagt auf keine lange Geschichte zurückblicken. Dasselbe trifft für die zweitgrößte Stadt des Landes zu, Yokohama, das direkt bei Tokio liegt. Dort, wo jetzt über dreieinhalb Millionen Menschen leben, war sogar noch Mitte des 19. Jahrhunderts eine ländliche Idylle. Das Fischerdorf wurde vom Shogun für Ausländer zum Siedeln freigegeben und in der Folge zum Handelshafen für Importgüter. Im Osten des Landes ist Kamakura die Stadt, die eine lange Geschichte aufzuweisen hat und damit historische Anziehungspunkte wie die große Buddhastatue aus Bronze. Aber Kamakura ist schon seit dem 14. Jahrhundert kein wichtiges Zentrum von Kantō mehr.

Während also die Metropolen in Kansai allesamt weit mehr als tausend Jahre Geschichte haben, begann der Aufstieg von Kantō erst vor etwas mehr als 400 Jahren. Die Tokugawa-Shogune führten die Lehensherren des Ostens 1600 in die Schlacht von Sekigahara gegen die Truppen des Westens. Durch den Sieg in dieser Schlacht konnten sie ihr Shogunat errichten. Der Westen musste danach für die nächsten 250 Jahre daran gehindert werden, die Machtverhältnisse in Frage zu stellen. Die Schlacht von Sekigahara ist sehr präsent in der Wahrnehmung des Gegensatzes zwischen Kantō und Kansai. Deswegen ist es kein Zufall, dass die erste Autobahn zwischen Ost und West an der Ausfahrt Sekigahara eingeweiht wurde, um damit symbolisch beide Landesteile näher zusammenzubringen.

Die Autobahn war jedoch nicht die erste »Schnellstraße« zwischen West und Ost, nur die erste moderne. Schon seit dem Mittelalter gab es den Tōkaidō, der schon weit über tausend Jahre alt ist. In der Zeit der Shogune wurde er die Hauptader des Landes zwischen Edo (Tokio), Kioto und Osaka. Die beiden Landesteile verbindet also historisch fast genauso viel wie sie trennt. Sie standen immer im engen Kontakt zueinander, viel enger, als zu anderen Regionen des heutigen Japan. Schon damals prägte sich aus, was heute noch gilt. Kioto ist die alte Kulturhauptstadt, in Tokio wird das Land administrativ verwaltet, und Osaka ist das wirtschaftliche Hauptzentrum. Freilich haben heute fast alle großen Unternehmen ihren Hauptsitz in der Hauptstadt Tokio, wenngleich Osaka immer noch geschäftiger sein mag. Zum Ballungsraum Osaka gehört noch das benachbarte Kobe. Insgesamt leben dort rund elf Millionen Menschen. In Tokio, Yokohama und den anderen Städten rund um die Hauptstadt sind allerdings 35 Millionen Menschen beheimatet, also mehr als dreimal so viele.

Die Unterschiede zwischen West und Ost sind besonders beim Dialekt erkennbar. Inzwischen fallen diese allerdings nicht mehr so stark ins Gewicht, weil sich Hochjapanisch überall durchgesetzt hat. Durch die Schulpflicht, das Radio und später das Fernsehen haben sich die Unterschiede etwas eingeebnet, und die meisten Menschen können im Notfall auf Hochjapanisch umschalten, wenn sich jemand mit ihrem Dialekt schwertut. Die Hochsprache ist der ehemalige Dialekt der Samurai in Edo, der nach der Meiji-Restauration zur Standardsprache ausgebaut wurde. Allerdings sprachen die anderen Stände in Tokio einen anderen Dialekt. Die Samurai und ihre Sprache waren mit den Shogunen aus Mitteljapan nach Edo gekommen. Die ansässige Bevölkerung blieb bei ihrem Dialekt. So ist die Hochsprache weder im Osten noch im Westen beheimatet.

Stärker als der Dialekt fällt etwas anderes ins Gewicht, wenn man Japaner zur Sprache in Ost und West befragt. Oft bekommt man zu hören, dass in Osaka ein viel raueres und direkteres Japanisch gesprochen würde. Kioto ist in diesem Fall eine eigene Kategorie. Die dort gesprochene Sprache gilt als kultiviert und höflich, aber oft nicht als aufrichtig. Kantō wird dagegen als eher distanziert und unmännlich wahrgenommen. Mein Homestayvater, der aus Kobe stammte, korrigierte öfter mein in der Universität erlerntes Japanisch, weil es ihm zu weich und lasch klang. Dafür erzählte mir eine Kommilitonin aus Tokio, dass sie bei Gesprächen mit Studierenden aus Kansai immer das Gefühl habe, sie wollten direkt einen Streit mit ihr beginnen, weil die Sprache so unverschämt hart sei.

Was für die Sprache gilt, ist für den Lebensstil insgesamt ein klassischer Topos. Im Fernsehen lief einmal eine Episode mit versteckter Kamera. Ein Mann ging auf Passanten zu und ahmte mit seiner Hand eine Pistole nach. Als er abdrückte, flüchteten die so »Erschossenen« in Tokio völlig irritiert vor ihm. In Osaka spielten seine Gegenüber hingegen mit und ließen sich theatralisch fallen. Ich weiß allerdings nicht, ob der Fernsehsender nicht einfach nachhalf, indem er nur die gedrehten Szenen zeigte, die ins Bild passten. Auf jeden Fall verstärkte sich wieder einmal der Eindruck, dass Tokio von bürokratischen Langweilern bevölkert sei, während in Osaka spontane, lebenslustige Menschen lebten.

Zumindest in einem weiteren Bereich des Fernsehens ist das ganz eindeutig so. Die besten Komiker Japans kommen in der Regel aus Westjapan. Es gibt einige klassische Sketchformen, bei denen ein oder zwei Erzähler auf der Bühne auf einem Kissen sitzen und mit ganz wenigen Mitteln lustige Geschichten erzählen. In beiden Formen, die immer noch sehr beliebt beim Publikum sind, dominieren die Westjapaner die Szenerie. Das setzt dann bei den Zuschauern allerdings voraus, dass sie den Dialekt von Osaka gut verstehen, da die Sketche zumeist im Heimatidiom aufgeführt werden.

Gibt es letztendlich einen echten Gegensatz zwischen Ost- und Westjapan, oder ist alles nur Einbildung? Zumindest glauben viele Menschen daran, und insofern ist der Gegensatz allein schon deswegen real. Zudem haben Wissenschaftler wie der Vater der japanischen Volkskunde, Yanagita Kunio, Unterschiede in den Gebräuchen festgestellt. Allerdings gab es in den letzten Jahrzehnten eine starke Migration innerhalb Japans. Viele Menschen haben ihren Wohnort gewechselt, um bessere Arbeitschancen zu haben. Ganz besonders deutlich wird das jedes Jahr im Sommer zum buddhistischen Totenfest Obon. Die Arbeit ruht für eine Woche, und man fährt dorthin, wo die eigene Familie herkommt, um der Toten zu gedenken. Die Züge sind rappelvoll, und deutlich ist zu erkennen, dass sehr viele Menschen nicht mehr dort wohnen, wo sie ursprünglich herkommen. Angestellte werden von Kantō nach Kansai versetzt und umgekehrt. Studierende gehen an die besten Unis, egal ob Ost- oder Westjapan. Selbst wenn der Gegensatz in den Köpfen weiterlebt, hat er sich doch längst deutlich verringert oder ist gar verschwunden. Was bleibt, sind viel Ost-West-Folklore und wenig echte Unterschiede.

Ich selber habe meine erste Zeit in Japan im Niemandsland zwischen Tokio und Osaka verbracht. Tsu, die Hauptstadt von Mie, liegt eher in Kansai als in Kantō, gehört aber auch dort nicht so richtig hin. Es tendiert Richtung Nagoya, der viertgrößten Stadt Japans, für die dasselbe gilt. Die Region heißt offiziell Chūbu, also Mittelteil. Da auf Honshu jedoch nur Ost und West als Gegensatzpaar zählen, ist die Mitte kein guter Ort, um eine eigene Identität aufzubauen. In Chūbu sieht man am besten, woran man in Sachen Ost-West ist, wenn man im Fernsehen Baseball schaut. Baseball ist die beliebteste Sportart in Japan. Es gibt zwölf Profiteams in zwei Ligen, die am Ende in einer Playoffserie den Landesmeister ermitteln. Spiele der Tokio Giants werden überall übertragen, weil es überall Fans gibt. Die Giants ähneln in dieser Hinsicht Bayern München, und so gibt es allerorten ebenso viele Fans, die niemand mehr als die Giants hassen. In Kansai sind die Hanshin Tigers das wichtigste Team. Sie spielen in Osaka und tragen ihren Namen wegen der Eisenbahngesellschaft Hanshin, die sie sponsert. Da Hanshin die Abkürzung für die Region Osaka und Kobe ist, zeigt der Name schon an, dass die Tigers Kansai vertreten. Die Tigers sind bei weitem nicht so erfolgreich wie die Giants, aber die Fans dafür umso treuer und entschiedener in ihrer Liebe. In Tsu werden neben den Spielen der Giants auch die der Nagoya Dragons übertragen. Die Stadt liegt also tatsächlich im Niemandsland der Mitte. Einige Kilometer weiter westlich merkt man dann schnell, dass sich die Menschen mit Kansai identifizieren, weil Spiele der Tigers statt der Dragons ins Kabelnetz eingespeist werden. Auch in Sachen Dialekt ist Chūbu weder Ost noch West, sondern liegt dazwischen.

Zentrum und Peripherie

Sowieso erntete ich oft etwas ungläubige Blicke und Gelächter, wenn ich erzählte, dass ich in Tsu studierte. Die unmittelbare Reaktion war meistens: »Das ist ganz schön provinziell.« Kaum jemand konnte sich vorstellen, warum ein Ausländer ausgerechnet dorthin gehen sollte und nicht nach Tokio, Kioto, Osaka oder wenigstens Nagoya. Tsu galt geradezu als Dorf. Dabei hat die Stadt immerhin

280 000 Einwohner und ist eben Hauptstadt einer der 47 Präfekturen des Landes. Deshalb gibt es eine staatliche Präfekturuniversität, an der ich Gaststudent war, eine Präfekturbibliothek mit ziemlich guten Beständen und einige andere Kultureinrichtungen mehr, die Präfekturen normalerweise in ihren Hauptstädten ansiedeln. Aber im Vergleich zu den Ballungszentren und den dortigen Angeboten und Möglichkeiten ist all das tatsächlich überaus provinziell.

Eine Kommilitonin, die aus Tokio zum Studium nach Tsu gekommen war, brachte es mit der Geschichte ihrer ersten Ankunft am Hauptbahnhof ganz gut auf den Punkt. Erst ging sie zum Hauptausgang hinaus. Dort gab es jedoch keine Hochhäuser und ebenso wenig blühendes Leben, sondern nur ein paar kleine 24-Stunden-Shops, die sogenannten Convenience-Stores, die sehr praktisch, wenngleich nicht sonderlich urban sind. In der Meinung, fälschlicherweise auf der Rückseite des Bahnhofes gelandet zu sein, ging sie auf die andere Seite des Gebäudes. Dort war allerdings noch weniger zu sehen. Diesen Schock musste sie erst einmal verdauen, bevor sie irgendwann im Verlaufe ihres Studiums an der Präfekturuniversität Mie die Vorteile des etwas weniger hektischen, lauten und gedrängten Lebens für sich entdeckte.

In den Millionenstädten sind nicht nur die Hauptbahnhöfe groß ausgebaute Shoppingcenter mit Fressmeilen und vielen Läden. Privatbahnnetze besitzen oft Kaufhausketten. Daher liegen viele Kaufhäuser direkt neben den innerstädtischen Endbahnhöfen, zu denen die Routen aus den Vorstädten führen. Am Bahnhof des Tokioter Stadtteils Ikebukuro treffen sich Linien der ehemals staatlichen Bahn Japan Railways und den beiden Privatbahnen Seibu und Tōbu. Die beiden Kaufhäuser von Seibu und Tōbu direkt neben dem Bahnhofsgebäude sollen angeblich die beiden größten der Welt sein, sind aber auf jeden Fall imposante, riesige Einkaufstempel. Außerdem gibt es unzählige Bars, Restaurants und Fastfoodfilialen rund um den Bahnhof.

Dagegen fällt der Bahnhof Tsu in der Tat deutlich ab. Spätestens abends um zehn ist kaum noch etwas los, während um diese Uhrzeit in Ikebukuro und vielen anderen Stadtteilen von Tokio das Leben tobt. Der Gegensatz zwischen den Zentren des Landes und der Peripherie ist sehr krass und wird überdeutlich wahrgenommen. An sich fällt einem das als Außenstehendem zuerst gar nicht so sehr auf. Fährt man von Tsu mit der Bahn in das etwas über eine Stunde entfernt gelegene Nagoya, wird man auf beiden Seiten der Bahngleise immer Häuser sehen. Die ganze Region wirkt sehr dicht bewohnt. Wälder gibt es nur in den Bergen, doch in der Ebene zwischen Bergen und Meer ist alles zersiedelt. Der Zug hält u. a. in Yokkaichi mit rund 300 000 Einwohnern und Kuwana mit 140 000, beides Städte in der Präfektur Mie. Trotzdem gilt Mie als Peripherie. Kuwana wiederum ist schon eine sogenannte *bedtown* von Nagoya, das heißt Teil des Ballungsraumes, von wo aus viele Menschen in die Großstadt einpendeln. Solche Städte sind trotz ihrer Größe oft nicht besonders attraktiv, zumal viele der Einwohner sich nicht mit ihnen identifizieren.

Städte mit weniger als 500 000 Einwohnern werden also eher als provinzielle Nester wahrgenommen, es sei denn, sie liegen schon im Ballungsraum einer Großstadt. Wer dort wohnt, erwartet nicht allzu viele kulturelle Angebote, sondern orientiert sich eher daran, wie gut man mit öffentlichen Verkehrsmitteln in eine Millionenstadt kommen kann. Die Mieten sind günstiger, wie die Lebenshaltungskosten insgesamt. Das Leben geht einen etwas ruhigeren Gang. Dafür ist die Infrastruktur deutlich schlechter. In Tsu kommt man ohne Auto nicht allzu weit, während man sich in Tokio erst einmal einen Parkplatz leisten können muss. Allerdings würde man normalerweise nicht mit dem Auto in die Innenstadt fahren, weil es so viele verschiedene U-Bahn- und Bahnlinien gibt, die einen überall hinbringen. Es ist einfach schneller, sicherer und einfacher, öffentliche Nahverkehrsmittel zu benutzen – zumindest außerhalb der Rushhour, in der alles verstopft ist.

Tsu ist sicher nicht das Ende der Welt. Fährt man von Tsu aus nicht nach Nagoya, sondern die Küste entlang in die andere Richtung, wird es schnell noch sehr viel provinzieller und ländlicher. Auf dieser Route gibt es Wälder am Rande der Bahnstrecke. Die Landschaft ist die Küste hinunter sehr schön. Es ist bezeichnend, dass viele der Orte dort schon touristische Ausflugsziele sind. Diese Randgebiete haben gerade auf Honshu schon fast etwas Exotisches, das man einmal gesehen haben muss.

Dort zu leben ist oft wirklich sehr unpraktisch. Kleine Städte und Dörfer neigen dazu, völlig zerrissen zu sein. Die Bauernhöfe liegen nicht beieinander, sondern sind weitläufig verstreut. Dadurch entstehen keine rechten Ortskerne, sondern immer nur kleinere Siedlungsgruppen. Um alles, was man zum Leben braucht, zusammenzubekommen, muss man deshalb größere Distanzen zurücklegen, die sich wirklich nur noch mit dem Auto bewältigen lassen. Belohnt wird man mit einer wunderbaren Natur, die selbst in »Provinznestern« wie Tsu durch Beton weit zurückgedrängt worden ist.

Die heftige Ballung der Menschen in den großen Zentren setzte schon vor der Moderne ein. Tokio war bereits im 18. Jahrhundert eine der größten Städte der Welt. Der wirtschaftliche Aufschwung der 1960er und 70er Jahre hat die schon längst bestehende Tendenz zur Verstädterung noch einmal deutlich beschleunigt. Die besten Jobs gab es auf den tausend Kilometern Pazifikküste Honshus. Dorthin gingen viele junge Menschen, um Karriere zu machen, und verließen ihre Kleinstädte und Dörfer. Die Politik förderte diesen Trend noch, indem Industrialisierungszonen festgelegt und die Konzentration von Unternehmen dort gefördert wurden.

Der Provinz wurde dagegen nicht besonders geholfen. Die einzig typischen großen Investitionsprojekte für Randgebiete waren Dämme. Sie dienten der Elektrizitätsgewinnung, sollten Wasser für die Landwirtschaft bereitstellen und die Überschwemmungsgefahr mindern. Außerdem sollte über den Bau der Dämme die lokale Wirtschaft stimuliert werden. Diese Projekte verschärften jedoch oft die Landflucht noch. Gewachsene Strukturen vor Ort wurden zerstört, die Landschaft unwiederbringlich verschandelt und die jungen Menschen eher noch in die Städte getrieben. Dämme werden von der Politik immer noch als Allheilmittel angesehen, ländliche Strukturprobleme in den Griff zu bekommen und Arbeitsplätze zu schaffen. Es gibt indes viele Kritiker dieser Strategie. Um einige Projekte gab es deswegen heftigen Streit zwischen den Planern und den Bürgern.

Letztlich ist die Provinz in den letzten rund 50 Jahren immer mehr ausgeblutet und überaltert, wie später noch deutlich werden wird. Ein weiterer politischer Trend der letzten Jahre hat die Probleme eher noch verschärft, als sie zu lindern. Um Kosten zu sparen und die Verwaltung zu verschlanken, wurden in den letzten 15 Jahren Gemeinden und Städte forciert zusammengelegt. Als Ergebnis gibt es kaum noch kleine Dörfer und Städte als unabhängige kommunale Einheiten, sondern stattdessen weitläufige Gemeinden, die sich jedoch durch wenig Zusammengehörigkeitsgefühl auszeichnen. Es ist kaum noch möglich, auf alle lokalen Bedürfnisse einzugehen, wenn das Rathaus 20 oder mehr Kilometer entfernt liegt. Die Provinz wird durch die größeren Kommunen nicht gestärkt, sondern noch mehr geschwächt. Der Gegensatz zu den Zentren des Landes dürfte sich noch einmal vertiefen. Die gesellschaftliche Alterung, auf die ich in einem späteren Kapitel noch zu sprechen komme, wird ihr übriges tun, um die Probleme der Provinz zu verschärfen.

Das alles betrifft allerdings eher die tiefste Provinz. Städte wie Tsu sind in diesem Punkt dann doch nicht so provinziell, als dass dort Dämme gebaut würden und Eingemeindungen die lokale Identität gefährden könnten. Obwohl sicherlich 30 Millionen Menschen aus dem Ballungsraum Tokio Tsu für hinterste Provinz halten, lebt man dort eigentlich relativ urban. Die Maßstäbe, was als provinziell zu gelten hat, sind indes andere. Angesichts der großen Unterschiede zwischen den Zentren und der Peripherie ist das nicht allzu verwunderlich.

Kleinere Gegensätze

Alt und neu, Ost und West, Zentrum und Peripherie sind die bestimmenden Gegensatzpaare, wenn es darum geht, Japan zu beschreiben. Es gibt noch einige vielleicht weniger oft diskutierte Gegensätze, die nichtsdestotrotz von Zeit zu Zeit ins Feld geführt werden, um regionale Unterschiede zu diskutieren. Wird die Hauptinsel Honshu in Ost und West geteilt, werden Land und Leute insgesamt nach den Haupt- und Nebeninseln kategorisiert. Honshu selbst ist dabei völlig fraglos das Zentrum, auf das sich alles bezieht, und irgendwie letztendlich das eigentliche Japan.

Dagegen ist das nördliche Hokkaido gerade erst seit knapp eineinhalb Jahrhunderten vollständig Teil der Landes. Dort gibt es weite, unbesiedelte Landschaften, und das Klima ist deutlich kühler. Die Bewohner von Kyūshū, der südlichen Hauptinsel, gelten als offen und kontaktfreudig. Außerdem kommen viele Musiker aus der wichtigsten Stadt auf Kyūshū, nämlich Fukuoka. Ich habe acht Monate dort gelebt und kann zumindest bestätigen, dass die Musikszene phänomenal ist. Abends sind die beiden wichtigsten Bahnhöfe Tummelplatz für junge Bands, die groß herauskommen möchten. Man muss sich nur eine Dose Bier kaufen und sich zu einem der spontanen Livekonzerte dazusetzen, um viel Spaß zu haben. Shikoku, die vierte Hauptinsel, war lange besonders provinziell. Erst durch den Bau der ersten großen Brücke zwischen Shikoku und Honshu im Jahre 1988 änderten sich die Verhältnisse. Seitdem hat sich zumindest die Honshu zugewandte Küste wirtschaftlich entwickelt. Ein Spezialfall unter den vielen Inseln ist sicher Okinawa. Die Inselkette, die sich fast bis Taiwan erstreckt, ist ein bisschen das Hawaii von Japan, zumal es hier noch heißer ist als im Rest des Landes. Alles geht auf Okinawa angeblich etwas entspannter zu. Man spricht von Okinawa-Zeit und meint damit, dass niemand pünktlich zu Verabredungen kommt. Historisch hat Okinawa ebenfalls einen sehr eigenen Status, wie noch zu diskutieren sein wird.

In der Beschreibung der Inseln klingt schon an, dass Heiß und Kalt ein weiteres Gegensatzpaar ist, mit dem die verschiedenen Regionen charakterisiert werden. An sich ist es überall ziemlich heiß. Im Sommer sinken die Temperaturen tagsüber selten unter 30 Grad, steigen allerdings gerne schon einmal auf 36 oder mehr an. Selbst nachts bleibt es recht warm. Dazu herrscht eine drückende Luftfeuchtigkeit von 90 Prozent. Während meiner ersten Wochen wartete ich immer auf ein Gewitter, das hierzulande ziemlich unweigerlich auf Hitze und Schwüle folgt. Doch das kam nie. Schlechtwetter ist im Sommer höchstens während der Taifune angesagt, die meist von Süden oder Westen kommen und viel Regen und Wind mitbringen. Dann kann das öffentliche Leben durchaus einige Tage zum Erliegen kommen, bis sich alles verzogen hat.

Es gibt jedoch deutliche Unterschiede. Hokkaido ist im Sommer eher mit Deutschland zu vergleichen. Dafür liegt im Winter meterhoch Schnee. Dasselbe gilt für Teile Nordostjapans, also die Gebiete, wo am 11. März 2011 die dreifache Katastrophe von Erdbeben, Tsunami und Atomhavarie zuschlug. Die Rettung wurde zusätzlich erschwert, weil es schneite und die Temperaturen ungemütlich kalt waren. In den Bergen auf Honshu kann es sehr kalt werden, und es gibt reichlich Schnee. Den Menschen, die in diesen Regionen leben, wird nachgesagt, dass sie eher verschlossen und selbstgenügsam sind. Sie gelten als zäh und mussten das besonders früher wohl tatsächlich unbedingt sein, als man die Kälte noch nicht so gut bekämpfen konnte.

In den meisten Großstädten, die nicht auf Hokkaido oder in Nordjapan liegen, bricht dagegen Chaos aus, wenn es einmal schneit. Außerdem wird es in den Privathäusern empfindlich kalt. Es gibt keine Zentralheizung. Man kann höchstens die Aircondition, die eigentlich dazu gedacht ist, den Sommer erträglicher zu machen, auf warm stellen. Das kostet viel Strom. Deshalb gibt es kleine Öfchen und Tische, unter denen eine Heizspirale wärmt. Man streckt die Füße darunter und legt eine Decke über den Tisch. Wenn gar nichts mehr hilft, kann man immer noch heiß baden, zumal die meisten Japaner sowieso täglich ein Bad nehmen.

Von Tokio aus westwärts gibt es keine allzu großen Klimaunterschiede mehr. Es ist im Sommer heiß und im Winter noch halbwegs angenehm. Nur Okinawa fällt aus der Reihe mit seinem subtropischen Klima, das direkt wieder mit dem Charakter der Okinawianer in Verbindung gebracht wird. Die Bewohner von Okinawa gelten als träge, wenn man es negativ ausdrücken möchte, oder entspannt, wenn man es positiv sieht.

Mit der Unterscheidung zwischen Heiß und Kalt ist indirekt ein weiterer Gegensatz angesprochen. Wenn es jenseits vom Nordosten überhaupt kühl oder gar kalt wird, dann in den Bergen. An der Küste bläst bestenfalls etwas Wind, der allerdings selten erfrischend ist. Der Gegensatz zwischen dem Landesinneren und der Küste korrespondiert außerdem stark mit dem zwischen Provinz und Zentren. In Honshu ist die Pazifikküste dicht besiedelt, abgesehen vom nordöstlichen und südwestlichen Zipfel. Hier erstrecken sich jene tausend Kilometer, auf denen die meisten Japaner wohnen. Dabei ist nicht viel Platz zwischen Küste und Bergen.

Oft beginnen schon nach ein, zwei Dutzend Kilometern die Berge, die dicht bewaldet und sehr unzugänglich sind. Deshalb gelten die Bergregionen per se als hinterwäldlerisch wiewohl pittoresk. Fahrten mit der Bahn oder dem Auto durch die Berge sind malerisch, nur kommt man meist sehr langsam voran. Auf der Pazifikseite wurden alle Berge, die dem Verkehr entgegenstehen, recht radikal untertunnelt. Für die Ausdehnung der Großstädte wurden ganze Berge abgetragen. Im Landesinneren wäre das Luxus, da dort nicht allzu viele Menschen leben.

Die verschiedenen Gegensätze vereinen sich ganz anschaulich in einem klassischen Werk der japanischen Volkskunde, den *Geschichten aus Tōno,* die der schon erwähnte Yanagita Kunio 1910 veröffentlichte. Tōno ist eine kleine Stadt im Landesinneren Nordjapans. Heute fährt man mit dem Auto eine knappe halbe Stunde zur Küste, doch zu Yanagitas Zeiten war der Weg dorthin durch die Berge und Täler beschwerlich. Yanagita hörte die Geschichten in Tokio von einem Bekannten aus dem abgelegenen Städtchen, der in die Hauptstadt gekommen war, und begann, sie systematisch niederzuschreiben. Er besuchte Tōno zudem selbst auf dem Rücken eines Pferdes, wohl damals das probate Mittel, um dort voranzukommen. Yanagitas Plan war es, die Geschichten als authentisches Zeugnis des japanischen Volksglaubens herauszugeben, doch durch seine Bearbeitungen ist das Buch eine Mischung zwischen einer wissenschaftlichen Sammlung mündlicher Überlieferung und einer literarisch anspruchsvollen und höchst gelungenen Nacherzählung. Die erste Auflage war noch sehr klein. Die zweite von 1935 machte das Buch zu einem viel gelesenen Klassiker der Volkserzählungen.

Das Tōno dieser Geschichten ist verzaubert, die Menschen glauben an Geister, Fuchsgottheiten und viele andere mythische Gestalten. In vielen Geschichten tauchen Wassergeister auf, genannt Kappa. Sie verängstigen die Menschen durch ihre bösen Taten. Das Buch zeichnet einen krassen Gegensatz zum sich modernisierenden Tokio des frühen 20. Jahrhunderts, wo Yanagita in intellektuellen Kreisen verkehrte. In Tōno ist es rau, bergig, im Winter extrem kalt, provinziell, und es ist höchst abgelegen und unzugänglich. Gerade diese Eigenschaften machen es exotisch. Gleichzeitig wirken Tōno und seine Bewohner durch die Geschichten hindurch sehr authentisch. Insofern schwingt in dem Buch eine gewisse Nostalgie für das wahre Japan mit, das im Moloch der Großstadt Tokio gerade unter die Räder der Moderne kam. Dieser Typ von Nostalgie und Glauben an das authentische, ländliche Japan hat heute weiterhin seine Anhänger. Die Peripherie, die Berge, das Landesinnere und die dort oft herrschende Kälte sind das andere, für die meisten nicht alltägliche und deswegen faszinierend.

Aktuell hat Tōno nach verschiedenen Eingemeindungen und kommunalen Zusammenlegungen knapp 30 000 Einwohner. Allerdings waren es 1970 schon einmal rund 40 000. Nur bot Tōno inmitten des großen wirtschaftlichen Aufschwungs kaum eine Perspektive, so dass die jungen Leute in die Zentren abwanderten. Dafür sind die Erinnerungen an die Geschichten aus Tōno eine gute Einnahmequelle für die Gemeinde. Yanagitas Werk ist allgegenwärtig und wird fleißig für Touristen vermarktet. Praktisch die halbe Stadt ist museal relevant, weil die Orte, die in den Geschichten erwähnt werden, recht verstreut liegen. Das Maskottchen der Stadt ist eine niedliche Comic-Kappa, die ihren Schrecken völlig eingebüßt hat.

Am Ende ist Japan in den Köpfen vieler gar nicht so monolithisch, wie es sich nach außen oft darstellt. Es gibt stattdessen zahlreiche mögliche Bruchlinien. Mal ernst und wissenschaftlich, mal eher humoristisch wird das Land auseinanderdividiert in mögliche Einzelbestandteile, und die inneren Gegensätze werden hervorgehoben. Plötzlich wird vielen die eigene Heimat exotisch. Die Staatsbahn, die heute als Japan Railways privatisiert ist, hat in den 1980er Jahren daraus sogar einmal eine Werbekampagne geschmiedet. Unter den Slogans »Discover Japan« und »Exotic Japan« sollten Städter in die Provinz gelockt werden. Gleichzeitig suggerierte die Werbung, dass dort das wahre, unverfälschte und absolut einzigartige Japan zu entdecken sei.

Etwa gleichzeitig wurde der Begriff Heimat recht modisch. Überall schossen Heimatfeste aus dem Boden, die Identität stiften sollten. Die skizzierten Gegensätze wurden einerseits gezielt genutzt, um die eigene Heimat innerhalb von Japan abzustecken und zu definieren. Auf der anderen Seite verband die große Heimatwelle alle Beteiligten und gab ihnen das Gefühl, an einem Strang zu ziehen. Letztendlich teilt die Vorstellung von Gegensätzen zwischen West und Ost oder Stadt und Land Japan deshalb auf der einen Seite, verbindet es aber auf der anderen Seite wieder. Was wäre der Westen ohne den Osten und umgekehrt? Wie sollte man noch bestimmen, wer man selbst ist, wenn es den jeweils anderen nicht mehr gäbe? Es ist wie beim Baseball: Die Hanshin-Tigers-Fans hassen die Tokio Giants. Aber ohne dieses Duell wäre die Liga für alle langweilig. Auf der Ebene der Heimat mündet die Exotik und Einzigartigkeit, die aus diesen Unterschieden hervorgeht, in der nostalgischen Verklärung des wahren Japan, wie es früher einmal gewesen sein soll.

Am Ende sagten die Heimatwelle und das Spiel mit den Unterschieden nicht allzu viel über das Land aus. Die Provinz ist nicht echter als die Großstadt und bei näherer Betrachtung nicht einmal sonderlich exotisch. Um Touristen anzulocken, mag die Strategie sinnvoll sein. Die tiefgreifenden Probleme, wie die Überalterung der ländlichen Peripherie, können so nicht überdeckt werden. Man sollte sich also von ländlichen Festen und einer scheinbaren Idylle nicht zu sehr einfangen lassen, wenn man einmal die Chance hat, aus Tokio oder Osaka herauszukommen.

Letztendlich nehmen selbst die Beteiligten ihre Heimatfeste nicht völlig ernst als wahres Abbild ihres Brauchtums. Ein bisschen mehr Exotik, als eigentlich erlaubt wäre, ist durchaus willkommen. Ich durfte als Student bei drei lokalen Festen mittanzen, gekleidet in das Festgewand der jeweiligen Gruppen. Eigentlich wurde ich sogar geradezu genötigt mitzumachen. Ein 1,90 Meter großer Ausländer mit roten Haaren in typischer Heimatfestkleidung war eine zusätzliche Attraktion und versprach erhöhte Aufmerksamkeit. Dass mir die Festkleidung einige Nummern zu klein war, weil die Teilnehmenden normalerweise nicht so groß sind, machte den Auftritt nur noch lustiger.

Die Last der Geschichte

Japan und Deutschland teilen eine höchst problematische jüngere Geschichte. Darauf stößt man in der einen oder anderen Form immer wieder einmal. Meine eigenen Erfahrungen sind in dieser Hinsicht höchst gespalten. Einige Male hatte ich Erlebnisse, bei denen ich sehr an mich halten musste, um mir nicht anmerken zu lassen, wie sehr mich ein Gesprächspartner mit einer losen Bemerkung getroffen hatte. Ältere Jahrgänge klopfen einem in der Kneipe schon einmal auf die Schulter, wenn sie erfahren, dass sie einen Deutschen vor sich haben, und meinen lächelnd: »Das nächste Mal ohne die Italiener.« Als mir dieser »Witz« das erste Mal unterkam, wusste ich zunächst gar nicht, worum es ging und noch weniger, wie ich darauf reagieren sollte. Dass das Deutsche Reich, Italien und Japan im Zweiten Weltkrieg gemeinsam die sogenannten Achsenmächte bildeten und damit also Verbündete waren, ist Japanern sicherlich deutlich präsenter als Deutschen. Als Geschichtsstudent hätte es mir natürlich trotzdem bewusst sein sollen, aber ich war es einfach nicht gewohnt, dass man darüber solch lockere Bemerkungen machte. Der Witz war jedenfalls keineswegs in irgendeiner Weise böse gemeint. Gerade das macht ihn irgendwie noch unheimlicher – vor allem, da ich ihn nicht nur einmal gehört habe. Immer wieder gab es Menschen, die mir gegenüber glaubten, eine besondere Verbindung von Deutschen und Japanern betonen zu müssen. Diese Verbindung war für sie durch das unheilvolle Bündnis von deutschem Nationalsozialismus auf der einen und japanischem Ultranationalismus auf der anderen Seite überhaupt nicht negativ berührt, sondern eigentlich eher gestärkt. Sie verwiesen nicht auf dieselben höchst leidvollen Erfahrungen, sondern verklärten stattdessen die gemeinsame Vergangenheit. Alte Kameraden eben.

Diese reichlich naive Sicht auf die Vergangenheit ist nur eine Seite der Medaille. Sehr oft habe ich daneben eine überaus selbstkritische Haltung erlebt, in der die eigene jüngere Geschichte in den schwärzesten Farben gezeichnet wurde. Als ich Anfang der 1990er Jahre zum ersten Mal für längere Zeit nach Japan kam, flammte gerade eine Diskussion um die zahlreichen Kriegsverbrechen auf. Vieles kam erst knapp 50 Jahre nach Kriegsende ans Licht und schockierte speziell meine jüngeren Freunde, aber auch durchaus Mitglieder der älteren Generation. Für diese Gruppe war ich als junger Deutscher eher Vertreter eines Landes, das einen vorbildlichen Umgang mit seiner dunklen Vergangenheit praktizierte. An meiner Gastuniversität wurde während des Sommerfests beispielsweise Claude Lanzmanns zweiteiliger Film »Shoah« komplett vorgeführt, der in Interviews mit Opfern und Zeitzeugen den Holocaust behandelt. Die Vorführung war gut besucht und wurde von einer Podiumsdiskussion abgeschlossen, bei der die Teilnehmer sich einmütig vom deutschen Vorbild beeindruckt zeigten. Das war schon fast wieder etwas beschämend für mich, denn gleichzeitig lebte in Deutschland Anfang der 1990er Jahre ein erschreckender Hass auf alles scheinbar Fremde auf. Die Brandanschläge von Solingen und Mölln oder die Erregung des Mobs in Rostock blieben in Japan keineswegs unbemerkt. Zeitweise wurden Reisewarnungen ausgesprochen. Angesichts einiger Vorfälle, bei denen Japaner in Deutschland von Rechtsradikalen angegangen worden waren, waren diese Warnungen leider alles andere als unbegründet. Trotz allem blieb Deutschland für jene ein Vorbild, die über die dunklen Flecken ihrer eigenen Geschichte nicht mehr hinwegsehen wollten.

Das Ergebnis mutet ein wenig paradox an. Sowohl rechtskonservative Nationalisten und naive Nostalgiker als auch meist eher links orientierte Kritiker der eigenen Geschichte sehen Deutschland recht positiv – wenngleich mit völlig umgekehrten Vorzeichen. Auf jeden Fall ist die Vergangenheit der 1930er und 40er Jahre spätestens seit rund zwei Jahrzehnten ein überaus umstrittenes Feld verschiedener politischer Lager. Schon vorher hatte es natürlich immer wieder Kontroversen gegeben. Speziell die in Japan ziemlich heftige Bewegung der 1968er hatte ähnlich wie hierzulande mit der Generation der Väter gebrochen. Nachdem die Bewegung jedoch abgeflaut war, war zeitweise wieder etwas mehr Ruhe eingekehrt. Damit ist es vorbei.

Postkoloniale Probleme

Der Streit um die Deutung der Vergangenheit bezieht sich in Japan allerdings nicht nur auf die Zeit zwischen Anfang der 1930er Jahre und 1945. Bis zur Meiji-Restauration 1868 hatten die damals regierenden Shogune eine recht restriktive und zurückhaltende Außenpolitik betrieben. Nachdem der Tenno jedoch wieder zum politischen Mittelpunkt des neuen Staates geworden war, änderte sich dies schnell. Angesichts der kolonialen Expansion Europas und Nordamerikas versuchten die neuen Mächtigen im Land, schnell zu lernen. In der Mitte des 19. Jahrhunderts hatte man noch die höchst ehrverletzenden ungleichen Verträge hinnehmen müssen. Schon wenige Jahre später diktierte man Korea ganz ähnliche Bedingungen. Die Regierungen verstrickten sich immer mehr in eigene imperiale Abenteuer. Deren Folgen sind heute noch sehr spürbar und teilweise überaus umstritten.

Die ersten beiden kolonialen Erwerbungen wirken aus heutiger Sicht kaum noch problematisch. Die nördlichste Hauptinsel Hokkaido war zur Zeit der Shogune nur lose an das Reich angebunden. Dort lebten die Ainu, mit denen man von einem eigenen Lehensgebiet im Süden der Insel aus Kontakte hielt, handelte und gegebenenfalls Krieg führte. Nach 1868 wurde Hokkaido aber relativ schnell ganz beansprucht und dann planvoll kolonisiert. Das Schicksal der Ainu war hart. Sie galten den neuen Herrschern als primitive Eingeborene, die von der japanischen Kultur nur lernen könnten. So mussten die Ainu japanische Namen annehmen und ihre Lebensweise aufgeben. Noch heute gibt es auf Hokkaido um die 20 000 Ainu. Sie fühlen sich ähnlich wie die Indianer Nordamerikas als rechtmäßige Ureinwohner, die sich wieder ihrer ursprünglichen Kultur besinnen müssten. In diesem Anliegen steckt allerdings viel romantische Verklärung und gezielte Identitätspolitik. Wohl niemand möchte heute noch wie die Vorfahren auf Bärenjagd gehen, mit Fellen handeln und in Zelten wohnen. Eher geht es darum, das über einhundert Jahre während Leben als Bürger zweiter Klasse und scheinbar so rückständige Wilde positiv umzumünzen und zum Ausgangspunkt eines neuen Selbstbewusstseins zu machen. Niemand würde jedoch einen eigenen unabhängigen Staat fordern. Hokkaido ist eine der vier Hauptinseln Japans geworden.

Deutlich kritischer sehen viele Menschen in Okinawa ihre politische Lage. Okinawa war bis in die zweite Hälfte des 19. Jahrhunderts ein eigenes Königreich gewesen, das de facto allerdings gleichzeitig in einer sehr komplexen und sensiblen politischen Konstruktion China und einem japanischen Lehensgebiet unterstand. Dann beanspruchte die neue Regierung in Tokio die Inseln in den 1870er Jahren komplett für sich und setzte diese Ansprüche nach einigen außenpolitischen Reibereien gegenüber China durch. Das Königreich Okinawa wurde aufgelöst und die Menschen zu japanischen Staatsbürgern – formal mit allen Rechten und Pflichten, in der Realität indes wie die Ainu ebenfalls solche zweiter Klasse. Die okinawanische Sprache musste dem Japanischen weichen. Im Gegensatz zu den Ainu gelang es der Inselbevölkerung aber, viele Bestandteile ihrer Lebensweise, wie das eigene Essen oder eigene Begräbnisriten, gegen die neuen Herren zu verteidigen.

Der Status der Bewohner Okinawas als Staatsbürger zweiter Klasse wurde vor allem gegen Ende des Zweiten Weltkriegs und danach sehr deutlich. Okinawa war mit Ausnahme einiger kleiner, noch weiter abgelegener Inseln – wie dem aus Clint Eastwoods beiden Filmen »Flags of Our Fathers« und »Letters from Iwo Jima« bekannt gewordenen gleichnamigen Eiland – das einzige japanische Gebiet, auf dem es zum direkten Aufeinandertreffen der Landstreitkräfte kam. In den letzten Monaten und Wochen erstürmten die Amerikaner die Inselkette. Die kaiserliche japanische Armee wollte Okinawa trotz drückender Überlegenheit des Feindes auf keinen Fall preisgeben. Und schlimmer noch: Die Bewohner Okinawas sollten nach dem Willen der Armeeführung eher Selbstmord begehen, als dem Feind in die Hände zu fallen, denn Letzteres wäre für einen Untertanen des Kaisers entwürdigend gewesen und noch mehr für den Kaiser selbst. So wurden ganze Dörfer und Schulklassen von den eigenen Soldaten über die Klippen getrieben, um durch den Sturz ihren Tod zu finden. Viele Bewohner Okinawas flohen vor den eigenen Truppen in die dichten Wälder, lebten wochenlang von den Pflanzen, die sie sammelten, und hausten in Höhlen. Als wäre dieses Schicksal nicht genug gewesen, gab es nach Ende des Krieges nie wirklich überzeugende Versuche der Entschuldigung aus Tokio – ebensowenig wie Wiedergutmachungszahlungen. Die zahlreichen Gedenkstätten, die an das Schicksal der Menschen von Okinawa erinnern, sind deswegen in der Regel höchst kritische Mahnmale gegenüber Japan.

Mit den Kriegsverbrechen und der unterbliebenen Sühne endete die Geschichte Okinawas als Opfer der Politik Tokios noch nicht. Die Inselkette wurde bis 1972 von den amerikanischen Streitkräften verwaltet, die dort große Militärbasen unterhielten. Erst danach wurde Okinawa zurückgegeben, wenngleich die Stützpunkte blieben. Teile der amerikanischen Anlagen liegen auf alten heiligen Grabstätten Okinawas. Zudem gibt es immer wieder Übergriffe der Soldaten auf die Zivilbevölkerung. Auf den Hauptinseln sind ebenfalls amerikanische Soldaten stationiert, doch die Hauptbürde trägt sicherlich Okinawa. So fühlen sich die Einwohner erneut als Bürger zweiter Klasse, die die Langzeitkosten der militärischen Niederlage von Tokio aufgebürdet bekommen haben.

Das alles hat dazu geführt, dass es in Okinawa viele Menschen gibt, die sich nicht so richtig als Japaner fühlen. Sie verstehen sich eher als kolonisiertes Volk, das immer wieder von den fernen Herrschenden schikaniert wird. Außerdem glauben sie, dass man in Okinawa toleranter ist und insgesamt die schlechten Eigenschaften der Japaner nicht teilt. Trotzdem ist es wie im Falle Hokkaidos. Die Zugehörigkeit zu Japan wird nicht ernsthaft bezweifelt, obgleich man sich bewusst ist, nicht wirklich dazuzugehören. Immerhin leben auf Okinawa inzwischen sehr viele Zugezogene, deren Vorfahren von den Hauptinseln sind. So wäre es allein schon aufgrund der Bevölkerungsstruktur wenig sinnvoll, auf ein völlig eigenständiges Okinawa zu pochen.

Wenn die imperiale Vergangenheit schon im Falle Okinawas nicht ruht, liegt es auf der Hand, dass koloniale »Erwerbungen« wie Taiwan (1895–1945), Korea (1910–1945) oder Teile Chinas in der Mandschurai heute noch problematischere Nachwirkungen haben. Zumindest im Falle von Korea und China ist das tatsächlich so. Die imperiale Besatzung durch Japan gilt speziell in Korea als dunkle Epoche, in der viele Opfer gebracht wurden. Noch heute wird der Widerstandsbewegung gegen die Besatzung gedacht. Das mangelnde Verständnis speziell rechtskonservativer Politiker in Japan für die Wunden, die Korea damals zugefügt wurden, ist immer wieder Anlass für diplomatische Verstimmungen. In regelmäßigen Abständen fühlen sich nationalistische, populistische Politiker berufen, auf die Segnungen hinzuweisen, die die japanische Okkupation den Koreanern gebracht habe. Da werden der Ausbau der Infrastruktur vor allem im Eisenbahnbereich oder Anschübe zur Industrialisierung und Modernisierung des Landes als leuchtende Beispiele der japanischen Mission genannt. Diese wenig sensiblen Aussagen sind kaum geeignet, dauerhaft freundschaftliche Beziehungen im ostasiatischen Raum zu befördern.

Nur im Falle Taiwans liegen die Dinge etwas anders. Dort gibt es tatsächlich nicht wenige, die sich mit leuchtenden Augen an die japanische Zeit erinnern. Hier werden die Errungenschaften der kolonialen Epoche von einheimischen Politikern oft positiv gewürdigt und als ein Anstoß für den Erfolg Taiwans in der Nachkriegszeit gesehen. In der Tat haben die schlauesten Köpfe unter den jungen Taiwanesen bis 1945 die Möglichkeit gehabt, auf den besten japanischen Universitäten zu studieren. Vom Wissen, das sie sich im damals modernsten Land Asiens aneignen konnten, hat Taiwan wohl durchaus profitiert, wenn diese Studenten zurückkamen. Auch koreanische Intellektuelle zog es an die kaiserlichen Universitäten von Tokio und Kioto oder andere hochangesehene Bildungsstätten. Praktisch niemand in Korea würde jedoch irgendein positives Wort über die Kolonialzeit verlieren. Woher kommen die Unterschiede in der Beurteilung der kolonialen Vergangenheit, die sich heute nachhaltig auf die Möglichkeit einer politischen Einigung in Ostasien auswirken?

Der Fall Taiwans ist deswegen so speziell, weil er auf der einen Seite mit der chinesischen Geschichte verwoben ist. Auf der anderen sind es innertaiwanesische Spannungen, die die Kolonialzeit für viele in einem positiven Licht erscheinen lassen. Taiwan war die letzte Bastion der antikommunistischen Bewegung im Kampf gegen Maos Partei und deren langen Marsch. Teile der antikommunistischen Bewegung retteten sich auf die Insel und übernahmen dort die Regierung. Weil die kommunistische Bewegung Chinas einen streng antijapanischen Kurs einschlug, lag es auf der Hand, den Feind des Feindes als Freund zu betrachten. Außerdem konnte die Politik der neuen Regierung an die infrastrukturellen Aufbauleistungen der Japaner anschließen und diese dafür nutzen, in Taiwan einen eigenständigen Staat zu schaffen. Unter der Besatzung hatten vor allem nicht han-chinesische Bevölkerungsgruppen in Taiwan zu leiden gehabt, die schon seit langem im Landesinneren siedelten. Diese Gruppen wurden jedoch auch unter der neuen taiwanesischen Regierung an den Rand der Gesellschaft gedrängt. Somit gab es zwar Opfer der Kolonialzeit, die diese folgerichtig heftig kritisierten, doch sie spielten im neuen Taiwan keine sonderlich große Rolle. Das macht Taiwan zu einer Ausnahme. Allerdings ist das Land durch die fortwährenden Zwistigkeiten mit Festlandschina in Ostasien selbst in einer problematischen Lage. Deswegen hilft es den konservativen Kräften in Japan nur wenig, zumindest von diesen ehemaligen kolonialen Untertanen Zuspruch zu erfahren. Weit schwerer wiegt eindeutig, dass Koreaner und Chinesen eine Entschuldigung fordern.

Das Erbe der Schuld

Diese Forderung nach einer Entschuldigung Japans für die Verbrechen der Vergangenheit bezieht sich im Falle Chinas und Koreas freilich nicht allein auf die Kolonialzeit. Viel mehr ins Gewicht fallen die Gräuel des Zweiten Weltkrieges, die ebenfalls ungesühnt sind. Die in dieser Hinsicht allzu oft indifferente Haltung des offiziellen Japan vergiftet die innerasiatischen Beziehungen immer wieder, obwohl es durchaus auch Ansätze zu einer pragmatischen Zusammenarbeit gibt. Die Verwerfungen und die dahinterliegenden Probleme lassen sich ganz gut an zwei neuralgischen Orten der Erinnerung aufzeigen. Der Friedenspark in Hiroshima und der Yasukuni-Schrein in Tokio sind zwei Symbole, um die in der Vergangenheit immer wieder gestritten wurde und die über sechs Jahrzehnte nach Ende des Krieges weiterhin nicht zur Ruhe kommen.

Der Friedenspark in Hiroshima soll an die Folgen des Abwurfs der ersten Atombombe am Morgen des 6. Augusts 1945 erinnern. Die amerikanische Maschine Enola Gay, die die Bombe Little Boy abwarf, hatte damals die markante T-Brücke im Zentrum der Stadt anvisiert. Diese Brücke verband einen von zwei Flüssen umgebenen Stadtteil mit der Hauptachse der Innenstadt. Der Stadtteil wurde durch die Explosion in Sekundenbruchteilen ausgelöscht, wie auch weite Teile der Innenstadt. Nach Kriegsende wurde dort der Friedenspark errichtet und anschließend ein Museum. Jeden 6. August findet eine nationale Gedenkfeier statt, die live im Staatsfernsehen übertragen wird. So ziemlich jeder Schüler dürfte Hiroshima schon einmal besucht haben. Eine Klassenreise dorthin gehört praktisch zum Pflichtprogramm von Schulen. Hiroshima ist ein Ort, an dem Japan als Opfer des Zweiten Weltkrieges inszeniert wird. Die grundlegende Botschaft ist, dass die Bevölkerung unter einem völlig ungerechtfertigten Atombombenabwurf zu leiden hatte und immer noch leidet. Tatsächlich war der Krieg eigentlich längst entschieden. Es gibt nicht wenige Stimmen, die behaupten, der Atombombenabwurf sei zum einen ein Test unter realen Bedingungen gewesen, welche Auswirkungen die neue Waffe wohl hätte. Zum anderen hätte der amerikanische Präsident Harry S. Truman den Abwurf schon in Vorahnung des heraufziehenden Kalten Krieges als Warnung an die Sowjetunion angeordnet.

Im Friedenspark gibt es zahlreiche Denkmäler, die den verschiedenen Opfergruppen gewidmet sind. Das bekannteste gedenkt der Kinder. Dort hängen zu jeder Jahreszeit endlose Bänder handgefalteter Kraniche. Ein Mädchen, das den Atombombenabwurf zunächst überlebt hatte, dann aber schwer erkrankte, hatte sich 1 000 Origami-Kraniche gewünscht, in der Hoffnung, wieder gesund zu werden. Papierkraniche sind ein klassisches Symbol dafür, dass Kranke schnell genesen mögen. Das Mädchen starb, doch die Schulklassen falten für ihre Klassenfahrt in allen Farben Kraniche und hängen sie am Denkmal auf. Es gibt weitere Denkmäler für getötete Studenten, Krankenschwestern, Bewohner des Stadtviertels usw. Außerdem zeigt ein Museum, welche Auswirkungen die Atombombe hatte und wie sich Hiroshima davon erholt hat.

Als ich Anfang der 1990er Jahre das erste Mal nach Hiroshima fuhr, begann gerade ein tiefer Umbruch im Friedenspark und im dazugehörigen Friedensmuseum. Ich besuchte chinesische Freunde in Hiroshima, die mir zeigten, wo die Denkmäler für chinesische und koreanische Opfer standen, nämlich außerhalb des Friedensparks auf der anderen Flussseite. Meine Freunde waren darüber nicht sonderlich empört, weil diese historische Ignoranz ihrem Bild der Japaner ganz gut entsprach. Prinzipiell habe ich von chinesischen Freunden und Bekannten schon öfter gehört, dass sie eigentlich eine Geste der Entschuldigung wie die von Willy Brandt im ehemaligen Warschauer Getto erwarten würden. Ein japanischer Premier solle sich hinknien und das chinesische Volk um

Vergebung bitten. Der Bezug zu Brandt ist ganz explizit. Das Bild seines Kniefalls ist in China sehr populär.

Von einer expliziten Entschuldigung gegenüber den chinesischen und koreanischen Opfern konnte Anfang der 1990er Jahre in Hiroshima jedoch keine Rede sein. Auch im Friedensmuseum tat man sich schwer damit zu erwähnen, dass unter den insgesamt circa 200 000 Atombombenopfern 20 000 Zwangsarbeiter vom asiatischen Festland waren. Hiroshima war einer der Hauptstützpunkte der japanischen Flotte, und in diesem Kontext mussten die Zwangsarbeiter helfen, Verteidigungsgräben auszuheben, oder sie arbeiteten in den Rüstungsfabriken. Jedenfalls waren sie nicht freiwillig in Hiroshima. Da die Stadt vor allem die Japaner als Opfer stilisieren sollte, war man lange schweigend über diese Zusammenhänge hinweggegangen. Während die Denkmäler also noch außerhalb des Friedensparks standen und von chinesischen und koreanischen Gruppen in Japan selbst errichtet worden waren, fanden sich im Museum erste zaghafte Hinweise auf diese Seite des Grauens.

Über die Jahre bin ich immer wieder einmal nach Hiroshima gekommen. Nach und nach konnte ich dabei sehen, wie der Umgang mit der Geschichte des Atombombenabwurfs offener und kritischer wurde. Der Chinesen wird inzwischen im Friedenspark gedacht. Das Gleiche gilt für die Koreaner – allerdings nur für jene aus dem Süden. Mit Nordkorea gibt es seit 1945 keine diplomatischen Beziehungen, und die fortwährenden Drohgebärden des dortigen Regimes sind in Japan nachvollziehbarerweise höchst unpopulär. So wird also der einen Hälfte der koreanischen Opfer gedacht, der anderen nicht. Im Museum sind indes aus den zaghaften Andeutungen klare Aussagen geworden. Es wird nicht mehr verschwiegen, dass die Stadt Hiroshima als Flottenstützpunkt natürlich besonders in den Krieg involviert war.

Trotzdem bleibt bei mir ein gewisses Unbehagen gegenüber der Rolle Hiroshimas für die japanische Erinnerungskultur. Zugegebenermaßen ist der Umgang mit dem Atombombenabwurf offener und vielschichtiger geworden. Für mein Empfinden überwiegt indes immer noch die Selbststilisierung als Opfer. Das soll nicht heißen, dass ich die Leiden der Bevölkerung von Hiroshima vernachlässigbar finde. Ganz im Gegenteil. Zu den beeindruckendsten Momenten in Hiroshima zählt die abendliche Abschlussveranstaltung am 6. August, die ich zweimal miterlebt habe. Tausende von Lampions werden auf den beiden Flussarmen ausgesetzt, die den Friedenspark umschließen. Sie stehen für die Seelen der Verstorbenen. Wenn sie langsam in der Abenddunkelheit Richtung Meer treiben und eine nachdenkliche Stille einkehrt, ist das sehr berührend. Es ist weniger die Haltung in Hiroshima selbst, die für mich problematisch ist, sondern vielmehr der nationale Umgang mit der Katastrophe, der mir noch nicht so weit zu sein scheint, wie der im Friedenspark und -museum es mittlerweile ist.

Ein zweiter Ort des Gedenkens an den Krieg ist allerdings noch weitaus umstrittener als Hiroshima mit seinem Hang zum Opferkult. Der Yasukuni-Schrein in Tokio steht im Zentrum der scharfen Diskussionen über den Umgang mit der Vergangenheit. Dieser Schrein wurde nach 1868 errichtet, um der gefallenen Soldaten zu gedenken, die für den Kaiser und damit gegen die alte Shogunatsregierung gekämpft hatten. Mit der imperialen Ausdehnung Japans und den damit verbundenen neuen Kriegen wurden immer mehr Seelen von Verstorbenen im Yasukuni eingeschreint. Die meisten Soldaten kamen als Gefallene des Zweiten Weltkrieges hinzu. Auf dem Höhepunkt der Kampfhandlungen bewegte sich jede Woche eine feierliche Prozession zum Yasukuni, um die Namen der in den letzten Tagen Gefallenen hinzuzufügen und damit deren Seelen einzuschreiben. Die Prozession wurde im Radio übertragen. Es galt natürlich als eine Ehre, für den Tenno und das Vaterland sein Leben gegeben zu haben. Um die Angehörigen mit dem Tod der Ihren zu versöhnen und die Kampfmoral hochzuhalten, war es ebenso hilfreich, dass alle Gefallenen mit ihrer Einschreinung zu *kami* wurden, also schintoistischen Göttern. Die staatliche Propaganda war höchst wirkungsvoll. Bis zum Ende des Krieges kämpften die wohl meisten Soldaten der kaiserlichen Armee in der festen Überzeugung, im Zweifelsfall für die richtige Sache zu sterben und in den Yasukuni zu kommen.

War der Schrein bis 1945 staatlich, wurde er nach Ende des Krieges eigenständig. Die amerikanischen Besatzungsbehörden sahen vor, dass Religion und Staatsangelegenheiten strikt getrennt werden sollten. Sie hatten klar erkannt, dass der Staats-Schintoismus eine Triebfeder des Ultranationalismus gewesen war und Schreine wie der Yasukuni Eckpfeiler staatlicher Kriegspropaganda. Dazu, den Yasukuni ganz zu verbieten, konnten sich die Behörden letztendlich nicht durchringen. Der Yasukuni fuhr damit fort, die Seelen Gefallener einzuschreinen. Die Definition wurde dabei recht weit gefasst. So wurden die in den Kriegsverbrecherprozessen von Tokio verurteilten Generäle im Yasukuni eingeschreint, darunter Tōjō Hideki, der unter den Alliierten als japanisches Gegenstück zu Hitler gehandelt wurde.

Eine Reihe weiterer Probleme verbindet sich mit der Praxis des Yasukuni. Christen haben beispielsweise immer wieder darauf gedrungen, dass die Namen ihrer Angehörigen von den Listen des Yasukuni genommen würden. Die Verantwortlichen des Yasukuni argumentieren, dass sie quasi eine Staatspflicht erfüllen würden und es nicht an ihnen sei, Namen zu streichen. Die Listen hätten keinen religiösen Charakter und würden sich deshalb nicht im Widerspruch zu anderen Glaubensrichtungen befinden. Der größte Streitpunkt sind sicherlich Besuche von Regierungsmitgliedern im Schrein. Zum Jahrestag des Endes des Zweiten Weltkrieges am 15. August, dem Jahrestag der bedingungslosen Kapitulation, gibt es eine offizielle Gedenkfeier in einer Veranstaltungshalle direkt neben dem Yasukuni, die mit dem Schrein aber nichts zu tun hat. Dorthin kommt der Tenno, der es sehr bewusst vermeidet, den Yasukuni aufzusuchen. Regierungspolitiker haben oft weniger Gespür bewiesen. Wahrscheinlich schlugen in den letzten Jahren die Besuche von Koizumi Junichirō die höchsten Wellen, da er zwischen 2001 und 2006 Premierminister war. Koizumi hatte seine Karriere in der Liberaldemokratischen Partei als einflussreicher Funktionär der extrem konservativen Hinterbliebenenvereinigung der Gefallenen vorangetrieben. Deshalb war es ihm ein besonderes Anliegen, den Yasukuni jährlich am 15. August aufzusuchen. Das Protokoll dazu ist heikel. Als Premier durfte Koizumi sich nicht ins Gästebuch einschreiben, sonst hätte er gegen die verfassungsgemäße Trennung von Religion und Staat verstoßen. Formal suchte er den Schrein also nur als Privatmann auf. Die Botschaft war gleichwohl klar und sorgte für erregte Diskussionen. Vor allem die Volksrepublik China sowie Nord- und Südkorea nahmen die Besuche zum Anlass für heftige Kritik. Die Medien in diesen Ländern schäumten, und die innerasiatischen Beziehungen wurden jedes Jahr aufs Neue heftigst belastet. Der Skandal war natürlich wohlkalkuliert. Koizumis Provokation ging im Großen und Ganzen auf. Er vermochte es, konservative und nationalistisch orientierte Wahlerkreise anzusprechen und damit seine politische Machtposition eher zu festigen. Die Erfolge bei Wahlen für seine Partei gaben ihm jedenfalls recht.

Als Politiker sollte man also eigentlich nicht zum Yasukuni gehen. Es ist nur logisch, dass solch ein Besuch provoziert, wenn dort verurteilte Kriegsverbrecher verehrt werden. Als Ausländer sieht die Sache schon wieder anders aus, und so war ich natürlich einmal im Yasukuni. Freilich ist es eine Herausforderung, sich der Gesamtatmosphäre zu stellen. Das geht schon am Parkplatz los, wo verquere, in alte Uniformen verkleidete Gestalten nationale Parolen loswerden wollen. Im Schrein selber ist es vor allem das Kriegsmuseum, das einem viel abverlangt. Schon im Film, der gleich nach dem Eingang gezeigt wird, musste ich sehr an mich halten. Selten habe ich eine dreistere Verdrehung der Geschichte erlebt. Die Ausstellung schließt daran nahtlos an. Der Großostasiatische Krieg, wie der Zweite Weltkrieg hier wie bei allen Nationalisten heißt, sei natürlich ein kolonialer Befreiungskrieg gewesen. Die von den Europäern und Nordamerikanern kolonisierten und geknechteten asiatischen Nationen, wie Indonesien oder Indien, hätten dank der japanischen Opfer schlussendlich die Freiheit erlangt. Außerdem sei der Heldentod der japanischen Soldaten die Grundlage des jetzigen Wohlstandes, und so müsse jeder Japaner seinen Vorfahren dankbar für deren Einsatz sein.

Nach einer Stunde im Museum war ich jedenfalls völlig erschöpft, musste mir jedoch eingestehen, dass die Ausstellung technisch sehr gut gemacht war und auf eine perfide Art überzeugend wirkte. Die Kritik am Kolonialismus ist per se nicht falsch – die japanische Aggression als Reaktion darauf hinzustellen schon. Besonders in Details wurde deutlich, wie weit neben der Wahrheit das Museum argumentierte. Da wird das Massaker von Nanjing zu einem Vorfall. Dass die japanische Soldateska dort tagelang mordete und vergewaltigte, fällt völlig unter den Tisch. Dieses Kriegsverbrechen wurde hierzulande übrigens durch das von Ulrich Wickert herausgegebene Buch *John Rabe: Der gute Deutsche von Nanjing* bekannter. Rabe war ein Siemensmitarbeiter, der, obwohl selber Nationalsozialist, sich entschieden für die Opfer der japanischen Gräuel einsetzte. Im Film spielte Ulrich Tukur seine Rolle.

Alles in allem verlangt einem der Besuch des Yasukuni also viel ab, ist aber trotzdem sehr aufschlussreich. Noch eigenwilliger wird es in den regionalen Ablegern des Yasukuni. Jede Präfektur hat in ihrer Hauptstadt einen Gokoku-Schrein, der dem Yasukuni untersteht. Dort gibt es ebenfalls oft, wenngleich nicht immer, Kriegsmuseen, in denen die gefallenen Soldaten als Helden verehrt werden. Ich war schon in einigen dieser Gokoku-Schreine. Während das Kriegsmuseum im Yasukuni durch seine professionelle Aufmachung und die clevere Argumentation durchaus eine unheilvolle Überzeugungskraft entfalten kann, sind die regionalen Gegenstücke eigentlich nur bizarre – und oft außerdem sehr staubige und schlecht gepflegte – Ausstellungen, die irgendwie den Eindruck machen, ein paar Ewiggestrige würden völlig planlos Kriegsdevotionalien sammeln und in Vitrinen packen. Es lohnt sich also, sich in einer Präfekturhauptstadt einmal auf die Suche nach dem örtlichen Gokoku-Schrein zu begeben.

Der Kaiser und die jüngere Geschichte

Eine wichtige Rolle bei der Frage nach Schuld in Japan spielt immer wieder die kaiserliche Familie. Bis 1945 lieferte sie zumindest die Begründung für den Aggressionskrieg in Asien. Alles geschah im Namen des Tenno und seiner Ahnen. Die Schuldfrage war gerade dadurch von einiger Brisanz, dass der im Krieg regierende Shōwa-Tenno, der den Thron 1926 bestiegen hatte, nach Kriegsende bis 1989 im Amt blieb. An seiner Person entzündeten sich deshalb im In- und Ausland immer wieder Debatten. Mit seinem Ableben 1989 entschärfte sich die Situation etwas. Sein Sohn, der aktuelle Heisei-Tenno, ist unbelastet, da er erst 1933 geboren wurde und somit bei Kriegsende gerade einmal zwölf Jahre alt war.

Wie sehr es bis 1945 in den Köpfen verankert war, dass man allein dem Kaiser verantwortlich war, wird am Fall des Soldaten Yokoi Shōichi deutlich. Der hatte zum Kriegsende im Urwald der Insel Guam gekämpft und den Kontakt zu seiner Einheit verloren. So bekam er nicht mit, dass die kaiserliche Armee längst kapituliert hatte, sondern hielt bis Anfang der 1970er Jahre seine Stellung. Erst dann wurden schließlich Dorfbewohner auf ihn aufmerksam und fingen ihn. Yokoi wehrte sich, weil er glaubte, nun doch in Kriegsgefangenschaft zu geraten und so dem Kaiser Schande zu bereiten. Er konnte beruhigt werden und wurde nach Tokio ausgeflogen.

Nach der Entlassung aus dem Krankenhaus – im Dschungel war er auf 41 Kilo abgemagert und hatte Mangelerscheinungen – fuhr er vor den Kaiserpalast, um sich für seine Gefangennahme direkt beim Tenno zu entschuldigen.

Der Kaiser war laut der neuen Verfassung von 1946 nicht mehr Souverän Japans, legitimiert durch seine Ahnen und seine Göttlichkeit. Dieser hatte er in einer Radioansprache kurz nach dem Krieg abgeschworen. Die neue Verfassung sieht den Tenno vielmehr als Symbol für die – schon unabhängig von ihm bestehende! – Einigkeit des Volkes. In den ersten acht Artikeln wird festgelegt, was der Tenno darf und was nicht. Seine Rolle im politischen Leben gleicht ein bisschen jener des deutschen Bundespräsidenten. Sie ist rein repräsentativ. Somit konnte der Tenno Yokoi nicht mehr empfangen und seine Entschuldigen annehmen. Das wäre äußerst heikel gewesen, hätte es doch die enge Verbindung zwischen Kaiser und Militär wieder aufleben lassen. Außerdem hätte eine Audienz für einen Soldaten wohl gegen die verfassungsgemäße Rolle des Kaisers verstoßen. Yokoi war nicht der letzte Soldat der kaiserlichen Armee, der das Kriegsende verpasst hatte. Bis in die 1980er Jahre hinein wurden noch mehrere seiner Kameraden aufgefunden, die ebenfalls immer noch ihre Stellung hielten.

Der Fall Yokoi zeigt, wie sich die Stellung des Tenno seit 1945 verändert hat und wie problematisch inzwischen alle Bezüge zur Zeit vor 1945 sind. Deutlich wird allerdings gleichzeitig, dass aus Sicht der einfachen Soldaten natürlich der Kaiser der Letzt- und Hauptverantwortliche für die Kriegsführung war. Genau über diesen Punkt ist in den letzten Jahrzehnten viel diskutiert worden. Die US-Besatzungsstreitkräfte verzichteten darauf, den Kaiser in den Kriegsverbrecherprozessen von Tokio anzuklagen. Der oberste Befehlshaber General MacArthur ging davon aus, dass das Land für seine Truppen nicht mehr zu verwalten gewesen wäre, wäre der Tenno zur Verantwortung gezogen und folgerichtig hingerichtet worden.

Unter meinen Bekannten waren die Meinungen zur Kriegsschuld des Kaisers und seiner Funktion laut Verfassung sehr gemischt. Eine Japanischlehrerin von mir, die politisch deutlich nach links tendierte, fragte mich einmal ziemlich offen, ob ich nicht ebenfalls der Meinung sei, der Tenno hätte hingerichtet werden müssen. Für sie war der Fall ganz eindeutig und die Gnade der

Amerikaner eine völlig falsche Weichenstellung für die Nachkriegsdemokratie. Auch für einen meiner Geschichtsprofessoren an der Universität, im Übrigen einer staatlichen, war der Tenno fraglos der Hauptverantwortliche für den Aggressionskrieg. Zwar hätte die Armeeführung einen erheblichen Anteil an den zahlreichen Kriegsverbrechen, doch an der Spitze hätte eben der Kaiser gestanden. Die Schlussfolgerung, dass der Kaiser deswegen hätte zum Tode verurteil werden müssen, zog der Professor allerdings nicht, sondern schwieg zu diesem Punkt einfach.

Die meisten meiner Freunde und Bekannten hatten dagegen keine allzu ausgeprägte Meinung zu dieser Frage. Der Shōwa-Kaiser mag irgendwie Schuld an allem gewesen sein. Vielleicht war es jedoch die Armeeführung, die die Befehle gegeben hatte. Letztendlich lässt sich das jetzt nicht mehr so genau sagen, und da die Geschichte über diese Frage längst hinweggegangen ist, ist es bedeutungslos. Die gegenwärtige Position des Kaisers ist ihnen sowieso relativ gleichgültig. Es lohnt sich nicht, darüber nachzudenken, ob die Institution abgeschafft werden soll, da sie im Alltag wirklich keine große Rolle spielt. Im Zweifelsfall soll lieber alles so bleiben, wie es ist. In Umfragen antwortete die Mehrheit der Befragten regelmäßig ganz ähnlich.

Dann gibt es noch jene, für die sowohl der Shōwa-Kaiser als auch das Kaisertum an sich etwas durchaus Positives sind. In meiner Homestayfamilie teilten beide Töchter diese Meinung. Für sie wog weit schwerer als jede Schulddiskussion, dass der Tenno in der direkten Nachkriegszeit ganz Japan bereist hatte, um die Menschen wieder aufzurichten. So wird es in der Schule gelehrt, wenngleich kritische Geschichtsbücher vermerken, dass der Tenno auf diesen Reisen oft sehr weltfremd erschien. Auf alles hätte er »ah sō« geantwortet – was auf Deutsch ganz ähnlich »ach so« heißt –, so dass ihn die Menschen schließlich »Mr. Ah sō« genannt hätten.

Am äußerst konservativen Rand gibt es dann noch jene, die mit höchst zweifelhaften Methoden die Position des Tenno unbedingt wieder stärken möchten. Für diese Kreise ist der Yasukuni-Schrein absolut heilig und sollte unbedingt wieder direkt vom Staat finanziert und legitimiert werden. Der Tenno müsse wieder die Rechte von vor 1945 bekommen oder zumindest deutlich mehr als in der aktuellen Verfassung vorgesehen. Außerdem könne von einer Verantwortung oder gar Schuld für den Krieg keine Rede sein, außer in dem Sinne, dass der Kaiser einen höchst ehrenwerten antikolonialistischen Kampf geführt habe. Rechtsradikale fahren mit schwarzen Bussen durch die Städte und verkünden über Lautsprecher aller Welt diese Ansichten. Oft sind sie mit der japanischen Mafia verbandelt und in allerlei dunkle Geschäfte verstrickt.

Einmal hielt so ein Konvoi schwarzer Busse auf derselben Autobahnraststätte wie eine Bustour, an der ich teilnahm. Ich wollte die Chance direkt nutzen, um ein paar Fotos zu schießen. Zwei Fahrer der schwarzen Busse kamen jedoch recht schnell auf mich zu, pöbelten mich an und drohten mir mit Gewalt. Sie wollten nicht fotografiert werden und schon gar nicht von einem weißen Ausländer, also aller Wahrscheinlichkeit einem Amerikaner. Meine Mitreisenden zogen mich schnell weg, und bevor ich noch groß nachdenken konnte, war unser Bus wieder losgefahren, weil es alle mit der Angst zu tun bekommen hatten. Man lässt sich tatsächlich nicht mit diesen Leuten ein, und im Nachhinein muss ich zugeben, dass mein Forscherehrgeiz unangebracht war. Ich hätte meine Fotos zumindest viel heimlicher schießen sollen.

Die japanische Mafia, die Yakuza, gab sich in der Vergangenheit oft bewusst rechtsnational. Yakuza halfen, Streiks linker Gewerkschaften gewaltsam zu beenden oder Demonstrationen zu behindern und die Teilnehmer zu drangsalieren. Außerdem wurden ihnen gute Kontakte zu rechtskonservativen Politikern der LDP nachgesagt. Die Yakuza ordnen sich einer strengen Hierarchie unter, an deren Spitze der *oyabun*, also der Vater steht. Es gibt eine Reihe von Berührungspunkten mit den Rechtsradikalen. In der Regel agieren beide Milieus unabhängig voneinander, doch nicht selten kooperieren sie, um ihre kriminellen Ziele durchzusetzen. Die Yakuza leben von der Organisation illegalen Glücksspiels, Prostitution, Kreditvergabe zu Wucherzinsen und haben ihre Hände außerdem oft in der Abfallentsorgungsbranche und im Baugewerbe. Ein Erkennungszeichen sind die Tätowierungen der Mitglieder. Deshalb ist in den beliebten öffentlichen heißen Quellbädern der Zutritt mit Tattoos verboten – eine indirekte Methode, Yakuza außen vor zu halten und die anderen Gäste nicht in Angst und Schrecken zu versetzen. Am rechten Rand der Gesellschaft tummeln sich neben überzeugten Nationalisten allerhand finstere Gestalten.

Das Stimmungsbild zur Verantwortung des Tenno und ebenso zur aktuellen Rolle des Kaiserhauses ist also einigermaßen uneinheitlich. Auf jeden Fall ist es gespaltener, als die deutschen Medien zu gegebenen Anlässen immer mal wieder gerne suggerieren. Das ist am deutlichsten sichtbar am Beispiel von Tod und Beerdigung des Shōwa-Tenno. Hirohito, wie er als Person, nicht als Kaiser hieß, starb im Januar 1989. Mit seinem Tod gab es noch einmal einen Anlass, über den Krieg sowie den Aufstieg Japans in der Nachkriegszeit nachzudenken. Der Showa-Tenno hatte beide Zeitabschnitte hindurch regiert. In den westlichen Medien wurde über eine breite und tiefe Trauer im japanischen Volk berichtet. Das Land habe sich tagelang in einer Schockstarre befunden.

Zwei Geschichten, die mir Freunde erzählt haben, werfen ein anderes Licht auf die allgemeine Stimmung. Recht schnell kamen Vermutungen auf, der Tenno sei bereits Tage vor dem 7. Januar tot gewesen. Er war im September 1988 im Palast zusammengebrochen, nachdem er schon eine Weile an Zwölffingerdarmkrebs gelitten hatte. Sein Zustand hatte sich danach im Krankenhaus immer weiter verschlechtert, so dass man schon allgemein mit seinem Ableben rechnete. Laut der Gerüchte hatten die offiziellen Stellen indes vermeiden wollen, dass der Tod mit den Neujahrsfeiern zusammenfiele. In den ersten Tagen nach Neujahr wird ausgelassen gefeiert. Womöglich hätte sich so ein etwas schiefes Bild ergeben von einer Nation, die eben doch nicht so tief betroffen wäre, wenn nicht alle darauf verzichtet hätten, zu feiern. Höchstwahrscheinlich ist an den Gerüchten nichts dran, aber sie zeigen, dass die Sache mit der tiefen Volkstrauer wohl doch nicht so eindeutig war.

Die zweite Geschichte macht dies noch viel deutlicher. Das japanische Fernsehen sendete nach dem 7. Januar nur noch Bilder der tiefen Trauer und schönfärberische Rückblicke auf das Leben des Tenno. Tagelang war das normale Programm außer Kraft gesetzt, und hätte man sich nur an diesen Bildern orientiert, hätte man glauben müssen, dass der Alltag tatsächlich komplett stillstand, weil alle in Tränen versanken. Stattdessen waren in den Videotheken die Regale leer – alle Filme waren verliehen! Da es im Fernsehen nichts Interessantes mehr zu sehen gab – die Dauertrauer war vielen dann doch zu dick aufgetragen –, holte man sich eben andere Unterhaltung ins Haus. Selbst wenn trotzdem nicht wenige ernsthaft vom Tod des Tenno erschüttert gewesen sein dürften, relativieren diese Geschichten das Bild deutlich.

International war die Beerdigung sowieso ein Politikum. In den USA, England und den anderen Staaten, die im Zweiten Weltkrieg gegen Japan gekämpft hatten, wurde noch einmal die Verantwortung des Tenno hinterfragt. Letztendlich nahm der damalige amerikanische Präsident George Bush ebenso an der Beerdigung teil wie der französische Staatspräsident François Mitterrand und viele andere internationale Gäste. Der Shōwa-Tenno war eben nicht nur ein potenzieller Kriegsverbrecher, den man womöglich hätte vor Gericht stellen müssen. Aus Sicht westlicher Politiker war er darüber hinaus Stabilitätsfaktor und wichtige symbolische Figur für den Wiederaufbau nach 1945 sowie die Westbindung Japans.

Das Bild, das ich gezeichnet habe, lässt vielleicht doch den einen oder anderen schließen, dass es mit der Vergangenheitsbewältigung in Japan hapere. Diese Meinung höre ich immer wieder in Diskussionen. Gemessen an Deutschland sei Japan weit hinterher, was die Aufarbeitung der Kriegsverbrechen und der Zeit des Ultranationalismus betreffe. Aber ganz so einfach ist die Sache sicher nicht. Zunächst muss man sich vor Augen führen, dass es Ende der 1940er und in den 1950er Jahren eine durchaus sehr lebhafte Debatte um Schuld, Verantwortung und die Konsequenzen daraus gab. Diese Auseinandersetzung brach dann aus verschiedenen Gründen ab. Vor allem die Haltung der US-Besatzungsmacht war ein entscheidender Grund dafür. Es schien wichtiger, Japan als Verbündeten für den heraufziehenden Kalten Krieg schnell wieder aufzubauen, als die Frage der Schuld in allen Details zu klären. So wurden kommunistische und gewerkschaftliche Aktivisten bald aus ihren Berufen gedrängt und kamen auf schwarze Listen. Diese *red purge* (rote Säuberung) war nicht dazu angetan, ein offenes Meinungsklima zu fördern. Die Tokioer Prozesse, die nach dem Vorbild der Nürnberger geführt wurden, waren ebenso problematisch. So saßen vor allem die alten westlichen Kolonialmächte über die Japaner zu Gericht. Der Standpunkt der ungleich härter betroffenen Chinesen, Koreaner, Vietnamesen und aller anderen asiatischen Länder kam dagegen viel zu kurz.

Indem die alten imperialen Machtverhältnisse reproduziert wurden, fielen viele der schlimmsten Kriegsverbrechen unter den Tisch, weil sie ja keine Amerikaner und Europäer betrafen. Für die spätere Aufarbeitung dieser Kriegsverbrechen war das Gift. So kam die Frage nach den Zwangsprostituierten erst Anfang der 1990er

Jahre zur Sprache. Die kaiserliche Armee hatte viele junge Frauen aus Asien in mobile Bordelle an der Front gezwungen, um die eigenen Soldaten bei Laune zu halten. Die betroffenen Frauen konnten ihre Leiden erst in hohem Alter öffentlich machen, zumal sie in ihren Heimatländern vorher oft zum Schweigen gezwungen worden waren. Ihre Familien und das Umfeld schämten sich ihrer, Zwang hin oder her. Das Ausbrechen aus dieser doppelten Verleugnung in Japan und in Asien brachte vieles ins Rollen und war ein ganz wichtiger Schritt dazu, dass sich viele Japaner noch einmal der zahllosen Grausamkeiten bewusst wurden, die in ihrem Namen und womöglich von ihren Angehörigen vor einem halben Jahrhundert begangen worden waren.

Schließlich ist das deutsche Beispiel vielleicht auch deswegen kein absoluter Maßstab für Japan, weil die Foren der Aufarbeitung ganz andere waren und sind. Während hierzulande Gerichte und die Politik eine wichtige Rolle spielten, sind in Japan künstlerische Verarbeitungen in Romanen oder Comicserien sehr wichtig gewesen. Das mag manch einem zu wenig handfest erscheinen. Trotzdem kann man nicht bestreiten, dass so die Erinnerung am Leben gehalten wurde und vielleicht sogar manchmal schmerzhafter und direkter war.

Allerdings lässt sich kaum abstreiten, dass es viele Versuche gibt, die Vergangenheit schlichtweg zu leugnen. Schulbücher werden in euphemistischer Weise so geschrieben, dass bestimmte Verbrechen plötzlich wie allgemeine Vorfälle wirken, zu denen man außerdem erst noch forschen müsse. Es gibt konservative Kreise, die jegliche kritische Aufarbeitung der Geschichte als masochistisch und unpatriotisch brandmarken. Diese Kreise sind weitaus einflussreicher und mehr im Mainstream verankert, als es hierzulande der Fall ist, und das ist letztendlich schon bedenklich.

Alles Sushi oder was?

Noch vor zwei Jahrzehnten hätten sich die meisten Leser schwergetan, ein typisches japanisches Gericht zu nennen. Und fast niemand hätte schon einmal japanisch gegessen. Das ist heute ganz anders. Sushi hat einen weltweiten Siegeszug angetreten und prägt unser Bild vom japanischen Essen ganz grundlegend. Es gilt als gesund, sehr frisch und optisch meist höchst ansprechend zubereitet. Anfänglich hatten Sushirestaurants in Deutschland mit großen Problemen zu kämpfen. Das erste in Düsseldorf hätte beinahe wieder schließen müssen, weil niemand rohen Fisch essen wollte. Die Betreiber, ein japanisches Ehepaar, schafften es gerade so, die Pleite zu vermeiden. Inzwischen floriert das Restaurant und hat diverse Filialen.

Der weltweite Erfolg von Sushi hat jedoch dazu geführt, dass Sushiköche und Restaurantbesitzer inzwischen bei weitem nicht mehr nur Japaner sind. Als ich vor einigen Jahren einmal versuchte, in Paris mit dem Personal eines Sushirestaurants japanisch zu reden, erntete ich nur fragende Blicke. Das Lokal wurde von Chinesen betrieben, die außerdem ausschließlich Landsleute beschäftigten. Meine Grundannahme, Sushi sei immer eine rein japanische Angelegenheit, war also recht naiv gewesen. Sushi hat den Weg der Pizza genommen, die ja oft von Deutschen, Indern oder Türken gebacken wird, ohne dass sich irgendjemand darüber wundert. Es ist also ein globales Essen geworden.

Die japanische Regierung nimmt daran Anstoß und hat versucht, ein offizielles System für die Ausbildung von Sushiköchen im Ausland zu etablieren, um so sicherzustellen, dass der Bezug zu Japan klar bleibt. Allerdings ist dieser Initiative bisher kein großer Erfolg beschieden. Die Globalisierung und Entjapanisierung des Sushi lässt sich durch solche Maßnahmen nicht mehr aufhalten.

Immerhin zeigt dieses Unterfangen, welche Bedeutung Essen für die japanische Identität hat. Sogar die Regierung sorgt sich darum, dass ein japanisches Gericht weiterhin seinen nationalen Charakter bewahrt.

Was wir als den Inbegriff japanischen Essens kennen, ist in dieser Form im Land erst seit wenigen Jahrzehnten verbreitet. Das gegenwärtige Sushi ist praktisch eine Form städtischen Fastfoods auf hohem Niveau. Ursprünglich ging es bei Sushi einmal darum, mit Hilfe von Reis Fisch zu fermentieren, der dann gegessen wurde. Der beim Gärprozess angefallene Reis dagegen wurde einfach weggeworfen. Erst vor rund hundertfünfzig Jahren verbreitete sich Sushi als Kombination von Reis und Fisch. Es wurde als praktisches Essen an Großstädter verkauft, die es schnell aus der Hand essen konnten. Erst in der Nachkriegszeit und dann speziell ab den 1960er Jahren wurde das Sushi, das wir heute im Westen kennen, zu einem beliebten Essen in teuren Restaurants. Mit der Einführung von Fließband-Sushirestaurants, wo auf schmalen Fließbändern kleine Teller mit einzelnen Sushistücken an den Gästen vorbeigefahren werden, von denen sie sich einfach nehmen, was sie möchten, schloss sich der Kreis zum Fastfood wieder. Sushi ist also historisch betrachtet eher eine neue Bereicherung der Küche und damit gar nicht das traditionelle Essen, das viele in ihm sehen.

Obwohl Sushi hierzulande trotzdem der Inbegriff der japanischen Esskultur zu sein scheint und die Maßnahmen der Regierung dies noch unterstreichen, ist in Japan beileibe nicht alles Sushi, was auf den Tisch kommt. Meine Erfahrungen aus dem ersten halben Jahr Homestay in einer japanischen Familie waren ganz andere. Sushi ist etwas, um Gäste auszuführen, oder in der Fließbandvariante ein akzeptabler Kompromiss zwischen Fastfood und feiner Küche. Auf den Speiseplan einer Familie würde es kaum gesetzt werden, es sei denn von einem Sushi-Restaurant geliefert, und dann nur, wenn Gäste da sind. Höchstens in einer zeitsparenden Variante wäre Sushi Bestandteil der Familienküche. Beim Sara-Sushi, übersetzt dem Tellersushi, kommt ein Holzgefäß mit Reis auf den Tisch. Dieser Reis ist oft schon mit Gemüse angemacht. Außerdem gibt es Fisch und andere Dinge, die man in Sushi einrollen kann. Jeder nimmt sich ein Stück *nori*, den dunkelgrünen gerösteten Seetang, legt etwas Reis und Fisch darauf und rollt sein Stück Sushi einfach selber in der Hand. In dieser Form ist Sushi fast so etwas wie ein Fondue oder ein Raclette, bei dem man sich sein Essen selbst zusammenstellen kann, und wird wegen des geringen Aufwands manchmal in Familien serviert.

Normalerweise war die Küche meiner Familie auf Zeit wie wohl jede einer modernen Familie in einem westlichen Industrieland eine Mischung aus allen möglichen Einflüssen. Weißer Reis, Misosuppe aus Sojabohnenpaste und ein Stück Fisch zum Frühstück konnten am nächsten Morgen schon durch Toast und Kaffee ersetzt werden, um einen Tag später Spaghetti zu weichen, aus denen kleine Fangarme mit Saugnäpfen hervorlugten. Das Stückchen Fisch zum Frühstück hatte übrigens regelmäßig zur Folge, dass ich zu spät zur Universität kam. Es ist nämlich erst einmal nicht ganz einfach, so etwas »Massives« mit Stäbchen zu essen, und meine Homestaymutter hätte es mir aus erzieherischen Gründen nicht gestattet, Messer und Gabel zu verwenden oder den Fisch anders als auf die korrekte Weise zu zerlegen und in den Mund zu führen. Ich musste also lernen, die Stäbchen zusammengehalten in den Fisch zu stechen und sie dann entlang der Fleischfasern auseinanderzuspreitzen. Stellt man sich dabei geschickt an, zerfällt der Fisch, und man kann die einzelnen Stücke bequem essen. Wenn man allerdings im Gebrauch der Stäbchen noch nicht so erfahren ist, hat man einen Haufen kleiner Fischkrümel, die einen minutenlang aufhalten.

Mittags gab es zu Hause nichts zu essen, denn meine Homestayeltern aßen auf der Arbeit: die Mutter mit ihrer Grundschulklasse, der Vater in der Mensa der Universität. Die Kinder hätten in der Schule gegessen, hätten sie noch bei ihren Eltern gewohnt. Das große Essen fand also abends statt. Hier gab es alles Mögliche: Nudelsuppe vor dem Fernseher im Wohnzimmer, Reis mit Misosuppe und Fisch oder etwas anderes Warmes. Wenn die Zeit für meine Homestaymutter einmal nicht reichte, um zu kochen, gingen wir in ein sogenanntes Family-Restaurant, wo es dann oft Steak gab, oder zu einem Italiener.

Brot und Käse habe ich in Japan dagegen eher selten genossen, ebenso wie Kartoffeln und einiges anderes Gemüse, das ich von zu Hause gewohnt war. Es gibt zwar Brot, nur meistens weißes nach französischem oder Toast nach amerikanischem Vorbild. Käse ist dagegen sehr teuer und hat oft nur Scheiblettenqualität. Das liegt nicht daran, dass Japaner überhaupt keine Milch vertragen würden, wie oft behauptet wird. Zwar hat fast die ganze Bevölkerung eine Laktoseintoleranz. Die macht sich in aller Regel jedoch erst bemerkbar, wenn man mehr als 300 Milliliter Milch trinkt. Deshalb bekommen schon die Kinder in der Schule Milch, weil sie in Maßen genossen auch in Japan als sehr gesund gilt. Doch es gibt keine große Käsekultur in Japan, was angesichts des doch eher heißen Klimas durchaus verständlich ist. Kartoffeln bekommt man dagegen zwar im Supermarkt, gleichwohl nicht in großen Säcken, sondern eingeschweißt im Zweier- oder Viererpack und nicht gerade billig.

Das Obst ist ebenfalls teuer, dafür äußerst schmackhaft. Die Bauern verpacken Äpfel während der Reife einzeln am Stamm, die deswegen eine perfekte Form und Farbe haben und äußerst aromatisch sind. Man kann sich jedoch leicht vorstellen, dass dieses Verfahren die Preise in die Höhe schießen lässt. Einige Obstsorten sind so sogar ausgesprochene Luxusgüter, die man selten selbst kauft, sondern vor allem isst, wenn man sie geschenkt bekommt oder Gästen etwas Besonderes bieten will. Die besten Pfirsiche aus Westjapan gibt es einzeln in kleinen Holzkästchen, und sie kosten 1000 bis 2000 Yen, also rund 10 bis 20 Euro – pro Stück! Das mag völlig überteuert klingen, aber wenn man einmal einen solchen Pfirsich gekostet hat, sieht man die Sache anders. Ich zahle lieber ab und an 10 Euro für einen Pfirsich als für einen Euro das zu essen, was einem in hiesigen Supermärkten als Pfirsich angeboten wird.

Reis und Identität

Die Grundlage des Essens ist natürlich Reis. Als ich 1994 das zweite Mal für längere Zeit in Japan wohnte, war es gerade besonders einfach, günstig an Reis zu gelangen. Das hing mit der schlechten japanischen Reisernte zusammen. Was erst einmal wie ein Widerspruch klingt – nach einer schlechten Ernte sollten die Preise doch eigentlich steigen –, erklärt sich durch die Maßnahmen, die die Regierung damals ergriff, um das Problem der Reisknappheit in den Griff zu kriegen, und durch die Antwort der Verbraucher auf die Maßnahmen der Regierung. Um die Reisversorgung sicherzustellen, musste man beim Kauf eines Sackes Reis aus japanischer Herstellung auch noch eine bestimmte Menge importierten Reis dazukaufen. Der importierte Reis kam aus Thailand oder anderen asiatischen Nachbarländern. Zumindest für mich schmeckte er nicht schlechter als der »echte« japanische Reis, alle meine Freunde und Bekannten sahen das indes anders. Sie kauften in den Reisläden zwar nach der offiziellen Regelung das Paket mit dem importierten Reis als Zwangsbeigabe. Das ließen sie meistens freilich gleich im Laden zurück. Dieser Reis sei eben bei weitem nicht so gut wie der japanische, so bekam ich immer wieder versichert. Deshalb konnte man dann in den Reisläden importierten Reis für einen Spottpreis kaufen – es wollte ihn sowieso keiner haben. So erklärt sich der scheinbare Widerspruch zwischen schlechter Ernte und Reispreisen.

Der Hintergrund für die Abneigung gegenüber dem importierten Reis war vielschichtig. Seit die Selbstversorgung nach Kriegsende wieder klappte, hatte das Land keinen Reis mehr importieren müssen. Da die Bauern eher konservative Wähler waren, hatte die über Jahrzehnte hinweg regierende LDP, die konservativ ausgerichtete Liberaldemokratische Partei, ihre Klientel immer wieder durch günstige Regelungen des Lebensmittelmarktes im wahrsten Sinne des Wortes gekauft. Gleichzeitig wurde der besondere Geschmack des heimischen Reises beworben. Es wäre jedenfalls Anfang der 1990er Jahre niemandem in Japan eingefallen, ohne besondere Not Reis aus dem Ausland zu importieren. So waren die Kunden nicht bereit, fremden Reis zu essen. Ich hatte damals den Verdacht, dass viele meiner Freunde und Bekannten gar nicht erst probiert hatten, wie denn die Alternative schmeckte. Auf der anderen Seite muss ich zugeben, dass die feinen Unterschiede zwischen einzelnen Sorten für jemanden nur schwer nachzuvollziehen sind, der nicht mit täglich mehreren Schalen Reis aufgewachsen ist. Wahrscheinlich würden die Verbraucher es auch hierzulande nicht einfach hinnehmen, wenn Brot plötzlich nicht mehr so wie immer schmecken würde, sondern irgendwie anders. Jedenfalls würde ich japanisches Brot im Laden zurücklassen, müsste ich es als Zwangszugabe bei einem hiesigen Bäcker kaufen, um eine Brotknappheit zu vermeiden. Es ist einfach zu weich und geschmacklos.

Trotzdem zeigt diese Episode aus den frühen 1990er Jahren die besondere Bedeutung von Reis für das nationale Selbstverständnis. Zum Glück aus Sicht meiner Bekannten wiederholte sich dieses Problem seitdem nicht mehr. Die heimischen Bauern haben es seitdem wieder zuverlässig geschafft, den Markt mit dem wahren Reis zu beliefern. Weißer Reis ist also ein wichtiger Bestandteil der nationalen Identität in Japan. Immer wieder liest oder hört man, dass die Japaner eigentlich ein Volk von Reisbauern seien und weißer Reis ihre Hauptnahrung. Die Idee von der gemeinsamen Herkunft als Reisbauern muss sogar oft dafür herhalten, die japanische Gesellschaft an und für sich zu erklären. Der Nassfeldreisanbau, wie er in ganz Ostasien betrieben wird, verlangt, dass die Bauern miteinander kooperieren. Das Wasser für die Felder muss durch Kanäle geleitet werden, die nie nur einem Bauern allein gehören. So ist jeder einzelne Bauer vom Wohlwollen der dörflichen Gemeinschaft abhängig. Wenn er sich falsch verhält, werden seine Felder nicht genügend bewässert werden. Daraus hat man abgeleitet, dass die japanische Gesellschaft harmonisch und gemeinschaftlich sei. Niemand würde es aufgrund dieser bäuerlichen Erfahrung dörflicher Gemeinschaft wagen, aus der Gruppe auszuscheren, selbst wenn heutzutage niemand mehr davon abhängig ist, dass seine Felder mitbewässert werden. Das Erbe des gemeinsamen Reisanbaus würde selbst unter großstädtischen Bedingungen weiter fortleben.

Aus verschiedenen Gründen darf man diese Theorie bezweifeln. Natürlich bauten nicht alle Japaner Reis an. Daher stellt sich die Frage, wie sich Nachfahren anderer Stände als dem der Bauern in die Theorie einfügen würden. Zudem waren Bauern nicht zwangsläufig Reisbauern, und es gab im primären Sektor noch viele Fischer. Es ist also etwas willkürlich, die Grundlage der japanischen Gesellschaft ausgerechnet aus dem gemeinsamen Reisanbau herzuleiten. Diese These gehört zu den schon angesprochenen Japanertheorien, die es im Bereich des Essens ebenfalls in verschiedenen Formen gibt.

Die Vorstellung, weißer Reis – und zwar nur in Japan angebauter – sei die absolut unverzichtbare Basis allen japanischen Essens, ist historisch sowieso nicht ganz so klar nachzuvollziehen. Zunächst war weißer Reis nicht schon immer die zentrale Ernährungsgrundlage in Japan gewesen. Wäre dem so, hätte man in früheren Zeiten sogar Ernährungsprobleme gehabt. Weißer Reis wird geschält, und ähnlich wie bei Obst sitzen viele Vitamine und Nährstoffe unter oder sogar auf der Schale. So ist brauner, ungeschälter Reis gesünder, ähnlich wie Vollkorn im Vergleich mit Weißmehlprodukten. Bis ins 20. Jahrhundert hinein waren beide

Reissorten Teil der Ernährung. Außerdem war es bis 1945 durchaus normal gewesen, Reis aus dem asiatischen Ausland und den eigenen Kolonien zu konsumieren. Dass Reis derart zum Kern der japanischen Identität im Bereich der Nahrung stilisiert wurde, ist also ein neueres Phänomen.

Auf der anderen Seite spielte und spielt (weißer) Reis in vielen Riten und religiösen Kontexten eine wichtige Rolle. So ist es der Tenno, der jedes Jahr symbolisch die ersten Reispflänzchen in die Erde setzt. Die Zeremonie wird in den Medien übertragen. Mitten im kaiserlichen Palast in Tokio gibt es außerdem ein kleines Reisfeld. Die Verbindung zwischen der kaiserlichen Familie und dem Reis als Grundnahrungsmittel wird also in verschiedener Weise inszeniert und verleiht dem Getreide damit einen nationalen Status.

Zudem hängen viele Riten und Praktiken des Schinto mit dem Reisanbau zusammen. Eine wichtige Gottheit auf dem Land ist die Inari-Gottheit, die für die Fruchtbarkeit, den Reis und die Füchse zuständig ist. Sie wird in zahlreichen ländlichen Schreinen in Form von Fuchsstatuen verehrt. Bedenkt man, dass es früher keine oder kaum Katzen in Japan gab, erschließt sich direkt der Zusammenhang zwischen Füchsen und Reis. Füchse waren die Hauptfeinde kleiner Tiere, die die Reisvorräte in den Reisspeichern bedrohten, wie Mäuse oder Ratten. Dafür wird den Füchsen, die als Boten der Inari-Gottheit agieren, in den Schreinen Reis und Sake, also Reiswein, geopfert. So erhoffen sich die Bauern eine reiche Ernte. Über ein Drittel aller japanischen Schinto-Schreine sind Inari gewidmet. Reis spielt also im Glauben der Bevölkerung schon eine bedeutende Rolle.

In meiner Gastfamilie war Reis daher nicht einfach nur ein Essen, sondern nahm eine besondere Rolle im Speiseplan ein. Jeden Tag wurde ein Reiskocher voller Reis produziert. Einmal nahm ich mir ohne böse Absichten Reis aus dem Reiskocher, der gerade erst fertig geworden war. Bevor ich noch den ersten Happen essen konnte, stürzte meine Homestaymutter auf mich zu, da ich unabsichtlich eine wichtige Regel übertreten hatte. Der erste Löffel aus einer neuen Portion im Reiskocher gebührt den Ahnen, die im Wohnzimmer mit einem eigenen buddhistischen Hausaltar verehrt werden. Dass stattdessen ich diesen ersten Löffel in meiner Reisschale liegen hatte und sogar verzehren wollte, hätte zu Problemen führen können. Die Ahnen hätten erzürnt sein und Ungemach über meine Gastfamilie bringen können. Aber so viel Sorge hat man nur in eher konservativen Familien. In vielen anderen Haushalten wäre mein Verhalten als viel weniger problematisch empfunden worden. Der erste Reis aus dem Reiskocher hätte in einem liberaleren Umfeld niemandem geopfert werden müssen, sondern er wäre einfach von den Lebenden aufgegessen worden. Trotzdem würde wohl auch den meisten etwas Sorgloseren Reis als Inbegriff des japanischen Essens und der japanischen Identität gelten.

Regionale Unterschiede

Dass Reis also als japanisches Lebensmittel schlechthin stilisiert wird, heißt längst nicht, dass das Essen im ganzen Land gleich wäre. Ganz im Gegenteil werden regionale Unterschiede sehr stark betont und beworben. Das geht schon beim Anbau von Nahrungsmitteln, beim Fischfang und der Zucht von Tieren für den Verzehr los. Da sich das Land über mehrere klimatische Zonen erstreckt, liegt es auf der Hand, dass sich in den Regionen verschiedene Geschmäcker ausgebildet haben, schlichtweg, weil ganz unterschiedliche Nahrungsmittel zur Verfügung standen. In Nordjapan gibt es Kühe, weil es saftige Weiden gibt. Das Wetter ist ähnlich wie in Deutschland. Dass in Sapporo, der Hauptstadt der nördlichsten Hauptinsel Hokkaido, gutes Bier gebraut wird, geht indes auf eine sehr bewusste Entscheidung der Erschließungsbehörde Ende des 19. Jahrhunderts zurück. Hokkaido war bis dahin nur lose mit Japan verbunden gewesen, wurde dann aber planmäßig kolonisiert, und dafür war eine Behörde in Tokio zuständig. Da die klimatischen Voraussetzungen günstig waren, um die Bestandteile von Bier anzubauen, wurde der Bau einer Brauerei forciert. Man engagierte einen in Deutschland ausgebildeten Brauer, und so ist Sapporo Bier einer der größten Bierproduzenten in Japan, wenngleich der Firmensitz inzwischen in Tokio ist. Das Bier schmeckt jedenfalls sehr gut. Hokkaido ist insgesamt relativ landwirtschaftlich geblieben und wichtig für die Milchproduktion sowie für viele Gemüsesorten und Rindfleisch.

Ansonsten ist der Norden vor allem für die Äpfel aus der Präfektur Aomori bekannt. Überhaupt sind viele Präfekturen für eine bestimmte Sorte Obst oder Gemüse berühmt, die sie produzieren. Die eben schon erwähnten leckeren, jedoch nicht ganz billigen Pfirsiche kommen aus Okayama, einer Präfektur in der Nähe von Osaka, Mandarinen aus Ehime auf der kleinsten der vier Hauptinseln Shikoku usw. Natürlich wird alles auch andernorts angebaut, doch durch geschicktes Marketing und schlichtweg, weil es sich um Hauptanbaugebiete handelt, haben sich in den Köpfen der Konsumenten diese Präfekturen fest mit ihren Produkten verbunden.

Das hat Konsequenzen, wenn man beispielsweise nach Okayama fährt. Es ist üblich, selbst von kurzen Reisen eine Kleinigkeit für die daheim Verbliebenen mitzubringen, also meist Kollegen oder Freunde. So werden am Bahnhof von Okayama in vielen Geschäften die besagten Pfirsiche verkauft, denn natürlich muss man oft genug auf den letzten Drücker noch schnell vor Abfahrt des Zuges das Mitbringsel erwerben, und außerdem ist es so einfach praktischer. In anderen großen Bahnhöfen und auch Flughäfen ist es kaum anders. Überall kann man noch fix eine regionale Besonderheit erwerben. An großen Knotenpunkten wie den Hauptbahnhöfen und Flughäfen von Tokio oder Osaka gibt es sogar schon einmal Besonderheiten anderer Städte und Regionen. Wer es nicht mehr geschafft hat, etwas Besonderes zu kaufen, kann so mogeln. Bei den Mitbringseln kann es sich um Obst handeln, eingelegtes Gemüse oder bestimmte Süßigkeiten. Aus Nagasaki kann man Castella-Kuchen mitbringen, aus Kioto diverse Süßigkeiten, die sehr gut zu grünem Tee passen, oder aus der Hauptstadt etwas Exotischeres wie eine Tokio-Banane, ein gefülltes Gebäck. Umgekehrt heißt das, dass es sich empfiehlt, aus Deutschland ebenfalls etwas Typisches mitzubringen. Als Franke habe ich meine japanischen Freunde und Bekannten gerne mit Lebkuchen oder heimischen Schnapsspezialitäten beglückt. Selbst wenn nicht alle von ihnen direkt Lebkuchen mochten, war es doch zumindest interessant für sie. Solche kulinarischen Besonderheiten kommen sehr gut an, weil sie der Erwartungshaltung entsprechen. Wenn man darauf verweist, dass es sich um ein *omiyage* handelt, wie diese Mitbringsel auf Japanisch heißen, kann man sogar Zöllner davon überzeugen, bei der Kontrolle wegzusehen. Einzig zuviel Alkohol oder rohes Fleisch würden wohl auf keinen Fall eine Ausnahme rechtfertigen. Ansonsten darf man auf Gnade hoffen.

Aber die regionale und lokale Identifikation geht weit über solche kleinen Geschenke hinaus. Praktisch jeder Ort in Japan rühmt sich eines besonderen Essens oder eines besonderen Getränkes, das es nur hier in dieser Qualität und so gut zubereitet gibt. Das Fernsehen überträgt gerne immer wieder Shows, die zeigen, was es wo gibt, und die im Zweifelsfall durch ein Kochduell klären, wo es wirklich besser ist oder wer es am größten und meisten produzieren kann. Oft stehen verschiedene Nudelsorten im Vordergrund, die als Suppe, auf einem Teller mit verschiedenen Gemüsen und Fisch, warm oder kalt in vielen unterschiedlichen Variationen zubereitet werden. Die grau-bräunlichen Buchweizennudeln namens *soba* sollen besonders in bergigen Regionen wie Nagano im Inland schmackhaft sein und werden in allen gerade genannten Variationen verzehrt. Die dünnen *ramen* isst man zumeist als Suppe. Es gibt sie überall, und sie sind quasi als Fastfood beliebt, weil man sie im Stehen schnell aus der Schale schlürfen kann. Besonders lecker sind sie ganz im Südwesten in Fukuoka, der heimlichen Hauptstadt der südlichen Hauptinsel Kyūshū. Dort kann man sie in kleinen Buden genießen, die überall in der Innenstadt herumstehen und wo man zudem schnell einmal Bekanntschaften machen kann. Im Gegensatz zu den schnell hineingeschlürften *ramen* an einem Stand am Bahnhof werden die *ramen* hier genussvoller gegessen, und vor allem kommen viele Beilagen wie chinesische Teigtaschen auf die Theke der Buden. Bier, Reiswein oder eine andere alkoholische Spezialität darf natürlich nicht fehlen. Das lockert die Atmosphäre ganz ungemein auf, und so kommt man schnell mit aller Welt ins Gespräch. Ausländer sind beliebte Nachbarn an der Theke, weil sie natürlich besonders viel Spannendes zu erzählen haben. Mit etwas Glück muss man in der Bude nur die Nudelsuppe bezahlen, weil man auf alles andere von wechselnden Thekennachbarn eingeladen wird. Es spricht allerdings nichts dagegen, sich zu revanchieren und ebenfalls ein paar Flaschen Bier auszugeben.

Es gibt freilich deutlich exotischere lokale Spezialitäten als nur spezielle Variationen der Allerweltsnudeln. In Kumamoto, wie Fukuoka ebenfalls auf Kyūshū gelegen, serviert man gerne Pferdefleisch. Es kommt in vielen Varianten auf den Tisch, besonders roh in dünnen Scheiben. In dieser Form gilt es als besonders förderlich für sportliche Leistungen oder körperliche Anstrengungen aller anderen Art. Völlig unübersichtlich wird es im Bereich der Meeresfrüchte. An der Küste kann man vieles als lokale Spezialität genießen, dessen deutschen Namen oft nur noch ausgebildete Meeresbiologen kennen. Große Hummer aus der Bucht von Ise sind da noch das Harmloseste. Aber mir wurden oft Fische, Muscheln, diverse Seegräser und allerlei anderes serviert, das ich nicht hätte benennen können und sogar im Wörterbuch kaum gefunden habe. Nun komme ich nicht von der Küste, sondern bin als Nordbayer sowieso schon kaum mit den entsprechenden Bezeichnungen vertraut. Selbst Norddeutsche dürften angesichts der Vielfalt allerdings ins Straucheln kommen. Mein Vokabular dafür ist jedenfalls auf Japanisch ausgeprägter als im Deutschen. Ich kann inzwischen manches Meeresgetier auf Japanisch identifizieren, ohne es übersetzen zu können.

Aus dem Meer kommt sogar noch manches lebend auf den Tisch, allerdings zumeist nur in Spezialitätenrestaurants. Das garantiert allergrößte Frische, auch wenn es etwas irritierend ist, einem pulsierenden Etwas die schon vorgeschnittenen Teile mit Stäbchen aus dem Körper zu rupfen. Der Frischestandard ist jedenfalls bei Fisch und allen anderen Meeresfrüchten – lokale Spezialität hin oder her – absolut vorbildlich. Deswegen kann man eben tatsächlich die meisten Fische roh genießen, was sich in Deutschland oft schon deswegen nicht empfiehlt, weil die Ware nicht mehr den dafür erforderlichen Frischegrad mitbringt.

Das heißt letztendlich, dass man sich vertrauensvoll in die Hände von Ortskundigen begeben sollte, wenn man die Vielfalt des Essens wirklich kennenlernen will. Sicher gibt es vieles in gleichbleibender Qualität überall. Für hervorragendes Sushi muss man nicht unbedingt in ein Fischerdorf fahren, sondern kann in Tokio ausgehen. Die Grundregel lautet hier, dass man sich dort in die Schlange einreihen sollte, wo schon viele anstehen, denn dann gilt das jeweilige Restaurant unter den Ortskundigen als besonders gut. Allerdings wird man an der Küste wohl billiger gutes Sushi bekommen, während es in Tokio sehr teuer wird. Nur empfiehlt es sich im Fischerdorf wahrscheinlich sowieso, sich einem Kenner der kulinarischen Landschaft anzuvertrauen. Dann wird es besonders lecker, manchmal freilich sehr abenteuerlich. Es kann schon einmal ein Quallensalat auf dem Tisch landen, und wer sich vor solchen Dingen ekelt, sollte vielleicht doch eher auf Nummer sicher gehen und ein ganz normales Restaurant aufsuchen, das womöglich sogar die Angebote als Wachsabbildung im Schaufenster ausstellt. Dann sind Überraschungen eigentlich weitestgehend ausgeschlossen.

Jedenfalls zeigt sich beim Essen erneut, was schon in einigen Kapiteln Thema war: Während Japan nach außen so einheitlich und geschlossen wirkt – was in diesem Fall über den Reis symbolisiert wird –, ist es nach innen erstaunlich vielseitig und vielschichtig – wofür vielleicht die Nudeln stehen können, von denen es so viele regionale Sorten und Spezialitäten gibt.

Ein Lächeln kostet nichts

Japanisches Essen lässt sich aus anderen Gründen längst nicht mehr auf weißen Reis, Fisch, Gemüse und grünen Tee reduzieren. Neben den ausgeprägten regionalen Unterschieden gibt es zahlreiche Speisen und Gerichte, die einen festlandasiatischen Hintergrund haben und in jüngerer Zeit darüber hinaus einen westeuropäischen. Da sind zunächst die schon angesprochenen vielen Varianten von Nudelsuppen und Nudeltellern, die auf chinesische Einflüsse verweisen. Selbst wenn sie als regionale Besonderheit gelten, kommt die Technik der Nudelherstellung doch vom Festland. Deswegen ist es sicher kein Zufall, dass man sich in Fukuoka besonders guter Nudeln rühmt. Von dort aus sind es noch nicht einmal hundert Kilometer über das Meer nach Korea, und die Kontakte zum Festland waren deshalb in der Geschichte immer besonders gut.

Diese Nudelgerichte machen im Übrigen Westlern in zweierlei Weise oft zu schaffen. Man packt einige Nudeln mit Stäbchen und schlürft sie geräuschvoll ein, weil sie oft sehr heiß sind. Die dicken *udon* oder die dünneren *ramen* verschwinden so gerne schon einmal in wenigen Minuten in den Mündern gehetzter Angestellter, die in der Mittagspause oder auf dem Weg zur Arbeit etwas zu essen brauchen. Die Technik des Schlürfens mit Stäbchen ist anfänglich nicht ganz leicht. Schwerer wiegt indes, dass man als wohlerzogener Mitteleuropäer darauf gedrillt ist, geräuscharm zu essen. Die Hemmschwelle, laut zu schlürfen, ist also hoch. Auch Spaghetti werden auf die gleiche geräuschvolle Art eingesogen. Ich erinnere mich mit einigem Grausen an diverse Besuche in italienischen Restaurants, bei denen meine japanischen Freunde dann ohne Rücksicht auf Saucenspritzer einen Teller Pasta mit Stäbchen aßen. Ich musste mich immer sehr zurückhalten, um sie nicht allzu scharf auf die hiesigen Tischsitten zu verweisen, die eben in Bezug auf Nudeln ganz anders sind. Eine in Deutschland lebende japanische Bekannte vermied es daher sogar immer, Verwandtenbesuch zum Italiener auszuführen, oder verpflichtete ihn auf Pizza. Immerhin wissen viele Japaner, dass Spaghetti eigentlich anders gegessen werden, und halten sich daran.

Die chinesische Erfindung der Nudeln ist also einmal direkt nach Japan gekommen, so dass es eine Vielzahl japanischer Nudelvarianten gibt. Zum anderen hat sie den Umweg über Italien genommen, um im 20. Jahrhundert in Form der Spaghetti und anderer südeuropäischer Varianten ebenfalls in Japan beliebt zu werden. Spaghettiproduzenten waren sogar besonders erfinderisch, um die Nudeln als Schnellgericht vermarkten zu können. Es gibt neben den auch bei uns bekannten getrockneten Spaghetti in der Tüte in Japan solche zu kaufen, die schon in fünf oder sogar vier Minuten durchgekocht sind. Der Trick dahinter ist ein V-förmiger Schlitz in den Nudeln, die so quasi direkt von innen mitgekocht werden.

Zum Lieblingsgericht vieler Kinder haben es Spaghetti oder Ravioli aber nicht gebracht. Diese Ehre gebührt dem Curry-Reis, der bei Erwachsenen ebenfalls sehr beliebt ist. Eine dicke Curry-Sauce mit Kartoffeln, Karotten und Fleischstückchen wird über einen Berg weißen Reis gegeben und dann mit dem Löffel verzehrt. Dazu kann man wahlweise Gemüse wie Broccoli oder Auberginen oder frittierten Fisch bekommen. Heutzutage wird die Currysauce von den meisten mit Hilfe von getrockneten Fertigwürfeln zubereitet. Früher wurde Curryreis aus den verschiedenen Currygewürzen gemacht. Das Gericht hat zwar einen indischen Ursprung, ist aber nicht direkt von dort, sondern über einen Umweg nach Japan gelangt.

In der zweiten Hälfte des 19. Jahrhunderts suchte die Armee nach einem Weg, ihre Soldaten einfach zu versorgen. Reis sollte eine Grundlage bilden, Kartoffeln nach Möglichkeit eine zweite, denn der japanische Staat hatte gerade die nördliche Hauptinsel Hokkaido erschlossen. Dort wurden Bauern angesiedelt, die in dem eher kühlen Klima besonders gut Kartoffeln anbauen konnten, für die es jedoch Abnehmer brauchte. Da Kartoffeln damals noch relativ unbekannt waren, bot sich die Armee als zuverlässiger Kunde an. Diese informierte sich bei den europäischen Vorbildern, im imperialen Zeitalter der Orientierungspunkt für Militärplanung, was diese ihren Soldaten verabreichten. Die englische Armee, immerhin Beschützer des größten Imperialreiches, das vor allem Indien einschloss, hatte das dortige Curry in den Speiseplan aufgenommen. Das erschien den japanischen Militärs für ihre Soldaten sehr passend und erfüllte zudem die anderen Bedingungen, nämlich Kartoffeln als eine Grundlage zu haben. So wurden ganze Generationen junger Rekruten mit Curryreis vertraut gemacht und wollten dann nach der Militärzeit oft genug nicht mehr darauf verzichten. Schließlich fand der Curryreis Eingang in die Alltagsküche.

In den 1950er Jahren, als in Japan Essen immer mehr auf die Bedürfnisse städtischer Familienküche zugeschnitten wurde, kamen schließlich die Instant-Currywürfel in die Läden. Dadurch konnte Curryreis viel schneller und einfacher zubereitet werden. Weil Reis nicht mehr einfach im Topf unter Aufsicht gekocht wurde, sondern ganz entspannt und automatisch im Reiskocher, ist Curryreis inzwischen ein ziemlich einfaches Essen, das ohne großen Aufwand in großen Mengen zubereitet werden kann. Auf Zeltlagern und bei anderen Massenverköstigungen reicht es, einen Schöpfer über einen Batzen Reis zu geben, und alle sind satt und zufrieden. Nur übereifrige Westler würden übrigens versuchen, Curryreis mit Stäbchen zu essen, weil sie denken, in Japan würde alles so gegessen. Die Sauce ist dazu viel zu flüssig und ein ganz normaler Löffel daher das gegebene Besteck. Obwohl ich kein japanisches Kind bin, muss ich gestehen, dass ich jedes Mal, wenn ich nach Japan komme, gerne Curryreis essen gehe. Curryreisrestaurants gibt es überall, sie sind billig, man bekommt sein Essen schnell, wird satt und hat etwas sehr Leckeres gegessen.

Curryreis ist also ein sehr typisches Beispiel für die Geschichte von Essen in der Moderne nicht nur in Japan. Die Umstellung der Landwirtschaft durch veränderte Anbaumethoden oder die Neuerschließung von Land brachte neue Zutaten hervor. Das Militär professionalisierte sich und musste durch die Einführung der Wehrpflicht und verbunden damit der Einführung eines großen stehenden Heeres die Versorgung der Soldaten sicherstellen. Die Rekruten bildeten in der Armee, die so ein bisschen zur Schule des Essens der Nation wurde, einen neuen Geschmack aus. Schließlich wurde die Herstellung des Essens in der zweiten Hälfte des 20. Jahrhunderts durch industrielle Kniffe vereinfacht und den Bedürfnissen des schnelleren großstädtischen Lebens angepasst. Infolge dessen haben sich in Japan viele Gerichte auf die eine oder andere Art in den letzten rund hundert Jahren deutlich verändert – so wie die Essgewohnheiten insgesamt.

In den letzten zwei bis drei Jahrzehnten haben globale Trends die Essgewohnheiten in Japan noch einmal grundlegend durcheinandergeworfen. Fastfood und Fleisch spielen heute eine nicht zu vernachlässigende Rolle. Das wird deutlich, wenn man auf die Restaurantzahlen von McDonald's in Japan schaut. Laut eigenen Angaben der amerikanischen Burgerkette gibt es nur in den USA selbst mehr McDonald's-Filialen als in Japan. Am Bahnhof Ikebukuro, einem zentralen Bahnhof und Einkaufsviertel in Tokio, war ich vor einigen Jahren einmal in einem McDonald's. Weil es rund um den Bahnhof so viele Filialen gab, machte ich mir einen Spaß daraus, möglichst alle zu zählen. Ich kam auf knapp 20 in einem Umkreis von wenigen hundert Metern und bin mir nicht sicher, ob ich wirklich alle registriert hatte! Natürlich gibt es an einem großstädtischen Verkehrsknotenpunkt wie Ikebukuro, wo viele Menschen umsteigen, einkaufen oder abends noch etwas trinken gehen, ein besonderes Bedürfnis, schnell noch etwas zu essen, und McDonald's bedient dieses Bedürfnis in Japan sehr geschickt. Die Burger sind sehr günstig. Der ganz normale Hamburger kostet meist nur 100 Yen, also umgerechnet rund einen Euro. Ein Lächeln gibt es sogar für 0 Yen, wie die Preistafeln über der Theke in jedem japanischen McDonald's verkünden. Die Kette floriert jedenfalls. McDonald's hat durchaus Konkurrenz durch einheimische Mitbewerber. Es gibt diverse Burger-Ketten sowie Fastfoodrestaurants, die eher japanisch anmutendes Essen servieren bzw. zum Mitnehmen in Tüten verpacken. Eine Kette kombiniert weißen Reis mit fettigem Fleisch minderer Qualität und kippt japanische Saucen darüber. Das wirkt zwar japanischer als McDonald's, ist indes keinesfalls gesünder. Fastfood ist jedenfalls längst in Japan heimisch geworden.

Nicht wenige Menschen sehen McDonald's und die Konkurrenz als eine Ursache dafür, dass die Japaner zunehmend dicker werden. Als ich Anfang der 1990er Jahre als Gaststudent das erste Mal in Japan war, gab es auf dem Campus meiner Universität so gut wie keine dicken Studierenden – eigentlich kann ich mich nur an ein, zwei Kommilitonen erinnern, die etwas korpulenter waren. Unter den etwas gesetzteren Jahrgängen gab es freilich schon den einen oder anderen Übergewichtigen, aber insgesamt waren die Menschen in meiner Umgebung eindeutig schlanker als zu Hause. Das galt ebenso für Kinder, selbst wenn einige hier schon etwas aus dem Rahmen fielen. Wenn ich heute nach Japan fahre, sind die Menschen, denen ich begegne, immer noch meist recht schlank, jedoch wird der Unterschied fühlbar geringer. Vielleicht trügt mich meine Erinnerung nur, weil in Gesprächen immer einmal davon die Rede ist, dass sich die Japaner schlechter ernähren und deshalb zunehmen würden und zudem die Medien oft in diese Kerbe schlagen. Statistiken deuten allerdings in dieselbe Richtung.

Schuld daran sind freilich nicht allein Fastfoodketten und schon gar nicht nur McDonald's. Vielmehr hat sich die Ernährung in Japan insgesamt gewandelt. Es wird immer mehr Fleisch gegessen. Früher war Fisch die hauptsächliche tierische Nahrung. Trotz dieses Wandels dürften die Menschen in Japan wohl im Schnitt immer noch relativ gesund leben. Allerdings sind nicht alle ernährungsbedingten Erkrankungen auf eine vorgebliche »Verwestlichung« der Ernährung zurückzuführen. Einige Probleme haben andere Ursachen, obgleich das niemand gerne zugibt. So gibt es in Japan prozentual fast genauso viele Diabetiker wie in den USA, die in dieser Hinsicht weltweit eine unrühmliche Spitzenposition einnehmen. Japan hat damit mehr Probleme mit Diabetes als die meisten anderen westlichen Industrieländer. Es kann also nicht nur an einer langsamen Umstellung des Speiseplans liegen, dass diese Stoffwechselkrankheit so virulent ist. Ein Grund dafür dürfte wohl der Konsum von weißem Reis sein. Es gibt jedenfalls Studien, die in diese Richtung deuten. Weißer Reis ist eben im Vergleich zum Vollkornreis die ungesündere Alternative.

Ein letztes Wort sollte man vielleicht noch über den Verbraucherschutz verlieren. Der ist in Japan nicht besonders ausgeprägt. Zwar kann man davon ausgehen, dass Nahrungsmittel sicher sind und Skandale relativ schnell ans Licht kommen. Aber man wird nur wenig darüber informiert, wie viele Kalorien Lebensmittel haben, von einer Art Lebensmittelampel ganz zu schweigen. Nur die Inhaltsstoffe sind angegeben, und das ist oft überraschend genug. Sojasauce ist in der Regel mit Mehl gestreckt und damit keineswegs das reine Naturprodukt aus Sojabohnen, für das es viele japanische Verbraucher sicherlich halten. Ähnliches lässt sich über viele andere Lebensmittel sagen. Die Kunden sind schlecht informiert, fragen jedoch in der Regel nicht allzu kritisch nach. Es gibt keine Verbände, die sich der Probleme annehmen würden. Biologisch einwandfreies Essen ist sehr langsam auf dem Vormarsch, und Bioläden gibt es nur sehr selten. Immerhin kann man bei kleinen Verbraucherkooperationen, die es seit den 1970er Jahren häufig gibt, ganz ordentliches Gemüse einkaufen. Diese Kooperationen wurden als Versuch der Bürgerbewegung nach dem Abebben der in Japan durchaus sehr heftigen 68er-Bewegung gegründet, um das Alltagsleben selbst in die Hand zu nehmen. Sie haben sich teilweise ökologischer Standards angenommen. Damit sind sie sicherlich Keimzellen für ein neues Denken im Bezug auf Essen, und das wäre durchaus wichtig in Japan.

Alltagskultur

Lange Zeit hatte Kultur in Japan den Beiklang des Meditativen und Ruhigen. Wenn im Fernsehen japanische Filme zu sehen waren, dann liefen sie in den dritten Programmen des öffentlich-rechtlichen Fernsehens. Es passierte wenig in diesen Werken, und die Kritik lobte die subtile Darstellung von Konflikten oder die langsamen Bilder. Außerdem prägten Begriffe wie Geisha, Ikebana, also die Kunst des Blumensteckens, oder japanische Gärten das Bild von japanischer Kultur. Das hat viel damit zu tun, wie sich Japan in der ersten Hälfte des 20. Jahrhunderts selbst nach außen hin präsentierte. Auf Weltausstellungen durfte im nationalen Pavillon fast nie ein Garten fehlen, und die Empfangsdamen trugen gerne Kimonos. Vieles davon wurde in den Kontext von Zen als prägender Religion eingeordnet – mit zusätzlichen Verweisen auf die »Naturreligon« Schinto.

Inzwischen ist dieses Image der anspruchsvollen Hochkultur als prägendes Element des Alltags längst aufgebrochen. Japanische Filme im Fernsehen sind Anime, schräge Mafiadramen des Starregisseurs Kitano Takeshi oder Multikultikomödien wie »Yentown« und »Go«. Die Romane von Murakami Haruki haben ebenfalls dazu beigetragen, ein lebhafteres Bild zu produzieren. Dass Zen Kultur und Denken bestimmen würde, ist auch keine dominante Vorstellung mehr. Das hat viel damit zu tun, dass sich die Grenze zwischen Hoch- und Alltagskultur insgesamt im Denken gelockert hat, nicht nur für Japan. Beides wird nicht mehr so unversöhnlich nebeneinandergesetzt wie vor Jahrzehnten, sondern die Übergänge sind fließend bis nicht mehr vorhanden.

Die neue japanische Kultur hat sich unter der Bezeichnung »Cool Japan« einen festen Platz auf dem globalen Medienmarkt erobert. Manga und Anime sind Exportgüter, die durch die Gewinne, die sich mit ihnen generieren lassen, längst wirtschaftlich relevant sind. Außerdem formen sie die Vorstellung von Japan speziell unter jungen Menschen weltweit. Es ist allerdings kaum möglich, Alltag und Kultur in Japan umfassend in einem Kapitel zu beschreiben. Deshalb will ich mich nur auf einige wenige Aspekte konzentrieren und doch gleichzeitig die vielen verschiedenen Facetten aufzeigen.

Religion

Japanische Religion wurde lange auf Schinto und Zen-Buddhismus reduziert. Spätestens seit den 1960er Jahren gab es eine regelrechte Zen-Welle in Nordamerika und Europa, die ihren Höhepunkt wohl in den 1980er Jahren hatte, inzwischen jedoch wieder abgeebbt ist. Diese Welle hatte zur Folge, dass Japan und Zen-Buddhismus oft beinahe gleichgesetzt wurden. Ich hatte einmal ein Streitgespräch mit einer leicht esoterisch angehauchten Freundin, die zwar noch nie in Japan gewesen war, dafür ganz sicher, dass dort Zen-Mönche überall anzutreffen seien. Dass es tatsächlich kaum welche gab und gibt, irritierte sie sehr.

Zen ist nur eine Richtung unter vielen im Buddhismus und keineswegs dominant in Japan. Es gab aber mit Suzuki Daisetsu einen Intellektuellen, der seit den 1930er Jahren viele Bücher auf Englisch über Zen verfasst hat. Nicht zufällig heißt eines *Zen and Japanese Culture*. Da Suzuki einer der wenigen Intellektuellen seiner Zeit war, der sehr gut Englisch sprach und schrieb sowie sich außerdem sehr verständlich ausdrücken konnte, erlangte er einen so großen Einfluss auf die Vorstellung von japanischer Religion im Westen. C. G. Jung, Erich Fromm und eine ganze Generation an Beat-Dichtern ließen sich von ihm inspirieren. Allerdings übertrieb Suzuki die Rolle von Zen maßlos.

Umgekehrt gibt es übrigens ähnliche Missverständnisse. Viele japanischen Freunde und Bekannte waren immer wieder erstaunt, wenn ich ihnen erzählte, dass beileibe nicht jeder in Deutschland sonntags zur Messe ginge. Sie waren zumeist der Meinung gewesen, das sei ganz selbstverständlich, wo doch Deutschland ein christliches Land sei. Das wiederum hat viel damit zu tun, dass Max Webers Religionstheorie schon in der Schule gelehrt wird. Hierzulande ist Max Weber zwar nicht vergessen, aber doch hauptsächlich Soziologen und Historikern vertraut. In japanischen Schulen und an der Universität wird vor allem seine Kernthese gerne gelehrt, der Kapitalismus und die Moderne seien ein Produkt des Calvinismus. Allerdings kommt diese These bei Schülern und Studierenden oft in der Form an, dass das Christentum ganz allgemein den Westen geprägt hätte. Das ist selbstverständlich nicht falsch, lässt sich jedoch in der Gegenwart nicht mehr an Kirchgangszahlen oder an andereren Formen offen gelebten Glaubens belegen.

Verständnisprobleme kommen auch bei Umfragen zum Tragen, die herausfinden wollen, was Japaner glauben. Regelmäßig ist deren Ergebnis, dass fast alle Befragten sich dem Schinto zurechnen, knapp drei Viertel dem Buddhismus und ungefähr weitere zwei Prozent dem Christentum. Nach der Logik des westlichen Religionsverständnisses ergibt das wenig Sinn. Religionen schließen sich hier aus, und wer Christ ist, kann nicht gleichzeitig dem Islam anhängen. Zugrunde liegt dem Ganzen, dass westliche Religionskonzepte ab Ende des 19. Jahrhunderts einfach global angewendet wurden. Schinto und Buddhismus wurden deshalb zu Weltreligionen erklärt, wobei der Religionsbegriff recht weit gedehnt werden musste. Ist Buddhismus eine Religion, wo es doch keinen Gott oder Götter gibt? Ist es eine Philosophie? Wie steht es mit dem Konfuzianismus, der ebenfalls eine umfassende Welterklärung anbietet und in Japan eine wichtige Rolle spielte und spielt, in Umfragen aber gar nicht als mögliche Antwortkategorie auftaucht? Diese Fragen stellen sich eigentlich nur aus westlicher Sicht, in Japan waren sie so lange nicht relevant, wie man sich nicht in diesen westlichen Kategorien einordnen und erklären musste. Jetzt hängen, zählt man alle Angaben zusammen, eben rund »175 Prozent« Japaner einer Religion an.

Dabei ist der Umgang mit den verschiedenen Religionen – ich bleibe der Einfachheit halber doch bei diesem Begriff – in der Praxis unproblematisch und fließend. Aktivitäten, die verschiedenen religiösen Sphären angehören, gehen beinahe nahtlos ineinander über. Hilfreich ist, dass sowohl im Schinto als auch im Buddhismus (und genauso im Konfuzianismus) die Ahnenverehrung eine große Rolle spielt. Die Verstorbenen können das Schicksal der Lebenden beeinflussen, insbesondere, wenn sie nicht zur Ruhe kommen. Wer sich also nicht um die Gräber kümmert oder nicht die erste Reisschale vor den Hausaltar stellt, muss sich auf schwierige Zeiten einstellen. In meiner Homestayfamilie wurde nicht nur die erste Reisschale immer den Ahnen vorgesetzt. Vor großen Reisen suchte man die Gräber der Großeltern auf, um ihren Schutz zu erbitten. Eine Tochter bedauerte mich, als ich nach Deutschland heimfliegen sollte, dass mich keine Ahnen beschützen würden. Es ist nicht so wie im Christentum, dass jeder durch den Glauben Teil der Gemeinschaft werden kann. Speziell Schinto ist eine rein japanische Angelegenheit, so dass ich als Deutscher eben nicht auf meine Ahnen vertrauen kann.

Auch in Bereichen, wo Schinto und Buddhismus nicht konform gehen, gibt es kaum Probleme zwischen beiden. Grob gesagt ist Schinto für Rituale des Lebens zuständig, wie bei der Geburt oder Hochzeiten. Der Buddhismus widmet sich dagegen den Ritualen des Todes. Begräbnisse und Friedhöfe sind buddhistisch. Gerade mit dem Tod wird viel Geld gemacht, durch das sich die buddhistischen Tempel finanzieren. Plätze auf Friedhöfen sind teuer, und der Totenname, den ein Verstorbener vom Priester erhält, ist ebenfalls eine Frage des Geldes. Ein guter, sprich teurer Totenname soll einen näher an das Buddha-Dasein heranführen. Liebende Angehörige zahlen deshalb schon einmal einige tausend Euro für so einen Namen. Außerdem werden gerne christliche Rituale durchgeführt, ohne dass man deswegen Christ wäre. Hochzeiten werden oft schintoistisch und christlich begangen. Hier ist das Vorbild Hollywood dafür verantwortlich, dass man gerne romantisch in Weiß heiraten möchte. Die christlichen Kirchen sehen darin wiederum eine Chance, ein bisschen mehr Einfluss zu erlangen. Ansonsten tun sie sich schwer, Fuß zu fassen.

Neben alteingesessenen buddhistischen Schulen und den etablierten Formen des Schinto gibt es zahlreiche neue Religionen. Esoterik ist wie überall auch in Japan eine Mischung aus echtem spirituellen Bedürfnis und schnöder Geschäftemacherei. Manche neuen Religionen gliedern sich ganz gut in die Gesellschaft ein und wirken positiv durch Schulen und soziale Einrichtungen. Einige neue Religionsgruppen haben dagegen problematische Entwicklungen genommen. Am bekanntesten sind wohl die Aum-Sekte und deren Gründer Asahara Shōkō. Anhänger von Asahara verübten 1995 einen Giftanschlag mit Sarin auf die U-Bahn von Tokio. Asahara wurde deshalb zum Tode verurteilt.

Letztendlich verhält es sich mit religiösen Anschauungen wie in vielen postindustriellen Ländern. Religion spielt im Alltag für manche eine große Rolle, manche kümmern sich nur zu Festen wie Neujahr darum, und andere sind komplett desinteressiert. Meine Homestayfamilie gehörte eher zur ersten Gruppe, aber ich habe auch viele getroffen, die das alles nicht berührte und die folglich mit Ritualen und Festen wenig anfangen konnten.

Feste

Der japanische Fest- und Feiertagskalender ist insgesamt gut gefüllt. Viele Angestellte nehmen zwar wenig Urlaub, durch die zahlreichen Feiertage wird das allerdings wieder ein wenig ausgeglichen. Viele Feste haben einen religiösen Hintergrund im Schinto oder Buddhismus. Doch die eigentlichen Rituale, die im Schrein oder Tempel stattfinden, sind oft deutlich weniger gut besucht als die vielen Buden mit Essen, Getränken und Spielen für Kinder, die zu den meisten Festen aufgebaut werden. Es gibt gebratene Spieße, Bier und Schnäpse und meist eine quirlige, aber trotzdem irgendwie gemütliche Atmosphäre zu bestaunen. Jede Region hat ihre eigenen großen Feste, die oft im Sommer oder Herbst stattfinden. Daneben gibt es Feste und Feiern, die in ganz Japan Bedeutung haben.

Der Festkalender beginnt mit der Neujahrsfeier. Seit der Einführung des westlichen Kalenders wird das neue Jahr am 1. Januar im wahrsten Sinne des Wortes eingeläutet. Buddhistische Tempelglocken werden angeschlagen, um Übel zu vertreiben. Als ich einmal bei der Familie eines Freundes Silvester feierte, verabschiedeten sich die Eltern zu meiner großen Verwunderung gegen halb zwölf ins Bett. Auf meine Frage, warum sie nicht bis Mitternacht aufbleiben würden, meinten sie, das Läuten der Tempelglocken sei für sie das eigentliche Neujahr, Mitternacht dagegen nicht so wichtig. Die ersten drei Tage im Januar wird nicht gearbeitet, sondern noch Neujahr gefeiert. Dazu gehört für viele der Besuch eines Schinto-Schreins. In Tokio ist das bevorzugt der Meiji-Schrein, der dem Meiji-Kaiser und seiner Frau gewidmet ist. Dieser Besuch ist ein Relikt des Staats-Schinto, wird aber nicht mehr mit der Ernsthaftigkeit ausgeführt wie vor 1945. Am 1. Januar werden außerdem die

Neujahrskarten zugestellt, die eine große Rolle spielen. Nahezu jedem, den man nur entfernt kennt, sollte man einen kurzen Neujahrsgruß zukommen lassen. Allerdings werden inzwischen nicht wenige Karten über das Internet oder per Handy versandt.

Das Jahr über gibt es weitere Termine für Feste, die im ganzen Land gefeiert werden. Das international bekannteste ist wohl das Kirschblütenfest zum Frühlingsbeginn. Damit verbinden sich sehr romantische Vorstellungen. Man sitzt Ende März oder Anfang April unter Kirschbäumen und erfreut sich am Aufspringen der Knospen. Je nach Region fängt die Blüte etwas früher oder später an und dauert meist knapp zwei Wochen. Das Fest endet, wenn die Blüten abfallen. Der Duft, der Eindruck der Vergänglichkeit, hervorgerufen durch die fallenden Blüten, die fast meditative Schau der Natur und Frühlingsstimmung lassen das Fest in einem poetischen Licht erscheinen. Mein allererster Eindruck vom Kirschblütenfest war dagegen recht schockierend. Ich fuhr mit meiner Homestaymutter am frühen Nachmittag an dem Park von Tsu vorbei, in dem es die meisten Kirschbäume gab und wo folglich das Fest stattfand. Plötzlich torkelte aus dem Haupteingang ein sturzbetrunkener Angestellter auf den Gehsteig und machte sich auf den Weg zum Bahnhof. Meine Homestaymutter erklärte mir erst einmal, dass beim Kirschblütenfest reichlich Alkohol fließt. Mein Eindruck von diversen Kirschblütenfesten, die ich selber besucht habe, hat alle romantischen Vorstellungen vollends beiseitegewischt. Auf riesigen blauen Plastikplanen sitzt man unter den Bäumen. Die liefern einen Vorwand für ein Picknick, das vor allem in den Abendstunden tatsächlich mit immer mehr Alkoholkonsum einhergeht. Die Kirschblüten duften außerdem nicht, obwohl das in japanischen Gedichten häufiger behauptet wird. Das Kirschblütenfest ist eine lustige Angelegenheit, nur ganz anders, als ich mir das vorgestellt hatte.

Ende April/Anfang Mai folgen dann eine Reihe Feiertage kurz aufeinander. Der Shōwa-Tag ist der Geburtstag des letzen Kaisers. Kurz darauf ist Verfassungstag, direkt gefolgt vom Tag des Grüns und dem Tag der Kinder. Zusammen ergeben diese Feiertage die sogenannte *golden week*. Man nimmt die verbleibenden Arbeitstage zwischen dem Shōwa-Tag und den drei anderen Feiertagen einfach frei. Viele Unternehmen schließen sogar direkt in dieser Zeit, so dass man gut in Urlaub fahren kann. Da Arbeitnehmer oft zu wenig Urlaub nehmen, weil der Druck in den Unternehmen hoch ist, nicht alle gesetzlich zustehenden Tage auszuschöpfen, ist die *golden week* ideal, um doch einmal aus dem Alltagstrott herauszukommen. Außerdem ist Anfang Mai das Wetter noch nicht allzu warm, aber doch schon recht stabil und angenehm.

Im Juli oder August findet das buddhistische Totenfest *obon* statt. Je nach Region liegt der Termin anders. Dann fahren viele in ihren Heimatort, um die Ahnengräber zu besuchen. Das Fest dauert drei Tage. Dazu gehören außerdem große Tanzfeste. Gleichwohl sind hier die Gepflogenheiten regional ebenfalls unterschiedlich.

Etwas weniger wichtig für Erwachsene, dafür umso mehr für Kinder ist der Tag des Sports im Oktober. An den meisten Schulen finden große Sportfeste statt, bei denen auch die Eltern kommen. Der Tag erinnert an die Eröffnung der Olympischen Spiele von Tokio 1964.

Dazwischen liegen unzählige regionale Feste, die sich zumeist den Anschein von weit zurückreichender Tradition geben. Viele sind jedoch erst mit einer Heimatwelle in den 1970er und 80er Jahren wieder so richtig aufgelebt oder einfach neu erfunden worden. Feste spielten in diesem Heimatboom eine große Rolle, konnte man doch so echte und weniger echte Traditionen nutzen, um Folklore zu zelebrieren. Oft ziehen traditionell verkleidete Gruppen in Festzügen durch die Stadt, tanzen und machen Musik.

Eine andere Form regionaler Feste sind die großen Sommerfeuerwerke. Diese sind keine chaotischen und wilden Ballereien wie hierzulande an Neujahr, sondern sorgfältig inszeniert. Professionelle Feuerwerker sind verantwortlich für die Darbietung. Was technisch alles möglich ist, kann man in Deutschland ganz gut jedes Jahr beim Düsseldorfer Japan-Tag beobachten, der spätabends durch ein Feuerwerk gekrönt wird. Die Raketen fliegen viel höher als normale Feuerwerkskracher und sind zudem wesentlich heller. Smileys oder Blumen erscheinen plötzlich am Himmel. Dafür kostet so ein Feuerwerk durchaus mehrere zehntausend Euro.

Schließlich hat noch jeder buddhistische Tempel und schintoistische Schrein sein jährliches Fest, das je nach Bedeutung größer oder kleiner ausfällt.

Umgangsformen

Etikette ist ein immer wiederkehrendes Thema, wenn es darum geht, Japan zu charakterisieren. Das Land und die Leute gelten als ausgesucht höflich. Allerdings wirken die ganzen Umgangsformen so komplex, dass man sie als Fremder nicht verstehen kann. Diese Vorstellung wird im Land selbst ebenso gerne aufgegriffen und zur Abgrenzung nach außen benutzt. Nur Japaner hätten die nötige Sensibilität, die ganzen Regeln zu internalisieren und richtig anzuwenden. Manchmal ist sogar die Rede davon, Japaner hätten Angst davor, ihr Gesicht zu verlieren. Schnell ist man so wieder bei den Japanertheorien angelangt.

Mit der Etikette war es freilich nicht immer ganz so weit her. In der feudalen Gesellschaft vor 1868 waren es zuförderst die Samurai, die sich mit ihren ausgesuchten Umgangsformen von den niederen Ständen abheben wollten. Speziell die Bauern hatten dagegen kaum Zeit und Muße, sich so vornehm zu benehmen. Nach 1868 versuchte hingegen die neue Regierung, die Umgangsformen der Samurai auf die ganze Bevölkerung zu übertragen. Gleichzeitig nahm man sich ein Vorbild am viktorianischen Großbritannien, was das Benehmen betraf, um nicht hinter den zivilisierten modernen Nationen zurückzustehen.

So war es lange Zeit üblich, dass Frauen und Männer gemeinsam öffentliche Bäder nutzten. Körperpflege wurde schon immer hochgehalten. Einmal täglich baden war praktisch Pflicht und ist es auch heute. Damit war man dem Westen in Sachen Hygienestandards eigentlich weit voraus. Doch westliche Reisende empörten sich über die in ihren Augen unstatthafte Vermischung der Geschlechter im Bad. Die Regierung verhängte daraufhin Regeln, um die Badebereiche für Frauen und Männer strikt zu trennen. Im Umgang der Geschlechter miteinander etablierte sich das äußerst prüde viktorianische Regime.

Ansonsten setzten die frühen Meiji-Regierungen auf den Konfuzianismus als Maßstab für soziales Miteinander. Der Konfuzianismus war schon zu Zeiten der Shogune praktisch Staatsphilosophie. Die unteren Stände waren aber nicht in dem Maße an konfuzianische Verhaltensregeln gewöhnt wie die Samurai. Nach 1868 änderte sich dies. Das kaiserliche Erziehungsedikt, das regelmäßig in der Schule verlesen wurde, predigte allen Bevölkerungsschichten den nötigen Respekt vor dem Kaiser, den Eltern, den älteren Geschwistern, dem Ehegatten und den Freunden. Diese fünf Beziehungen bilden eines der Grundgerüste der konfuzianischen Soziallehre. Daraus leiten sich viele Höflichkeitsformen ab. Man verneigt sich beim Gruß tiefer vor jenen, die über einem stehen, und verwendet eine höflichere Sprache. Dafür beschützt man jene, die unter einem stehen, und bedient sich ihnen gegenüber einer informelleren Sprachstufe.

Das gilt im Prinzip weiterhin. Ganz typisch ist, dass man Lehrer, Professoren und Ärzte mit *sensei* anredet. Die honorative Anrede drückt Respekt aus und macht klar, dass man sich dem Regiment dieser Person unterwirft. So ist es zumindest in der Theorie. Der häufige Gebrauch hat das Wort zum Alltagsgut werden lassen. Es gibt Schüler, die nicht allzu viel Respekt vor ihren Lehrern haben und diese das spüren lassen oder Patienten, die ihren Ärzten misstrauen, selbst wenn sie *sensei* sagen.

Wie wohl beinahe überall auf der Welt und zu beinahe allen Zeiten gibt es zudem die Klage der Alten über die Verrohung der Sitten unter den Jungen. Ich habe eine meiner Japanischlehrerinnen oft lamentieren hören, dass Jugendliche und selbst junge Erwachsene die Höflichkeitsstufen der japanischen Sprache nicht mehr richtig verwenden würden. Da würden doch tatsächlich Mütter gegenüber dem Arzt die falsche Verbform gebrauchen, wenn sie über Probleme beim Stillen redeten. So stünden plötzlich der *sensei* und das Baby auf derselben Höflichkeitsstufe, wo doch das Baby als Teil der eigenen Familie gegenüber dem Arzt weiter unten anzusiedeln sei.

Als Ausländer ist man deshalb anfänglich erst einmal verwirrt, weil viele Umgangsformen tatsächlich sehr anders und unverständlich erscheinen. Man darf sich Fehler erlauben, solange man nicht grob unhöflich wird – was sich aber mit etwas gesundem Menschenverstand leicht ausschließen lässt. Ein zu perfektes japanisches Auftreten würde japanische Gegenüber sogar eher verwirren. Mit der Zeit lernt man, dass man Schuhe anzieht, die sich leicht wieder ausziehen lassen, weil man in Privatwohnungen und manchmal selbst in Restaurants die Schuhe abstreift und in Strümpfen oder bereitgestellten Hausschuhen läuft. In der Toilette benutzt man dann die dort ausliegenden Toilettenschuhe, und nachdem man ein, zwei Mal zur allgemeinen Belustigung vergessen hat, sie beim Verlassen der Toilette wieder abzustreifen, ist auch das gelernt. Die japanische Etikette ist also nicht komplett undurchdringlich oder völlig unverständlich.

Konstatieren lässt sich aber, dass die Umgangsformen gerade im öffentlichen Leben deutlich höflicher sind und dieses daher, gerade wenn man Kunde ist, viel angenehmer ist. Wenn ich nach Deutschland heimgekehrt war, musste ich oft schon im Zug vom Flughafen nach Hause zusammenzucken, wenn ein deutscher Schaffner einen Fahrgast anschnauzte. Das gäbe es in einem japanischen Zug nicht. Wenn etwas schiefläuft, werden japanische Angestellte außerdem die Schuld nicht auf andere abschieben, sondern sich im Namen ihrer Firma entschuldigen, als ob sie selbst den Fehler gemacht hätten. Diese Haltung ist höchst angenehm. Ist man aber einmal in der Rolle, mit Kunden zu arbeiten, wird man schnell merken, dass einem so ein Verhalten viel abverlangt. Ich stand für einen Studentenjob einmal hinter dem Empfangstresen eines japanischen Hotels. Kunden können extrem ausfallend werden, wenn etwas nicht nach ihrem Gusto ist, weil sie ja wissen, dass das Personal keine Miene verziehen darf.

In anderen sozialen Kontexten kann es ebenfalls etwas rauer zugehen. Trotz aller japanischen Höflichkeit bin ich durchaus schon einige Male von Betrunkenen in der U-Bahn grundlos angepflaumt worden oder einfach so auf der Straße von Fremden. Das ist schon eher ungewöhnlich, zeigt aber, dass es in Japan wie wohl überall auf der Welt auch unangenehme Zeitgenossen gibt.

Bücher und Zeitungen

Sehr wichtig ist in Japan Gedrucktes, also Zeitungen, Zeitschriften und Bücher. Es gibt zwar mit den Hiragana und Katakana gleich zwei Silbenschriften und darüber hinaus noch die chinesischen Schriftzeichen Kanji, von denen man mindestens 2000 beherrschen sollte, so dass Lesen eigentlich keine einfache Angelegenheit ist. Trotzdem ist die Analphabetenrate extrem niedrig. Im Gegensatz dazu sind die Zeitungsauflagen immer sehr hoch gewesen. Die drei weltweit auflagenstärksten Zeitungen sind japanisch. Die *Yomiuri shinbun* liegt bei etwa zehn Millionen Exemplaren täglich allein für die Morgenausgabe. Die Abendausgabe des Blatts erreicht immerhin noch einmal eine Auflage von circa 3,5 Millionen.

Allerdings ist die hohe Auflagenzahl wohl zumindest teilweise der Struktur des Zeitungsmarktes geschuldet. Es gibt keine Regional- und Lokalzeitungen, die wegen ihrer Qualität eine nationale Rolle spielen würden und sich jenseits ihrer Heimat verkauften. Der Markt ist strikt geteilt. Auf der einen Seite gibt es die zentralen Tageszeitungsverlage in Tokio. Sie führen meist eine Morgen- und eine Abendausgabe, wobei die morgendliche die Hauptausgabe ist. Die Qualität ist ziemlich hoch, und die fünf bis sechs größten Verlage decken das Meinungsspektrum von links bis rechts gleichmäßig ab. Die großen Zeitungen haben darüber hinaus Lokalredaktionen in allen Landesteilen, die den Markt vor Ort durch einen beigelegten Lokalteil bedienen. Daneben gibt es trotzdem viele Regional- und Lokalzeitungen, die gerade in kleineren Orten keine Konkurrenz haben und dadurch manchmal sehr beachtliche Auflagen erreichen. Sie haben eine treue Leserschaft, die genau über die Lokalpolitik oder die Geschicke der besten heimischen Oberschulbaseballteams informiert sein will. Außerdem sind diese Zeitungen meist sehr gut in lokale politische Netzwerke eingebunden und dadurch durchaus einflussreich.

Auch die Zeitschriftenlandschaft ist sehr auflagenstark und vielfältig. Die großen Tageszeitungen haben Monatsmagazine mit tiefgründigeren Artikeln, als das im Tagesgeschehen möglich ist. Diese Magazine sind teilweise sehr anspruchsvoll, erreichen jedoch trotzdem Auflagen bis zu einer Million. Es melden sich Politiker, Professoren, Schriftsteller oder Intellektuelle mit ausführlichen Beiträgen zu Wort. Die Debatten sind äußerst lebhaft und werden nicht selten ausgesprochen intelligent sowie kenntnisreich geführt. Freilich ist die große Mehrzahl der Zeitschriften bei weitem nicht so intellektuell, sondern eine eher leichtere Lektüre.

Dass in Japan viel gelesen wird, bestätigt sich bei Büchern erneut. Taschenbücher sind im Gegensatz zu vielen anderen Dingen sogar ausnehmend günstig. Es gibt selbst in kleineren Orten große Buchhandlungen, die immer gut besucht sind. Dementsprechend ist die Literaturszene sehr lebhaft. Viel wird aus westlichen Sprachen übersetzt, doch es gibt darüber hinaus unzählige einheimische Autoren, die sich bestens verkaufen. Der bekannteste Autor ist in Deutschland sicherlich Murakami Haruki, der selbst Nobelpreisträger wie Ōe Kenzaburō aussticht. Anfang der 1990er Jahre, während meines ersten Japanaufenthalts, war vor allem Murakamis Roman *Noruwei no mori*, benannt nach dem Lied *Norwegian Wood* der Beatles, gerade ein ganz großer Bestseller. Im Original ist das Buch zweibändig und fällt allein schon durch sein Cover auf. Der erste Band ist leuchtend rot mit grüner Schrift, der zweite genau umgekehrt grün mit rotem Aufdruck. Ich sah die beiden Bände immer wieder in Cafés, bei Freunden oder in Jugendherbergen herumliegen und habe sie dann selbst als mein erstes japanisches Buch gelesen. Dadurch ist mir der Roman natürlich besonders nahe. Leider sind in der deutschen Ausgabe sowohl die Signalwirkung des Covers als auch der Titel verloren gegangen. Das Buch heißt bei uns *Naokos Lächeln*. Was ich am japanischen Buchmarkt immer besonders geschätzt habe, ist die große Zahl gutsortierter Antiquariate. In Tokio bin ich jedes Mal begeistert, wenn ich nach Kanda komme, einen Stadtteil voller Antiquariate. Dabei haben mir Freunde versichert, dass die weit über hundert Antiquariate nur ein müder Abklatsch im Vergleich zu früher seien. Vor einigen Jahrzehnten sei buchstäblich das ganze Stadtviertel mit Antiquariaten übersät gewesen, während sich die Szene jetzt nur noch auf einige Straßenzüge beschränkt. Dazu gibt es ein paar lustige Geschichten über die guten alten Zeiten. So refinanzierten sich die Studenten während der großen Unruhen von 1968 über die Antiquariate. Sie hatten die Universität von Tokio besetzt. Da viele Professoren zu Hause kaum Platz hatten, stapelten sich in ihren Büros die Bücher. Die trugen die Studenten eifrig nach Kanda und verkauften sie. Manche Professoren sollen gezielt in die Antiquariate gegangen sein, um ihre eigenen Bücher zurückzukaufen und sie nach dem Ende der Universitätsbesetzung wieder in ihre Büros zu bringen. Diese Zeiten sind vorbei, doch die Auswahl in den Antiquariaten ist immer noch sehr groß.

Manga und Anime

Das derzeit bekannteste kulturelle Exportgut Japans dürften Manga und Anime sein, also Comics und Zeichentrickfilme. Eigentlich sind japanische Studios schon seit einigen Jahrzehnten in Deutschland und in anderen Ländern Europas erfolgreich gewesen, ohne dass es besonders bemerkt worden wäre. Die beiden Serien »Die Biene Maja« sowie »Wicki und die starken Männer« wurden vom ZDF in Zusammenarbeit mit einem japanischen Animationsstudio Mitte der 1970er Jahre entwickelt. »Barbapapa« und »Calimero« waren ebenfalls europäisch-japanische Koproduktionen. »Heidi« und »Captain Future« dagegen wurden komplett in Japan produziert und eroberten von dort aus die Herzen der deutschen Kinder. Ich kann mich wie wohl viele andere meiner Generation sehr lebhaft an diese Serien erinnern.

Dass all diese Zeichentrickserien aus Japan kamen, war mir damals nicht klar. Mit meinem jetzigen Wissen erkenne ich allerdings einige typische Merkmale von Manga und Anime in ihnen wieder. Besonders auffällig sind die großen runden Augen, die selbst japanische Charaktere haben. Während also Anime schon länger populär waren, dauerte es etwas, bis Mangas zu uns kamen. Der Carlsen-Verlag brachte Anfang der 1990er die Serie *Akira* in den Buchhandel. Sie war indes nicht direkt übersetzt worden, sondern über den Umweg USA nach Deutschland gelangt. Carlsen spiegelte außerdem die Seiten, so dass die Bände in der gewohnten Weise gelesen werden konnten. Heute gehört es für Mangaverlage und Fans zum guten Ton, dass Mangas nicht mehr gespiegelt werden, sondern von hinten nach vorne (aus unserer Logik!) gelesen werden und die einzelnen Frames der Geschichte von rechts nach links. Mit *Akira* begann schließlich in Deutschland die große Mangawelle, bei der nun zudem ganz klar war, woher alles stammte. Inzwischen sind Manga und Anime extrem beliebt bei hiesigen Kindern und Jugendlichen. Meine Studierenden kennen sich im Genre unvergleichlich viel besser aus als ich und haben oft aus diesem Hintergrund überhaupt begonnen, Japanologie zu studieren.

In Japan selbst waren Manga und Anime schon deutlich länger im Schwange. Im frühen 20. Jahrhundert entstanden die ersten Comicstrips, die sich an amerikanischen und britischen Vorlagen orientierten. Sie erschienen in eigenen Satiremagazinen. In den 1930er und 40er Jahren wurde das Genre dann für propagandistische Zwecke missbraucht. Der eigentliche Boom begann in der Nachkriegszeit. Immer mehr eigene Manga-Magazine erschienen und erreichten schwindelerregende Auflagen Die erfolgreichsten Magazine konnten es so in ihren besten Zeiten durchaus auf mehr als fünf Millionen Exemplare wöchentlich bringen. Die bekanntesten hatten so insgesamt mehrere zehn Millionen Auflage. In diesen Magazinen wurden und werden auf Papier minderer Qualität verschiedene fortlaufende Serien veröffentlicht. Die erfolgreichsten von ihnen werden in Einzelbänden besserer Qualität für die Fans ausgekoppelt und später womöglich sogar verfilmt.

Das Spektrum ist breit. Sportmangas sind sehr beliebt. Die Geschichte eines Jungen, der durch hartes Training unter den strengen Maßstäben seines Vaters zum Werfer der Tokio Giants aufsteigt, war ein Klassiker. *Kyōjin no hoshi*, zu Deutsch *Star der Giants*, erschien ab Ende der 1960er Jahre zunächst in einem Wochenmagazin und dann in Einzelbänden und als Anime. Es spiegelt die Stimmung der Zeit sehr gut wider, dass man durch harte Arbeit alle Ziele erreichen könne. Geschichtsthemen gehen ebenfalls immer gut. Ansonsten gibt es wirklich alles, was man sich nur denken kann, in Mangaform, sogar Gewalt der abschreckensten Sorte oder Sex. Dafür werden natürlich eigene Magazine veröffentlicht. Selbst für verschiedene Lebenslagen gibt es speziell zugeschnittene Mangas, wie für Hausfrauen oder Angestellte großer Firmen. So kann man sogar Wirtschaftstheorie durch Mangas lernen. Mangas sind also etwas für jeden, nicht nur für Kinder und Jugendliche. Die Zeiten, wo beinahe jeder in der U-Bahn oder im Zug Manga las, sind freilich vorbei. Vor zwei Jahrzehnten war das noch gang und gäbe, heute ist es eher die Ausnahme. Smartphones haben die Comics als Beschäftigung für zwischendurch abgelöst.

Anime sind in der Nachkriegszeit ebenfalls sehr beliebt geworden. Voraussetzung dafür war letztendlich die massenhafte Verbreitung des Fernsehens. Dadurch kamen die Zeichentrickserien bald in jeden Haushalt und fesselten speziell die Kinder und Jugendlichen an den Fernseher. Eine der beliebtesten Figuren war ab Ende der 1960er Jahre die blaue Roboterkatze Doraemon. Sie zauberte aus ihrer Tasche am Bauch die unglaublichsten Hilfsmittel und konnte fliegen. Damit bewahrte Doraemon seinen Freund, den Viertklässler Nobita, vor allerlei Ungemach. Doraemon startete als Manga, aber die Animeversion begründete den eigentlichen Erfolg. Sie lief weit über 1500 Folgen und führte dazu, dass die Roboterkatze mit dem runden Gesicht wohl die bekannteste Comicfigur in Japan ist. Selbst ich als Ausländer habe eine Doraemonpuppe und einen Schlüsselanhänger geschenkt bekommen.

Dass Doraemon zwar eine Katze, aber eigentlich ein Roboter ist, verweist auf eine weitere wichtige Thematik in Manga und Anime. Viele spielen mit Zukunftstechniken oder in der Zukunft. »Captain Future« ist dafür ein weiteres Beispiel. Technik und Fortschritt wird dabei oft, wenngleich nicht immer positiv, dargestellt. *Akira* spielt im Neo-Tokio des Jahres 2030, das das 1992 durch eine Nuklearexplosion zerstörte Tokio ersetzt hat. Motorradgangs durchstreifen die Stadt und das Gelände, auf dem bald Olympische Spiele ausgerichtet werden sollen. Die Atmosphäre ist düster und temporeich. *Akira* ist voller Anspielungen auf den wirtschaftlichen Aufschwung der Nachkriegszeit, der durch die Olympischen Spiele von 1964 symbolisch gefeiert wurde.

Manga und Anime sind inzwischen als nationales Kulturgut entdeckt worden. Sie sind Teil der Cool-Japan-Kampagne japanischer Regierungen im letzten Jahrzehnt. Der amerikanische Journalist Douglas McGray prägte den Begriff Cool Japan 2002 in einem Artikel für die Zeitschrift *Foreign Policy*. In seinem Text wies er darauf hin, dass die klassischen Exportwaren zwar nicht mehr so gut laufen würden, die Kreativindustrie dafür aber durch Popmusik, Manga und Anime viel Geld verdienen und nebenbei die globale Aufmerksamkeit auf Japan ziehen würde.

Die japanische Kulturdiplomatie hat sich dieser Idee bedient und nutzt Manga und Anime nun aktiv als Werbung für das Land. Die Japan Foundation, die in etwa das Pendant zu den Goethe-Instituten ist, organisiert Reisen von Mangazeichnern und Produzenten von Anime ins Ausland, wo sie dann vor einem meist jüngeren Publikum sprechen. Das Generalkonsulat richtet jährlich den Japan-Tag in Düsseldorf aus. Es gibt einen Mangawettbewerb und zudem werden die besten *Cosplayer* prämiert. *Cosplayer* verkleiden sich als Charaktere aus Manga und Anime. In Japan ist das ein beliebtes Hobby. Auf dem Japan-Tag treffen sich inzwischen knapp 10 000 europäische *Cosplayer*. Bei beiden Wettbewerben auf dem Japan-Tag kann man attraktive Preise wie Flugtickets nach Japan gewinnen.

Teil dieser kulturdiplomatischen Offensive ist es, die Geschichte der Manga und Anime bis weit in die Vormoderne zurückreichen zu lassen. Es wird auf buddhistische Bildergeschichten auf Papierrollen verwiesen, die vor knapp 1000 Jahren gezeichnet wurden. Auch die Ukiyoe, die Farbholzdrucke der Edo-Zeit ab 1600, werden als Vorläufer herangezogen. Diese Verbindungslinien wirken jedoch eher konstruiert und sollen vor allem dazu dienen, Manga und Anime als rein japanische Erfindung erscheinen zu lassen. Die viel handfesteren amerikanischen und englischen Einflüsse werden so heruntergespielt. Selbst wenn das alles recht durchsichtig ist, ändert es doch nichts am kreativen Potenzial der Manga und Anime, das das Phänomen eigentlich so interessant macht.

Fernsehen und neue Medien

Japan mag sehr belesen sein, doch das Fernsehen ist wie wohl überall auf der Welt das wichtigste Medium. Es läuft relativ oft einfach als Untermalung im Hintergrund. In Cafés oder Kneipen wird tagsüber gerne Baseball gezeigt. Wenn es Spiele der Profiliga sind, schauen die Gäste kaum zu, sondern informieren sich höchstens einmal kurz über den Spielstand. Wird gerade das jährliche Turnier der Oberschulen übertragen, kann das schon einmal anders sein. In Osaka spielt jeweils das beste Team aus jeder Präfektur um die Landesmeisterschaft. Vor allem wenn der Meister der eigenen Präfektur antritt, ist die Aufmerksamkeit in Cafés und Kneipen recht hoch.

Insgesamt ist der Fernsehkonsum etwas höher als in Deutschland, wobei indes wie gesagt das Programm nicht selten nur Hintergrundberieselung ist. Es gibt in Japan durch den amerikanischen Einfluss schon lange private Fernsehsender, ebenso wie die staatliche NHK. Das Programm der NHK ist sehr informationslastig und pädagogisch. Gerade abendliche Geschichtssendungen auf dem Erziehungskanal sind ideal zum Einschlafen, wenn ein Professor in drögen Worten und mit nur wenigen erklärenden Bildern und ganz ohne Filmeinspielungen ein historisches Ereignis breittritt. Aber die NHK schafft es im Hauptprogramm durchaus auch, spannende Reportagen zu produzieren, die zudem gesellschaftliche Diskussionen lostreten. Außerdem laufen Filme und Serien. Sonntagabend bringt die NHK das überaus beliebte »taiga-dorama«, übersetzt »Drama des Großen Flusses«. Jedes Jahr beginnt eine neue Produktion, bei der immer eine historische Persönlichkeit, seltener eine historische Gruppierung, im Mittelpunkt steht. Deren Leben wird über rund 50 Folgen dramatisiert und auf diese

Weise gleichzeitig japanische Geschichte nacherzählt. Meist beruht das »Drama des Großen Flusses« auf historischen Romanen, einer schon sehr lange auf dem Buchmarkt höchst erfolgreichen Gattung. Die originalen Schauplätze der jeweiligen Produktion werden zu touristischen Anziehungspunkten, und die historische Person taucht in der Werbung auf. Trotz durchaus erfolgreicher Serien und Dokumentationen ist das Programm der NHK im Vergleich zur ARD oder dem ZDF insgesamt trotzdem tendenziell bieder und konservativ, jedoch immerhin informativ und analytisch.

Selbst das Privatfernsehen bringt nicht so viele amerikanische Filme und Serien wie hierzulande. Dafür muss man auf Pay-TV-Angebote ausweichen. Es gibt fünf große Privatfernsehnetzwerke, die allesamt mit einer der großen Tageszeitungen verknüpft und dementsprechend politisch ausgerichtet sind. Beliebt sind auch hier historische Serien oder Daily Soaps, die mal mehr, mal weniger Tiefgang haben. Außerdem laufen viele Comicserien, und die Spielshows sind oft anarchisch-chaotisch und manchmal sogar extrem lustig. Einigermaßen bekannt war hierzulande eine Zeit lang die Sendung »Takeshis Castle«. Die Teilnehmenden mussten eine Burg erobern und dazu diverse Hindernisse überwinden. Die Komik entstand dadurch, dass sich die Kandidaten entweder dumm anstellten oder recht schmerzhafte Erfahrungen machten. So mussten sie gegen Türen anrennen, von denen einige aus Spanplatten und damit leicht zu sprengen waren, andere jedoch nur auf eine Wand aufgemalt und folglich undurchdringlich.

Moderator der Sendung war Beat Takeshi, ein bekannter Komiker. Takeshi war zeitweise fast allgegenwärtig im japanischen Fernsehen. Ich erinnere mich an Abende, wo auf drei Kanälen Sendungen von oder mit ihm gezeigt wurden. Außerdem schrieb er sogar noch sehr unterhaltsame Romane, war also immens produktiv. Dann hatte er einen Unfall mit seinem Motorroller. Seine rechte Gesichtshälfte blieb infolgedessen gelähmt. Trotzdem kam er zurück ins Fernsehen und feierte zudem unter seinem bürgerlichen Namen Kitano Takeshi noch größere Erfolge als Regisseur. Sein düsterer Yakuza-Film »Hana-bi« über die japanische Mafia gewann 1997 einen Goldenen Löwen bei den Filmfestspielen von Venedig. Beat Takeshi/Kitano Takeshi ist einerseits typisch für die japanische Medienwelt, in der oft höchst produktive Geister in diversen Genres reüssieren. Auf der anderen Seite ist zumindest sein internationaler Erfolg eher untypisch. Japanische Filme und Regisseure haben mit Ausnahme von Kurosawa Akira lange Zeit kaum Beachtung im Ausland gefunden. Erst durch die globale Begeisterung für Manga und Anime hat sich das geändert.

Zeitungen, Zeitschriften, Bücher und das Fernsehen werden allerdings nach und nach durch neue Medien ersetzt oder wandeln sich durch deren Einfluss zumindest. Das kann ein sanfter Prozess wie im Falle von Büchersammlungen sein. Die können sich Bibliophile inzwischen in spezialisierten Läden digitalisieren lassen. So kann man zu Hause viel Platz sparen und die eigene Sammlung doch behalten. Freilich sind neue Medien viel umfassender auf dem Vormarsch. Soziale Netzwerke spielen schon eine Weile eine große Rolle und haben das Kommunikationsverhalten nachhaltig verändert. Dass sich durch neue Technologien viel ändern würde, konnte man schon Mitte der 1990er Jahre erahnen. Damals waren Pager eine große Modeerscheinung. Damit konnte man kurze Mitteilungen von einem Pager zum anderen schreiben. Japan war hier dem Rest der Welt deutlich voraus. So weit sogar, dass die Pager, als sie etwas später nach Deutschland kamen, sich nicht mehr durchsetzen konnten, denn inzwischen waren Handys klein und günstig geworden. Durch den Siegeszug der SMS gab es keine Notwendigkeit für Pager mehr, die deshalb bald in der Versenkung verschwanden.

Das Handy ist die Voraussetzung dafür, am größten japanischen sozialen Netzwerk teilnehmen zu können. Für die Anmeldung bei Mixi, das auf Japanisch »mikushi« ausgesprochen wird, braucht man nämlich eine Handynummer. Mixi funktioniert ähnlich wie Facebook. Während Facebook hingegen erst durch den Siegeszug der Smartphones auf Handys sinnvoll nutzbar wurde, benutzte man mixi schon immer sehr häufig so. Ganz typisch für Mixi ist, dass die User nicht mit ihrem realen Namen, sondern nur mit Nicknames agieren. Dagegen sind bei Facebook und Twitter Klarnamen erwünscht.

Das hat speziell nach der Dreifachkatastrophe vom März 2011 dazu geführt, dass Facebook und Twitter gegenüber mixi Boden gutmachen konnten. Durch die Klarnamenpolitik war es möglich, schnell herauszufinden, wie es Menschen im Katastrophengebiet ging. Ich selbst änderte durch den 11. März 2011 meine Einstellung gegenüber Facebook grundlegend. Vorher war ich nur sehr selten einmal auf Facebook und pflegte dort nur ein paar Kontakte, hielt das Netzwerk aber ansonsten für keine weltbewegende oder lohnende Angelegenheit. Nach der Katastrophe war ich freilich froh, auf diesem Wege schnell Nachricht von meinen Freunden zu bekommen und glücklicherweise alle in Sicherheit zu wissen.

Twitter wiederum war in den Tagen nach dem 11. März eine wichtige Quelle für Informationen jenseits der vagen Andeutungen im Fernsehen. Die Fernsehsender hielten sich mit expliziten Informationen vor allem zur Lage in Fukushima zurück, um keine Panik auszulösen. Dadurch verspielten sie allerdings viel Vertrauen. Über Twitter konnte man sich deutlich schneller informieren und sich ein weit besseres Bild machen. Diese Erfahrung hat die Verbreitung der neuen Medien im Allgemeinen und von Facebook und Twitter im Speziellen noch einmal beschleunigt.

Als die aufgeblasene Wirtschaft platzte

In den 1960er und 70er Jahren wandelte sich das Image von Japan im Westen gewaltig. Bis dahin war das Land in erster Linie eine der drei ehemaligen Achsenmächte und damit verantwortlich für zahlreiche Gräueltaten im Zweiten Weltkrieg. Außerdem galt es als wirtschaftlich rückständig. Bestenfalls gestand man dem »Land des Lächelns«, wie man damals gerne sagte, zu, kein Drittweltland zu sein. Besondere wirtschaftliche Wunder erwartete man von dort nicht.

Das änderte sich relativ rasch ab den 1960er Jahren. Japan wurde zu einer der führenden Weltwirtschaftsnationen, und das in einem Tempo, das alle Welt in Staunen versetzte. Zwei große Events vermittelten dem Westen das neue Bild. Zunächst richtete Tokio 1964 als erste Stadt Asiens die Olympischen Sommerspiele aus. Eigentlich hatten die Spiele schon 1940 dort stattfinden sollen. Doch das Recht zur Austragung wurde wegen der Verwicklung in den Zweiten Weltkrieg zurückgegeben. Als es ein knappes Vierteljahrhundert später so weit war, ging es in der japanischen Hauptstadt nicht nur um Sport.

Die Spiele sollten zeigen, dass Japan in den Kreis der friedlichen Mächte zurückgekehrt war. Das stärkste Symbol hierfür war der Schlussläufer des Olympischen Fackelstaffellaufs. Sakai Yoshinori entzündete das Olympische Feuer. Er war am 6. August 1945, also am Tag des Atombombenabwurfs, in der Präfektur Hiroshima rund 70 km von Hiroshima selbst entfernt geboren worden. In seiner strahlend weißen Sportuniform verkörperte er den Wiederaufstieg des Landes und die Kraft seiner Jugend.

Ebenfalls strahlend weiß war der Hochgeschwindigkeitszug Shinkansen, der zwei Wochen vor Beginn der Spiele den Betrieb aufnahm. Er verband die beiden Hauptzentren des Landes, Tokio und Osaka. Weiß hatten die Ingenieure deswegen als Farbe für den Zug gewählt, weil es an Flugzeuge erinnerte und deutlich machte, dass die Zeit der Dampflokomotiven abgelaufen war. Der Zug war eine technologische Meisterleistung und brach immer wieder Geschwindigkeitsrekorde. Auch das innerstädtische Autobahnnetz von Tokio sowie die Verbindung von Osaka nach Nagoya waren anlässlich der Spiele fertiggestellt worden. Die Infrastruktur verbesserte sich schlagartig. Noch wichtiger war der Eindruck auf die Gäste aus aller Welt, die überrascht erfuhren, welch technologische Fähigkeiten die Japaner entwickelt hatten.

Den Japanern selbst öffneten die Spiele ebenfalls die Augen über die wirtschaftliche Potenz ihres eigenen Landes. Ich habe immer wieder von älteren Menschen im Gespräch gehört, dass sie sich zur olympischen Generation rechnen. Das heißt so viel wie die Tatsache, dass sie den wirtschaftlichen Aufschwung miterlebt haben und die Spiele als Symbol dieser Zeit anerkennen. Die Eindrücke von damals sind bei dieser Generation sehr tief. In Interviews erzählten mir Menschen, dass sie das erste Mal Tagesreisen von Ost- nach Westjapan machten, weil das mit dem Shinkansen möglich wurde. Man musste nicht mehr in Osaka oder Kioto übernachten, wenn man aus Tokio kam, sondern konnte vormittags losfahren, einen Stadtbummel machen oder einen Geschäftstermin hinter sich bringen und abends beizeiten wieder zu Hause sein. Wie wichtig die Verbindung von Ost nach West war, wird außerdem an der Geschichte der ersten Autobahn deutlich, die Tokio mit Osaka verband. Mein ehemaliger Japanischlehrer erzählte mir, wie das staatliche Fernsehen einen Wagen mit Kamera auf diese Autobahn schickte, als diese drei Jahre nach den Spielen endlich komplett fertiggestellt war. Er schaute sich als Jugendlicher im Fernsehen die komplette Fahrt an, die live übertragen wurde, so faszinierend war die neue Strecke!

Weil Ostjapan mit den Olympischen Spielen seinen Großevent bekommen hatte, zog Westjapan 1970 mit der Weltausstellung in Osaka nach. Und wieder war das Erstaunen groß, welche ökonomischen Möglichkeiten im Land steckten, sowohl weltweit als auch bei den Japanern selbst. In Nordamerika und Europa verband sich damit eine ganz grundlegende Frage. Eigentlich waren die Wirtschaftswissenschaftler, Historiker, Soziologen oder Politiker immer davon ausgegangen, dass die Moderne ein originär westliches Produkt sei und andere Länder nur mühsam irgendwann würden gleichziehen können, wenn sie sich an westliche Werte anpassten. Japan zeigte, dass man sich keineswegs völlig verwestlichen musste, um die meisten Wirtschaftsgroßmächte nicht nur einzuholen, sondern sogar zu übertrumpfen. Selbst die Kategorie der »westlichen Industrienationen« wurde durch dieses Beispiel irgendwie brüchig und fraglich. Japan gehörte spätestens seit den 1970er Jahren eindeutig zu diesem Kreis. Es lag jedoch weder im Westen, noch ließ es sich gesellschaftlich und politisch ganz eindeutig mit den anderen westlichen Ländern gleichsetzen. Die Verwirrung und das Unbehagen sind geblieben. Nach fast schon einem halben Jahrhundert wird Japan immer noch als westliche Nation bezeichnet, obwohl es da einen klaren Widerspruch gibt.

Inzwischen ist die Wirtschaftsmacht ins Straucheln geraten – und die Art des Strauchelns ist gerade für Europa an sich lehrreich. Was Japan vor 20 Jahren durchgemacht hat, entspricht überraschend dem Ausgangspunkt der großen Wirtschaftskrise, die 2007 in den USA ihren Anfang nahm. Um zu verstehen, was passiert ist, muss man noch einmal die letzten 50 bis 60 Jahre Revue passieren lassen. Nur auf dieser Basis wird klar, warum die letzten 20 Jahre eine so einschneidende Erfahrung waren. Außerdem sind die Phasen der Wirtschaftsgeschichte wie Sedimente in den Köpfen der Generationen. Wer heute in Rente ist, und das sind sehr viele Menschen, da das Land stark altert, hat den großen Wirtschaftsaufschwung nach der katastrophalen Niederlage im Weltkrieg miterlebt und oft verinnerlicht. Gegenwärtige Berufsanfänger dagegen kennen nur die Krise. Das führt zu Konflikten zwischen den Generationen.

Das Wunder der Einkommensverdoppelung

Wie kam es dazu, dass Japan einen so schnellen wirtschaftlichen Aufstieg vom Nullpunkt 1945 aus vollzog? Die Vorgeschichte ähnelt durchaus der deutschen. Die erste Phase der Industrialisierung setzte in der zweiten Hälfte des 19. Jahrhunderts ein. Damals waren es vor allem Textilien, die exportiert wurden. In den Fabriken arbeiteten Mädchen, die aus bäuerlichen Familien kamen. Die armen Bauern verkauften die jungen Frauen mehr oder minder für einige Jahre an die Fabrikherren. Schon der Weg zur Fabrik muss für viele die Hölle gewesen sein. Wenn die Mädchen im Winter aus ihren Dörfern abgeholt wurden, waren ihre Spuren im Schnee oft blutig, weil sie keine guten Schuhe hatten und sich die Füße aufschürften. Sie mussten von morgens früh bis abends spät an Webstühlen arbeiten und schliefen kaserniert in Wohnheimen auf dem Fabrikgelände.

Nach und nach entwickelte sich dann die Schwerindustrie, gefördert von einem Staat, der im Kreis der imperialistischen Mächte mitspielen wollte und deshalb Waffen und Munition für die Armee brauchte. Einige Familienunternehmen vermochten es dabei, gute Kontakte zur Politik zu knüpfen und mit deren höchst wohlwollender Förderung immer weiter zu expandieren. Nationale Wirtschaftsinteressen, der militärische Machtanspruch, Bestechung und Filz griffen dabei recht nahtlos ineinander. So wuchsen die Familienunternehmen zu riesigen Konglomeraten an, die unter ihrem Dach viele Branchen vereinigten. Mitsubishi oder Mitsui sind zwei Beispiele. Finanziert durch eine eigene Hausbank und abgesichert durch eigene Versicherungen betrieben sie Bergbau, produzierten Stahl und stellten daraus Schiffe oder Eisenbahnschienen her. Sie produzierten aber noch viel mehr. Bei meinem ersten Studienaufenthalt hielt ich z. B. einmal erstaunt einen Mitsubishi-Bleistift in Händen. Ich hatte Mitsubishi vorher nur als Autoproduzenten wahrgenommen. In Wirklichkeit gab und gibt es eine Vielzahl von Produkten mit dem Logo der drei Diamanten (was Mitsubishi auf Japanisch heißt).

Die großen Firmen benötigten jetzt keine Bauernmädchen mehr für ihre Fabriken, die sie für einige Jahre praktisch versklaven konnten, sondern gut ausgebildete Facharbeiter und Verwaltungskräfte. Die wurden rar auf dem Arbeitsmarkt. Damit die Konkurrenz nicht immer wieder die besten Kräfte abwarb, etablierten die großen Unternehmen Systeme der lebenslangen Einstellung. Die Arbeitnehmer profitierten von überproportional steigenden Gehältern, je länger sie ihrem Unternehmen treu blieben, so dass sie keinen Grund mehr hatten, zu wechseln. Eine relativ wohlhabende städtische Mittelschicht bildete sich heraus, die nun Ansprüche an das Leben stellte und nicht mehr nur einfach über die Runden kommen wollte.

Japan war also schon in der ersten Hälfte des 20. Jahrhunderts in der Industrialisierung vorangekommen. Tokio war in den 1920er

Jahren eine Konsummetropole mit großen Kaufhäusern, Kinos und vielen sogenannten *moga* und *mobo*, die Abkürzung für »modern girls« und »modern boys«. Ab Anfang der 1930er Jahre konzentrierte sich alle Energie indes auf die militärische Expansion in Festlandsasien. Die Kolonisierung weiter Teile Chinas bedingte immer größere Anstrengungen in der Rüstungsindustrie. Spätestens mit dem Angriff auf Pearl Harbor und dem Krieg gegen die USA ab 1941 mussten alle den Gürtel enger schnallen. Mitsubishi produzierte Kampfflieger in unterirdischen Fabriken, um den Angriffen der amerikanischen Bomber zu entgehen.

Mit dem Ende des Zweiten Weltkrieges lag das Land und damit die Industrie komplett in Trümmern. Die US-Besatzungstreitkräfte waren gleichwohl durchaus daran interessiert, dass die Industrie schnell wieder auf die Beine kam. Japan sollte ein Bollwerk gegen den Kommunismus werden. So halfen die USA mit Patenten und Managementtechniken aus. Allerdings zerschlugen sie die großen Konglomerate wie Mitsubishi in viele Einzelunternehmen, weil sie so stark in den Militärapparat verstrickt waren. Trotzdem näherten sich diese einzelnen ehemaligen Bestandteile der Konglomerate später wieder aneinander an und kooperierten eng, wenngleich nicht mehr durch die alten Familienclans zentral gesteuert.

Ausgerechnet der Koreakrieg war es, der die Wirtschaft so richtig beflügelte. Die Spannungen in der ehemaligen japanischen Kolonie kulminierten Anfang der 1950er Jahre. Die US-Streitkräfte griffen von Japan aus ein. Von dort konnten sie Einsätze fliegen und Truppen verschieben. Die japanische Wirtschaft profitierte von der verstärkten Präsenz der Amerikaner und deren Ansprüchen an den Nachschub. Als die Waffenstillstandsverhandlungen begannen, sprach man an der Börse von Tokio sogar von »peace scares«, die die überaus einträglichen Geschäfte mit dem Krieg zu beenden drohten.

Immerhin hatte sich die Wirtschaft nach dem Krieg so weit erholt, dass das Wirtschaftsministerium in einer seiner Veröffentlichungen 1956 die Nachkriegszeit für beendet erklärte. Nur elf Jahre nach dem Ende des Zweiten Weltkrieges war der Vorkriegsstand im Großen und Ganzen wieder erreicht. Neben der Hilfe der USA und dem Koreakrieg war die Mobilisierung der Arbeiter und Angestellten für den Aufschwung von großer Bedeutung. Das Bruttosozialprodukt wurde zur allgemeinen Kennziffer für den Stand Japans in der Welt. Statt mit militärischen Mitteln wollte man nun ökonomisch gewinnen, und dafür mussten die Arbeiter und Angestellten auf angemessene Lohnerhöhungen verzichten. Die Gewinne wurden stattdessen reinvestiert, so dass der private Konsum weit hinter den Möglichkeiten hinterherhinkte, die es angesichts des wirtschaftlichen Wachstums gegeben hätte.

Das änderte sich 1960 mit dem Regierungsantritt des liberaldemokratischen Premierministers Ikeda Hayato. Gerade erst hatte Japan eine schwere Regierungskrise erlebt. Das Verteidigungsabkommen mit den USA, das 1951 im Zuge der Wiedererlangung der Souveränität abgeschlossen worden war, sollte erneuert werden. Premier Kishi, ebenfalls von den Liberaldemokraten, pochte dabei auf eine neue, selbstbewusstere Rolle seines Landes. Doch die Bürger befürchteten eine Remilitarisierung und gingen auf die Straßen. Am Ende musste Kishi zurücktreten. Ikeda verstand, dass die Bevölkerung mit neuen Zielen abgelenkt und besänftigt werden musste. Er versprach bei seinem Amtsantritt eine Verdoppelung des nationalen Einkommens innerhalb eines Jahrzehnts. Davon sollten jetzt auch die Arbeitnehmer durch verbesserte Sozialleistungen profitieren.

Der private Konsum zog in dieser Zeit an. Es ging nicht mehr nur darum, das Bruttosozialprodukt anzukurbeln, sondern das Erwirtschaftete zu genießen. Drei Dinge waren besonders begehrt: ein Fernseher, eine Waschmaschine und ein Kühlschrank. Bald nannte man sie die »drei heiligen Güter« in Anspielung auf die drei heiligen Regalien des Kaisers, also Spiegel, Schwert und Edelstein, die seine Macht symbolisierten. Jeder wollte diese und andere elektrische Haushaltshilfsmittel und Unterhaltungsmedien haben.

Fernseher waren besonders 1959 wichtig, als der Thronfolger und heutige Kaiser seine Frau heiratete. Ganz Japan verfolgte die Liveübertragung der Hochzeit. Sie war ein Symbol für das veränderte gesellschaftliche Klima. Alle konnten in ihrem privaten Wohnzimmer am Glück des jungen Paares teilhaben. Vor dem Krieg waren kaiserliche Angelegenheiten praktisch heilig gewesen und wären nie in dieser Form profanisiert worden. Das Tenno-Haus hatte sich seinem Volk noch in einer anderen Weise geöffnet. Die Auserwählte des Thronfolgers war eine Tochter aus bürgerlichem Haus, das zwar wohlhabend war, aber eben nicht adelig. Die beiden hatten sich noch dazu beim Tennis kennen- und liebengelernt. Niemand hatte die Heirat vermittelt. Gerade im Falle der kaiserlichen Familie war dies ein klares Zeichen. Bis dato waren immer adelige junge Frauen für den Thronfolger bestimmt worden, um die Linie rein zu erhalten. Junge Mädchen begeisterten sich nun für Tennis und hofften, dort ihren Prinzen kennenzulernen. Sie konnten sich plötzlich sogar vorstellen, einen zukünftigen Kaiser zu heiraten.

Die Olympischen Spiele sechs Jahre später in Tokio verfolgte man dann schon im Farbfernsehen. Die Eröffnungszeremonie und der Sieg der Volleyballdamen gegen die Sowjetunion gehören zu den meistgesehenen Momenten der japanischen Fernsehgeschichte. Beide Male sahen über 90 Prozent der Menschen zu. Neben dem Farbfernseher waren inzwischen außerdem Autos und Klimaanlagen zu beliebten Konsumgütern geworden. Diese drei C (für color television, car und cooler) lösten damit die drei heiligen Güter ab. Schließlich konnten sich Japaner ab 1964 noch einen weiteren Traum erfüllen, für den sie im Westen sehr bekannt geworden sind. Bis dahin wurden Devisen bewirtschaftet, weil sie knapp waren und der Industrie für notwendige Importe wie Öl vorbehalten werden sollten. Erst im Jahr der Olympischen Spiele wurde diese Bewirtschaftung aufgehoben. Nun konnten die Japaner endlich reisen. Die bekannte Figur Sasae-san aus dem gleichnamigen Comic-Strip, der täglich in einer der großen Tageszeitungen erschien, nutzte diese Freiheit direkt für eine große Europareise im Sommer 1964. Jeden Tag konnten die Leser verfolgen, was Sasae-san und ihre Familie in Europa alles erlebten. Sie dürften sich Sasae-sans Erlebnisse als Vorbild genommen haben, wenngleich es noch ein wenig dauerte, bis sie in großer Zahl touristische Ziele in aller Welt anzusteuern begannen. Immerhin kann man heutzutage in Rothenburg ob der Tauber, einem typischen Ziel auf der Romantischen Straße in meiner Heimat Franken, mit Yen zahlen, und viele Ladenschilder sind auf Japanisch verfasst. Außerdem kann ich in vielen Läden mit dem Personal japanisch reden, wenn ich einmal dort bin. Es gibt fast überall zumindest eine Japanerin oder einen Japaner als Ansprechpartner für ihre touristischen Landsleute. Rothenburg ob der Tauber und andere beliebte Ziele wie Neuschwanstein haben sehr von der Aufhebung der Devisenbewirtschaftung profitiert, wenn auch der große Boom erst einige Jahrzehnte später kam.

Alles in allem ähnelt dieser Aufschwung dem deutschen Wirtschaftswunder. Die beiden Kriegsverlierer erholten sich schnell. Durch die Hilfe der USA vermochten sie es, die zerstörte Wirtschaft schnell wieder in Gang zu bringen und zu großen Exportnationen aufzusteigen, die so ihr Bruttosozialprodukt immer weiter steigerten. Die Bürger schwelgten in einem neuen Wohlstand. Im Falle Japans kam die Entwicklung nichtsdestotrotz überraschender, weil es eben kein westliches Land war.

Die zweitgrößte Weltwirtschaft

Bis 1970 hatte sich Japan zur zweitgrößten Weltwirtschaft entwickelt. Nur die US-Wirtschaft war noch größer, während die europäischen Länder allesamt abgehängt worden waren. Das Wirtschaftswunderland Deutschland folgte auf Platz drei der Rangliste. Allerdings verlangsamte sich das Wachstum in den 1970er Jahren. In der Phase der nationalen Einkommensverdoppelung waren jährliche Zuwachsraten zwischen 10 und 13 Prozent nichts Ungewöhnliches gewesen. Jetzt beschränkten sie sich auf 2 bis 4 Prozent. Insbesondere der erste Ölschock 1973 traf die Wirtschaft hart.

Die Regierung nahm ein ambitioniertes Programm zurück, den Sozialstaat zu stärken. Während der Phase der Einkommensverdoppelung hatten die westlichen Länder immer wieder kritisiert, dass der Aufschwung auf Kosten der Arbeiter und Angestellten durchgezogen würde, deren soziale Absicherung schwach war. Nur so sei es möglich, dass Japan zu Dumpinglöhnen produziere und so die Preise drücken könne. Die Regierung hatte sich diese Kritik zu Herzen genommen und das Jahr 1973 zum Geburtsjahr der neuen Wohlfahrt erklärt. Mit dem Ölschock war dieser Plan Makulatur. Stattdessen wurde nun die Angst vor der »englischen Krankheit« geschürt. Als Krankheit wurde hier ein übertriebener Sozialstaat definiert, der der Wirtschaft die Luft zum Atmen nehmen würde. Großbritannien hätte durch den Ausbau von Sozialleistungen seinen Spitzenrang im Vergleich der Weltwirtschaften eingebüßt. Das dürfe in Japan nicht passieren. Deshalb müssten Familien zusammenhalten und füreinander da sein. Ebenso verließ man sich auf die Rolle großer Unternehmen für die Absicherung der Bevölkerung.

Toyota, Sony, Nintendo, Panasonic und all die anderen großen und international erfolgreichen Firmen sorgten gut für ihre Angestellten. Es war Teil der Firmenphilosophie, über das monatliche Gehalt und einen großzügigen Bonus zum Jahresende hinaus weitere Zusatzleistungen zu bieten. Junge Angestellte bekamen günstige Firmenwohnungen gestellt und genossen großzügige betriebliche Versicherungssysteme. Außerdem setzte sich das System der lebenslangen Anstellung fort, das wie vorhin schon erwähnt in den 1920er Jahren von den großen Unternehmen eingeführt worden war, um zu verhindern, dass die besten Kräfte abgeworben wurden.

Diese Seite der japanischen Wirtschaft wurde in Europa und Nordamerika viel unter dem Begriff »Betriebsgesellschaft« diskutiert. Man argumentierte, dass alle japanischen Angestellten und Arbeiter praktisch zu Unternehmenssamurai gemacht würden, die loyal hinter ihrer Firma stünden. Was dabei oft vergessen wurde, war, dass es in den kleinen und mittleren Betrieben ganz anders aussah. Wer dort arbeitete, war meistens nur schlecht abgesichert, bekam keine großen Bonuszahlungen und keine Firmenwohnungen. Diese Betriebe, die oft als Zulieferer für die großen Unternehmen fungierten, mussten sich selbst in Zeiten des Wirtschaftswachstums nach der Decke strecken und konnten deshalb keine lebenslange Anstellung garantieren. Nur die Big Player konnten sich all das leisten.

Im Gegenzug dazu erwarteten die großen Unternehmen tatsächlich, dass die Mitarbeiter treu zu ihnen standen. Das hieß zunächst, dass sie bis zum Sonnenuntergang im Büro blieben und arbeiteten und abends öfter einmal mit ihren Kollegen feierten, statt direkt nach Hause zur Familie zu fahren. Es gibt in den Innenstädten unglaublich viele kleine Kneipen, Restaurants und Karaokebars. Wo in Deutschland meist nur das Erdgeschoss verpachtet ist, finden sich in Tokio, Osaka und selbst in Vergnügungsvierteln von mittelgroßen Städten Kneipen bis unters Dach. So kann ein achtstöckiges Gebäude zehn oder mehr Etablissements beherbergen. Das ist eine Konsequenz dessen, dass Angestellte oft ihren Abend gemeinsam verbringen. Man muss nicht mitmachen. Aber dann stempelt man sich zum Außenseiter. Außerdem werden bei solchen gemeinsamen Kneipenbesuchen, bei denen schon einmal viel Bier oder Schnaps fließen kann, viele Informationen im informellen Gespräch ausgetauscht. Wer das nicht mitbekommt, ist nicht auf dem neuesten Stand und kann am nächsten Morgen nicht mitreden. Spätestens ab Mitternacht beherrschen Taxis das Bild der Straßen in den Vergnügungsvierteln. Die öffentlichen Verkehrsmittel fahren nicht mehr, und wer noch heimkommen will, muss das teuer bezahlen.

Ich war einige Male im Vergnügungsviertel von Fukuoka, der größten Stadt von Kyūshū, nachts mit Altenheimbesitzern und ihren Angestellten unterwegs, als ich zur Pflegeversicherung in Japan forschte. Meist trafen wir uns um sieben oder acht Uhr und gingen zuerst ein bisschen was essen, denn alle kamen direkt von der Arbeit. Dann ging es in eine Karaokebar mit philippinischen Bedienungen und Hostessen, die uns zum Trinken und Singen animierten – alles züchtig, gleichwohl leicht anzüglich. Die Abende gingen meist bis zehn oder elf Uhr, konnten sich freilich schon mal bis nach Mitternacht hinziehen. Alle Gäste sangen reihum auf der Bühne Lieder, die sie vorher bei den Hostessen bestellt hatten. Die Stimmung war ausgelassen, und doch wurden immer wieder ernsthafte Gespräche geführt. Wäre ich nicht mitgegangen, hätte ich nicht mitgetrunken und mitgesungen, hätte ich nur zur Hälfte verstanden, wie so ein Alten- und Pflegeheim in Fukuoka geführt wird.

Weibliche Angestellte waren bei solchen Gelegenheiten nur selten dabei. Das hätte die fidelen Männerrunden eher ein wenig gestört. Das ist eines der Probleme für die Aufstiegschancen von Frauen in der Privatwirtschaft, denn sie sind so von wichtigen informellen Kreisen abgeschnitten. Es gibt freilich eine Reihe von Hindernissen für weibliche Karrieren. An sich arbeiteten Frauen schon immer bei großen Firmen als Angestellte, und die Frauenerwerbsquote war insgesamt bereits lange hoch. Da in der Phase des extremen Wirtschaftswachstums in den 1960er Jahren keine Immigranten ins Land geholt wurden, eröffneten sich für Frauen gute Chancen auf dem Arbeitsmarkt. Die Erwartungshaltung war indes, dass sie nach der Geburt des ersten Kindes für einige Jahre eine Erziehungsauszeit nehmen würden. Deshalb wurde kaum in die Ausbildung von weiblichen Angestellten investiert. Es hätte sich ja nach dieser Logik nicht ausgezahlt.

An Japan ist der Kampf um Frauenrechte trotzdem nicht vorübergegangen. Anfang der 1980er eröffnete die Regierung per Gesetz Frauen den Weg zur Karriere in der Privatwirtschaft, wenngleich sie sich seitdem entscheiden müssen. Entweder können sie den klassischen Weg mit Erziehungszeiten wählen oder den Weg der Männer mit Fortbildungen einschlagen. Im letzteren Fall dürfen sie nicht auf Rücksicht für ihre familiäre Situation hoffen, wenn sie doch Kinder bekommen. Immerhin war das ein erster Schritt in Richtung Gleichberechtigung auf dem Arbeitsmarkt, dem weitere folgten.

In den 1970ern wurde die Kehrseite des Wachstums besonders deutlich. Mehrere Umweltskandale erschütterten das Land. Der bekannteste ist mit dem Namen der Stadt Minamata verbunden. Ganz im Süden der drittgrößten Hauptinsel Kyūshū hatte die Firma Chisso unbemerkt Quecksilber in die Bucht von Minamata eingeleitet. Über die Nahrungskette gelangte das bereits in den 1950er Jahren in Lebensmittel. Zuerst wurden seltsame Krankheitssymptome bei Kindern festgestellt. Sie hatten Schwierigkeiten mit dem Laufen und Sprechen. Zudem litten sie unter schweren Krämpfen. Die Schädigungen waren schwerwiegend, und die Opfer blieben fürs Leben gezeichnet oder starben nach langem Leiden. Außerdem kamen Babys in Minamata mit furchtbaren Schäden zur Welt. Es dauerte lange, bis die Ursache klar war. Ein Forschungsteam der Universität Kumamoto fand schließlich heraus, was geschehen war. Die Betroffenen wurden zunächst von Chisso mit geringen Summen entschädigt, ohne dass es zu einer weiteren offiziellen Untersuchung gekommen wäre. Erst Ende der 1960er Jahre erkannte der Staat die Minamata-Krankheit offiziell an und öffnete damit den Opfern den Weg vor Gericht. Erneut dauerte es jahrelang, bis sie tatsächlich höhere Entschädigungen erstreiten konnten. Nicht nur im Fall von Minamata blieb der Eindruck haften, dass sich der Staat auf die Seite der Industrie stellte und die Schäden des wirtschaftlichen Aufschwungs ignorierte.

Ein weiteres Beispiel dafür sind die Kombinate von Yokkaichi ganz in der Nähe der Universität, an der ich meine ersten Aufenthalte als Gaststudent verbrachte. Wenn man Anfang der 1990er Jahre durch Yokkaichi fuhr, konnte man noch erahnen, was für ein Umweltskandal sich dort abgespielt hatte. Nachts war die Stadt durch die zahlreichen Kombinate hell erleuchtet, in denen ab den 1950er Jahren Öl weiterverarbeitet wurde. Hohe Schlote prägten und prägen das Stadtbild von Yokkaichi. Die Emissionen dieser

Kombinate führten recht bald zur Verbreitung von Asthma. Kinder in Yokkaichi waren im Schnitt einige Zentimeter kleiner und einige Kilo leichter als ihre Altersgenossen im ganzen Land. Eine Bekannte erzählte mir einmal, dass ihr weißes Auto, wenn sie Yokkaichi passierte, danach zentimeterhoch mit grauem Staub bedeckt war. Nach den ersten Fällen von Asthma wurden zuallererst die Schornsteine höher gebaut. Das änderte nichts am Ausstoß von Emissionen. Es dauerte bis zum Anfang der 1970er, bis die Opfer eine Klage vor Gericht einreichen konnten und entschädigt wurden.

Ab Ende der 1960er Jahre änderte sich die grundlegende Haltung des Staates zu Umweltfragen endlich. Es wurden Gesetze zur Reglementierung von Umweltverschmutzung erlassen und 1971 die Agentur für Umwelt gegründet, das heutige Umweltministerium. Erfolge stellten sich rasch ein. Durch die neuen Emissionsgrenzen wurde Yokkaichi zu einer Stadt mit relativ guter Luft. Als ich dort Anfang der 1990er Jahre war, gab es jedenfalls keinen sichtbaren grauen Staub mehr. Die Kinder wuchsen wieder normal auf. In Minamata musste allerdings die Bucht jahrzehntelang durch ein Netz abgeriegelt werden und durfte nicht mehr befischt werden. Inzwischen ist dieses Netz verschwunden, und das Wasser hat wieder normale Werte erreicht. Für mindestens zwei Jahrzehnte galt Japan danach als vorbildlich im Umweltschutz – eine Position, die es ab den späten 1980er Jahren nach und nach an Deutschland verlor.

Die Spekulationsblase

Die Entwicklung ab Mitte der 1980er Jahre ist es, die der jüngsten in Nordamerika und Europa recht verblüffend ähnelt. Ich habe mich schon öfter gewundert, warum eigentlich niemand Lehren aus dem Verfall der japanischen Wirtschaft nach der sogenannten Bubble Economy ziehen wollte. Einmal hatte ich die Chance, einen ehemaligen hochrangigen Beamten des Finanzministeriums dazu zu befragen, der mitverantwortlich dafür war, die Folgen der Krise abzumildern. Einige seiner internationalen Freunde hatten zwar sehr wohl mit ihm über die Parallelen zwischen beiden Krisen diskutiert, aber seine Antwort machte nicht den Eindruck, als habe es einen systematischen Wissenstransfer gegeben. Letztlich habe ich das Gefühl, dass Japan immer noch als zu fremd und zu exotisch angesehen wird. So wird oft geflissentlich ignoriert, was man von dort lernen könnte. Das gilt speziell für problematische Entwicklungen. Niemand interessiert sich für Japan, wenn es dort schlecht läuft. Positive Beispiele will dagegen niemand ignorieren. In den 1980er Jahren war Japan deshalb noch großes Vorbild, da sich die große Blase erst aufbaute und die Wirtschaft noch boomte.

Ein wichtiger Ausgangspunkt war die starke und innovative Industrie. Dazu gehörten völlig neue Management-, Produktions- und Lagerhaltungsmethoden, die unter dem Stichwort Toyotismus, Kaisen (Verbesserungszirkel) und Just-in-Time-Produktion bekannt wurden. Interessanter als die Details dieser Herangehensweise ist der Versuch, sie kulturell einzuordnen. Viele Techniken stammen eigentlich aus der Zeit des Transfers von Wissen durch die USA an japanische Unternehmen nach dem Krieg. Neueste Erkenntnisse stießen hier auf reges Interesse, wollte man doch so schnell wie möglich wirtschaftlich wieder aufholen. Sowohl diesseits wie jenseits des Pazifiks geriet diese Vorgeschichte in Vergessenheit, als es darum ging, den japanischen Erfolg in den 1980er Jahren zu erklären. Stattdessen wurden *nihonjinron*-Argumente, also Japanertheorien, verbreitet. Firmen wie Toyota seien große Gemeinschaften, die an die dörfliche Tradition der gemeinsamen Bewirtschaftung von Reisfeldern erinnerten. Deshalb seien alle bereit, sich für ihre Kollegen einzusetzen. Auch Vergleiche zu Samurai, den Kriegern der Vormoderne, waren sehr beliebt. An den tatsächlichen Hintergründen ging das weit vorbei. Es war schlichtweg einfacher, mit der Exotik Japans zu argumentieren als mit genauen Kenntnissen der Wirtschaftsgeschichte.

Auf jeden Fall war die Wirtschaft in dieser Zeit sehr erfolgreich. Dazu gehörte jedoch, dass man sich von Industriezweigen, die auf dem absteigenden Ast waren, radikal trennte. Auf Kyūshū, der südlichen Hauptinsel und andernorts gab es bis in die 1960er Jahre hinein in großem Stile Kohlebergbau. Als absehbar war, dass sich der Abbau nicht mehr dauerhaft rechnen würde, wurden die Gruben nach und nach geschlossen. Einige der letzten Bergleute gingen in staatlichen Programmen als Gastarbeiter nach Deutschland. So landeten einige Dutzend Japaner im Ruhrgebiet der 1960er Jahre. Die ehemaligen Bergbaustädte ereilte dagegen ein trostloses Schicksal. Ich habe einmal eine davon besucht. Man erzählte mir, dass immer zum Monatsbeginn Verkaufsstände und Buden vor dem Arbeitsamt aufgebaut würden, und das schon seit Jahrzehnten. Die Arbeitslosen würden dann ihre monatliche Stütze abholen und gleich auf dem temporären Markt ausgeben. Ansonsten war in der Bergbaustadt wenig los. Innerhalb von drei Jahrzehnten hatte sich die Bevölkerung von 100 000 auf 50 000 Einwohner halbiert. Vor allem alte ehemalige Bergarbeiter waren in den schon recht heruntergekommenen Bergbausiedlungen zurückgeblieben. Die Stimmung war trostlos.

Aber diese Kehrseite der wirtschaftlichen Entwicklung bekam kaum einer mit. Die Erfolge überstrahlten alles. Speziell in der Unterhaltungsbranche und im Automobilsektor behaupteten sich die japanischen Produkte hervorragend auf internationalen Märkten. Sony, Nintendo, Sega, Toyota, Mitsubishi oder Honda sind nur einige der Markennamen, die den deutschen Markt zu fluten schienen. Walkmans, Playstations, Videorekorder oder günstige Autos verkauften sich prächtig. Auf der Gegenseite fanden deutsche Firmen nur schwer Zugang zum japanischen Markt. Die Regierung schirmte ihre Unternehmen gezielt vor Konkurrenten ab. Das war direkt nach dem Krieg noch eine sinnvolle Strategie gewesen, um den Wiederaufbau zu beschleunigen, führte jetzt hingegen zu einem Handelsungleichgewicht. Außerdem waren Importwaren für Verbraucher in Japan sehr teuer.

Das musste nicht immer heißen, dass man mit deutschen Importen nichts verdienen konnte. Eines Tages hatte meine Homestaymutter Gäste und servierte Kaffee in einem roten Service. Als die Gäste gegangen waren, wies sie mich stolz noch einmal auf die Tassen und Teller hin. Sie hatte sie für umgerechnet mehrere hundert Euro gekauft. Die Marke sei top, und außerdem sei das die »goldene Kronen«-Edition. An sich fand ich das Service auf den ersten Blick nicht allzu außergewöhnlich. Ein Blick auf den Tassenboden ließ mich dann unwillkürlich laut auflachen, weil mir Melitta entgegenprangte. Das Service hätte in einem deutschen Supermarkt wohl keine 50 Euro gekostet. In ähnlicher Weise waren reichlich überteuerte BMW oder Volkswagen ein Prestigeobjekt in Japan. Als Luxusgüter ließ sich »Made in Germany« recht gut verkaufen, weil den Produkten der Ruf vorauseilte, qualitativ hochwertig zu sein. Scheren und Messer aus Solingen oder andere Qualitätsprodukte kannten meine Freunde und Bekannten tatsächlich, wenn sie mich in Deutschland besuchten, und wollten oft in die entsprechenden Läden geführt werden. Bei solchen Gelegenheiten habe auch ich etwas über heimatliche Produkte gelernt. Die Masse erreichte man auf dem japanischen Markt jedoch lange nicht, weil es den meisten letztendlich zu teuer war.

Allerdings war ab Mitte der 1980er Jahre immer mehr Geld im Umlauf. Unternehmen und Konsumenten konnten sich weit mehr leisten als jemals zuvor. Das war eine Folge der boomenden Wirtschaft, hatte aber mehr noch mit dem Plaza-Abkommen von 1985 zu tun. Im Plaza-Hotel in New York beschlossen die damals fünf führenden Wirtschaftsnationen USA, Frankreich, Großbritannien, Deutschland und Japan, durch gezielte Eingriffe den Dollar gegenüber der Mark und dem Yen abzuwerten. So sollten das US-Handelsdefizit gesenkt werden. Als Folge der vorhersehbaren Aufwertung des Yen begann ein Run auf Immobilien und Aktien in Japan, um sein Geld mit garantierter Wertsteigerung anzulegen. Geld für Spekulationen war sowieso relativ günstig verfügbar. Private Haushalte in Japan haben schon immer viel gespart, obwohl die Zinsen sehr niedrig waren. So konnten die Banken zu guten Konditionen Geld verleihen, das findige Investoren gewinnbringend anlegen wollten.

In Tokio und anderen Großstädten stiegen die Immobilienpreise. Die Banken gaben immer neue Kredite aus, damit Investoren sich am Immobilienmarkt beteiligen konnten. Abgesichert wurden die Kredite über die immer höher bewerteten Immobilien. Anfang der 1990er erreichte diese Spekulationsblase ihren Höhepunkt. Einige Geschichten kursierten über den absurden Wert von Grundstücken. So soll der Grund des Kaiserpalastes in der Stadtmitte Tokios, der natürlich sowieso unverkäuflich war, einen höheren Wert gehabt haben als der ganze Bundesstaat Kalifornien. Außerdem war es angeblich unmöglich, eine 10 000-Yen-Banknote, damals umgerechnet knapp 100 Euro wert, so klein zu falten, dass sie für den Kauf des Grundes, den sie bedeckte, gereicht hätte. Ein findiger Kopf widerlegte diese Rechnung allerdings – man konnte den Geldschein gerade eben klein genug falten. Eine ungeheure Immobilienblase hatte sich aufgebläht. Auf dem Aktienmarkt gab es eine ebenfalls große Hausse. Der Nikkei-Index der Tokioter Börse stieg innerhalb von vier Jahren um das Vierfache!

Japanische Unternehmen schienen in dieser Atmosphäre der rasanten Wertsteigerung die Welt zu beherrschen. Sony kaufte Columbia Pictures in Hollywood und stieg so in den amerikanischen Filmmarkt ein. Diese und ähnliche Aktionen sowie die Flut von japanischen Importwaren führten zu heftigen Reaktionen in den USA. Das sogenannte Japan-bashing kam in Mode. Die japanische Wirtschaft und Politik wurden auf das heftigste kritisiert und diffamiert. Man traute den »Japs« alles zu, und die Angst vor der gelben Gefahr war wieder aktuell. Der Roman *Nippon Connection* des Starautors Michael Crichton ist ein typisches Beispiel für das Japan-bashing. Vor dem Hintergrund eines Mordfalls in Los Angeles entwirft Crichton ein Bild unfairer, ja geradezu krimineller und rassistischer Geschäftspraktiken japanischer Firmen in den USA.

Als der Roman 1992 erschien, war die Spekulationsblase aber schon geplatzt und Japan auf dem Weg in die Rezession. In gewisser Weise war auch ich ein Opfer der Nachwirkungen dieser Spekulationsblase. Der Yen hatte bei meinem ersten Japanaufenthalt 1993 gerade einen Höchststand gegenüber der Mark erreicht. Ich konnte mir in Tokio kaum einen Kaffee leisten, und in meinem Provinzstädtchen war das Leben ebenfalls nicht gerade billig. Im Fernsehen sah ich allerdings die unheilvollen Berichte über die wachsenden Probleme, die Nachwirkungen der Spekulationsblase in den Griff zu kriegen. Die Banken hatten viel zu freizügig Kredite vergeben. Das Wirtschaftsministerium und die Staatsbank versuchten, der ungezügelten Spekulation Einhalt zu gebieten. Leitzinserhöhungen und andere Maßnahmen nahmen der Blase die Luft recht heftig. Als in der Folge die Boden- und Immobilienpreise 1989 nicht mehr stiegen, sondern wieder zu sinken begannen, krachte alles langsam in sich zusammen. Investoren konnten die Kredite nicht mehr bedienen, weil sie auf dem Grund und Boden sitzenblieben, mit dem sie hatten weiter spekulieren wollen. Die Banken hatten das Land als Sicherheit viel zu hoch taxiert, um weiter Kredite zu vergeben und im Geschäft zu bleiben. Jetzt mussten sie Kredite abschreiben, wenn die Gläubiger pleitegingen, weil die Sicherheiten nichts mehr taugten. Viele Kredite mussten als faul taxiert werden, und die Banken drohten selbst bankrottzugehen.

Ich habe damals gar nicht richtig realisiert, was vor sich ging. Mein Studium hatte ich ohne besondere Ambitionen begonnen, einmal eine Stelle in der Wirtschaft anzutreten. Viele Freunde und Bekannte beglückwünschten mich zu meinem Entschluss, Japanologie zu studieren, denn Japan war noch das kommende Land. Es half mir durchaus zu wissen, dass ich auf das richtige Pferd setzte und im Zweifelsfall immer noch in ein Unternehmen gehen konnte, das Kontakte zu Japan brauchte, wenn sich sonst nichts ergeben sollte. Mit dem Platzen der Wirtschaftsblase ging das Interesse an Japan, das Mitte der 1980er Jahre immens gewesen war, jedoch rapide zurück.

Inzwischen ist China das Land der Verheißung. Chinesisch soll ja sogar in Kindergärten gelehrt werden. Völlig vergessen wird dabei, dass Japan, gemessen am Bruttoinlandsprodukt, immer noch die drittgrößte globale Wirtschaftsnation ist. Nimmt man das BIP pro Kopf, liegt Japan weit vor China. Die Erfahrung aus der Bubble Economy sollte uns jedenfalls zu denken geben. Die Parallelen zur Weltwirtschaftskrise, die 2007 begann, sind unübersehbar. Die Frage liegt nahe, wieso aus einer ganz einschneidenden Vorgängerkrise nur zwei Jahrzehnte vorher in der damals zweitgrößten Wirtschaftsnation der Welt nicht mehr Lehren gezogen wurden.

Die verlorenen Jahrzehnte

In Japan wird die Zeit nach dem Platzen der Spekulationsblase als verlorenes Jahrzehnt bezeichnet. Die Wirtschaft wuchs noch langsam und schrumpfte in einigen Quartalen sogar. Ich war in dieser Zeit immer wieder längere Zeit in Japan, und meine Erinnerungen sind gespalten. Es ist ganz sicher nicht so, dass die Wirtschaft plötzlich zum Erliegen gekommen und allerorten Armut ausgebrochen wäre. Im Gegenteil konnte ich immer wieder großen Luxus im Alltag feststellen.

In Fukuoka, wo ich um die Jahrtausendwende wohnte und forschte, habe ich mich einmal in einem Szeneviertel der Jugendlichen in ein Straßencafé gesetzt, allein mit dem Ziel, Louis-Vuitton-Produkte zu zählen. Innerhalb einer halben Stunde hatte ich mehr als 50 Handtaschen, Täschchen, Geldbeutel und andere Accessoires gesehen. Die französische Edelmarke ist wie ähnliche Labels – Gucci, Hermes, Tiffany etc. – nicht nur unter Jugendlichen sehr beliebt. Meistens sind es junge Frauen, die sich mit Edelmarken ausstaffieren, aber es ist absolut nicht ungewöhnlich, wenn ein junger Mann eine Louis-Vuitton-Brieftasche zückt oder gar mit Gepäck dieser Marke reist. Speziell bei dieser Altersgruppe stellt sich freilich die Frage, wie sich die jungen Leute das überhaupt leisten können. Louis Vuitton ist in Japan noch deutlich teurer als in Europa.

Die Zielgruppe ist jedenfalls bestens informiert. Als ich in Fukuoka Deutsch unterrichtete, leitete ich die erste Stunde damit ein, zu erklären, wo überall Deutsch gesprochen würde. Ich hatte mich darauf eingerichtet, länger erklären zu müssen, wo Liechtenstein liegt und dass es sich um einen Zwergstaat handelt. Stattdessen erläuterten mir meine Schüler, dass man in Liechtenstein am günstigsten Louis Vuitton einkaufen könne und deshalb so mancher dorthin reise. Zeitschriften informieren die luxusversessenen und vor allem unglaublich markenbewussten Konsumenten genauestens über neueste Trends und Möglichkeiten, günstig einzukaufen. Wenn man zehn Täschchen mitbringt, hat sich so eine Fahrt nach Liechtenstein wohl schon rentiert, und man kann ja nebenbei noch eine kleine Europatour machen.

Dieser Luxus ist das eine Extrem, das mir begegnet ist. Auf der anderen Seite habe ich in öffentlichen Parks immer mehr regelrechte kleine Slums wachsen sehen. In den etwas abgelegeneren Bereichen schlagen Menschen, die ihren Arbeitsplatz verloren haben oder sich von ihrem mageren Verdienst keine eigene Wohnung mehr leisten können, ihre Lager auf. Aus Kartons bauen sie kleine Behausungen und dichten sie mit blauer Plastikplane gegen Regen ab. Zeitweise gab es eine solche Kartonsiedlung sogar direkt an einem Ausgang des Bahnhofs Shinjuku, einem der reichsten Stadtteile von Tokio, wo die Präfekturverwaltung ihren Sitz hat, ebenso wie zahlreiche große Firmen. Der Gegensatz zwischen den Angestellten in teuren Anzügen und den in ihren Kartons Gestrandeten war dramatisch. Irgendwann wurden die Kartonhausbewohner vertrieben. In den abgelegeneren Ecken von öffentlichen Parks duldet man sie. Außerdem gibt es dort öffentliche Toiletten und fließend Wasser. Damit ist zumindest ein grundlegender hygienischer Standard sichergestellt.

Diese beiden Eindrücke zeigen, dass die Gesellschaft in den letzten beiden Jahrzehnten auseinandergedriftet ist. Außerdem sind Probleme aufgetaucht, die es vorher so lange nicht gab. Unter den Kartonhausbewohnern sind viele arbeitslos. Bis zum Platzen der Spekulationsblase war Arbeitslosigkeit zwar nicht völlig unbekannt, insgesamt jedoch ein Randphänomen. Selbst jetzt sind die offiziellen Zahlen mit noch nicht einmal fünf Prozent recht niedrig. Nur ist es nicht so einfach, als arbeitslos anerkannt zu werden und staatliche Hilfen zu beziehen. Insofern trügt der Schein. Die Arbeitslosigkeit hat in den letzten 20 Jahren jedenfalls deutlich zugenommen.

Ein wichtiger Grund dafür war, dass das System der lebenslangen Anstellung bei großen Unternehmen nicht mehr bedingungslos gilt. Statt wie früher die Belegschaft auch in schlechten Zeiten zu halten, um keine qualifizierten Kräfte für den sicher bald wiederkehrenden Aufschwung zu verlieren, haben sich große Unternehmen von Mitarbeitern getrennt. Wer seinen Arbeitsplatz behalten hat, kann nicht mehr uneingeschränkt darauf vertrauen, nie gekündigt zu werden. Der Systemwechsel hat zu viel Verunsicherung geführt.

Noch dramatischer ist die Situation der Berufseinsteiger. Die alten Karrierewege mit hoher Arbeitsplatzsicherheit verschwinden. Stattdessen finden sich viele in recht prekären Jobs wieder, die schlecht bezahlt sind. Anfang der 1990er Jahre erzählte mir eine Kommilitonin einmal, ihre Schwester würde als »Freeter« arbeiten. Ich kannte das Wort nicht und ließ es mir erklären. Es ist eine Zusammensetzung aus dem englischen »free« und dem deutschen »Arbeiter«. Freeter bedeutet, nicht fest bei einem Unternehmen angestellt zu sein, sondern sich mit Gelegenheitsjobs durchzuschlagen. Das klang damals nach einem spannenden alternativen Lebensentwurf. Nicht eine eher langweilige typische Karriere als Angestellte einzuschlagen, sondern seinen eigenen Weg zu suchen, imponierte mir. Viele junge Japaner sahen das ähnlich und wurden ganz bewusst Freeter.

Mit der Zeit kippte die Situation ganz erheblich. Immer mehr junge Menschen konnten nach der Schulausbildung oder dem Studium keine geregelte Arbeit mehr finden. Ihnen blieb gar nichts anderes übrig, als Freeter zu werden, um sich über Wasser zu halten. Das brachte eine Reihe von Schwierigkeiten mit sich – sowohl für die Freeter als auch für die Gesellschaft. Nur wenige Freeter verdienen heutzutage so gut, dass sie sich eine eigene Wohnung leisten können. Viele wohnen erst einmal weiter bei ihren Eltern. Manche haben diese Möglichkeit nicht. Kartonhäuschen sind für sie selbstverständlich keine erstrebenswerte Alternative. So gibt es die sogenannten Internetcafé-Flüchtlinge. In den Innenstädten der Zentren bieten Internetcafés Kabinen an, in denen man surfen, Comics lesen oder essen und schlafen kann. Eine Nacht kostet um die 20 Euro, und es gibt sogar Duschen. Ursprünglich nutzten diese Internetcafés wohl vor allem Pendler, die ihre letzte Bahn verpasst hatten. Regierungsstudien zufolge gibt es inzwischen 5000 bis 6000 Menschen, die praktisch dort leben. Ich habe zwar keine ganze Nacht in einem solchen Café verbracht, mich aber einmal ein paar Stunden dort eingemietet. Schlafen hätte ich in der Kabine nicht unbedingt wollen. Dafür war es doch etwas zu eng. Für eine Nacht wäre es vielleicht gerade noch gegangen. Auf Dauer zehrt es sicherlich an der Konstitution, in solch einer Umgebung zu leben.

Die Zahl dieser »Flüchtlinge« ist nicht allzu hoch. Trotzdem ist das Phänomen intensiv diskutiert worden, weil es einerseits medial gut darstellbar ist und direkt Aufmerksamkeit erweckt, andererseits ein Licht auf allgemeinere Fragen wirft. Außerdem gibt es weitere, ähnliche Varianten, ohne Wohnung Unterschlupf zu finden. Die Mc-Flüchtlinge bleiben über Nacht in McDonald's-Filialen, die rund um die Uhr geöffnet haben. Internetcafé-, Mc-Flüchtlinge und ähnliche Fälle sind ein weiteres Symbol für die generellen Probleme, Menschen eine Perspektive anzubieten. Unter den Internetcafé-Flüchtlingen sind etwa die Hälfte Freeter, die andere Hälfte hat gar keine Arbeit.

Für die Gesellschaft allgemein sind Freeter vor allem deshalb ein heikles Thema, weil sie selten gut versichert sind. Sie leisten oft keinen Beitrag zur Kranken- und Rentenversicherung und bringen damit die Sozialsysteme ins Wanken. Das ist angesichts der alternden Gesellschaft nicht ungefährlich. Hinzu kommt, dass Freeter kaum in der Lage sind, eine Familie zu gründen, weil ihnen dazu das Einkommen fehlt. Damit verschärft sich die gesellschaftliche Alterung sogar noch. Nach verschiedenen Schätzungen und Definitionen gibt es ungefähr zwischen zwei und fünf Millionen Freeter.

Womöglich sind andere Fragen in den inzwischen eigentlich schon zwei verlorenen Jahrzehnten aus wirtschaftswissenschaftlicher Sicht relevanter gewesen als die steigende Unsicherheit auf dem Arbeitsmarkt, die zu neuen freiwilligen oder unfreiwilligen Lebensstilen wie den Freetern geführt hat. Außerdem sind nicht nur die jungen Leute als Freeter Opfer der Entwicklungen. Wenn Angestellte plötzlich ihren scheinbar sicheren Arbeitsplatz verlieren, führt das zu familiären Dramen und Verzweiflung. Die Freeter sind freilich aus Sicht vieler Japaner eine Art Menetekel für den Zustand des Landes und die Zukunftsaussichten. An den Freetern lässt sich ablesen, wie weit es gekommen ist. Die Wirtschaft hat die Erfolgsspur verlassen und kann keine Sicherheit mehr garantieren. Die Zeiten des ungebremsten Wachstums sind vorbei. Stattdessen bedrücken Sorgen wie Arbeitslosigkeit und abnehmender Wohlstand viele Menschen.

Wer heute 70 Jahre alt ist, hat vieles miterlebt: in frühester Kindheit den völligen Zusammenbruch seiner Heimat; mit der Volljährigkeit den Beginn eines sicherlich für viele kaum glaublichen Wirtschaftsaufschwungs mit ganz neuen Möglichkeiten der persönlichen Entfaltung und des Konsums; in den besten Jahren um die 50 das Ende einer fast beispiellosen Spekulationsblase und seitdem zwei Jahrzehnte, in denen sich viele Gewissheiten des vorherigen Lebens verflüchtigt haben. Wer heute volljährig wird, kennt nur die Unsicherheiten der letzten Periode. Aus diesen verschiedenen Erfahrungswelten ergeben sich ganz unterschiedliche Weltsichten. Es fällt vielen Älteren schwer zu verstehen, warum ihre Enkel keine sichere Anstellung mehr finden können oder wollen. Dagegen fällt es vielen Jüngeren schwer, an Versprechungen wirtschaftlicher Sicherheit zu glauben, die für ihre Großeltern noch selbstverständlich war. Nicht allzu viele dürften davon ausgehen, noch eine adäquate staatliche Rente zu erhalten. Auf dem Weg durch das zunächst eine und inzwischen wohl eher zweite verlorene Jahrzehnt sind dabei Gewissheiten über die japanische Gesellschaft ins Wanken geraten.

Es bleibt die Frage, wie es weitergehen wird. Das Aufbrechen der relativen sozialen Sicherheit der 1960er und 70er Jahre beruht auf einer höheren Flexibilität japanischer Firmen. Produktionsstätten sind in andere asiatische Länder ausgelagert worden. Roboter und Maschinen haben Menschen ersetzt. Bei einer Führung durch ein Honda-Werk sah ich einmal ein Schild an einer Maschine, das für Besucher wie mich dort angebracht war. Dort stand, dass früher drei Arbeiter die schweren Windschutzscheiben per Hand in die Karosserie hätten einsetzen müssen. Dank des Roboters bliebe ihnen diese schwere Arbeit nun erspart. Das klingt fast ein bisschen zynisch, war jedoch sicher nicht so gemeint. Die Auslagerung von Produktionslinien ins kostengünstigere asiatische Ausland ist in dieser Form letztendlich erst seit ein bis zwei Jahrzehnten möglich, weil vorher die politischen und rechtlichen Rahmenbedingungen nicht so einfach waren.

Das alles spricht dafür, dass die alte Sicherheit nicht mehr zurückkehren wird. Die japanische Wirtschaft ist nicht mehr das große Mirakel für westliche Manager, von dem es zu lernen gilt. Trotzdem ist die japanische Wirtschaft weiterhin stark und innovativ. Die Herausforderungen liegen eher auf anderem Terrain. Durch die Verwerfungen der letzten beiden Jahrzehnte hat sich die Vorstellung der eigenen Gesellschaft stark verändert. Zudem altert Japan stark.

Das Ende der Gemeinschaft?

Ende der 1980er Jahre wurde viel darüber geschrieben, welche gesellschaftlichen Grundlagen dazu geführt hätten, dass die japanische Wirtschaft so stark und scheinbar unbezwingbar sei. In einem waren sich die meisten Experten einig. Japan sei eine Gesellschaft, in der sich das Individuum völlig der Gruppe unterordne und die Gruppe sei im speziellen Fall des wirtschaftlichen Erfolges das eigene Unternehmen. So entstand die Idee der Betriebsgesellschaft. Im Westen empfanden dabei auf der einen Seite viele Bewunderung und Anerkennung für dieses Gesellschaftsmodell. Auf der anderen Seite gab es harsche Kritik und Ablehnung. Der Grundtenor war in beiden Fällen ein Erstaunen darüber, dass ein Land wirtschaftlich mit dem Westen konkurrieren konnte, ohne die westlichen Werte zu übernehmen. Eigentlich basierten große Teile der Politologie und Soziologie auf der Annahme, dass Demokratie, Individualismus, Fortschritt und Marktwirtschaft ein Set seien, das nur als Ganzes funktionieren könne. Japan schien das Gegenteil zu belegen, dass nämlich zumindest Individualismus kein unverzichtbarer Bestandteil sei, um voranzukommen. Das brachte ganze Theorien ins Wanken. Der Einfachheit halber wurde Japan oft zum absoluten Ausnahmefall erklärt, der nicht ins normale Schema passe, sondern mit ganz eigenen Ansätzen erklärt werden müsse.

In Japan selbst wurde ähnlich argumentiert. Im Kontext der Japanertheorien erschienen zahlreiche Bücher oder Zeitschriftenartikel, die die Vorzüge des Gruppismus hervorhoben. Ab und an mischten sich darunter freilich warnende Stimmen, die das alles als einen Mangel an demokratischer Erziehung und Rückkehr zum Faschismus der Kriegszeit kritisierten. Sie forderten mehr Mut zum Individualismus. Selbst diese Kritiker teilten gleichwohl die allgemeine Gesellschaftsanalyse, nur unter anderen Vorzeichen.

Ich bin immer wieder mit diesem Denken in allen möglichen Situationen konfrontiert worden. Japanische Freunde griffen oft auf dieses Modell zurück, wenn wir Diskussionen führten. Einer meiner Betreuungsprofessoren an der Universität nahm sich extra jede Woche exklusiv zwei Stunden Zeit für mich, um mit mir ein Japanertheorie-Buch zu lesen, das genau so argumentierte. Bei einem Konzert in Fukuoka forderte Sting die Tausenden japanischen Fans und die Handvoll Ausländer wie mich nur einmal in zwei Stunden explizit auf mitzusingen. Wir sollten alle die Zeile »Be yourself, whatever they may say« aus seinem Song *Englishman in New York* mitsingen. Vielleicht tut Sting das in jedem Konzert, egal ob in Japan oder nicht. Ich war jedenfalls schon so sensibilisiert für dieses Thema, dass ich Sting im Konzert direkt didaktische Absichten in Sachen Individualismus und Ausbrechen aus der Gruppe unterstellte. Ist also etwas dran an all diesen Ideen? Und wie haben sich die letzten zwei Jahrzehnte auf diese Theorien ausgewirkt?

Individuum und Gruppe

Was war eigentlich damit gemeint, dass Japaner gruppistisch denken würden und nicht individualistisch? Wie muss man sich eine solche Gesellschaft vorstellen – oder genauer gesagt: Wie haben sich Japanexperten und Vertreter der Japanertheorien das vorgestellt? Es gibt eine Reihe von Metaphern, mit denen oft versucht wurde, mehr Klarheit herzustellen: Ein Nagel dürfe nicht hervorstehen, er würde eingeschlagen – soll heißen, individuelle Alleingänge würden nicht toleriert. Stattdessen würden Menschen, die ausscheren und eine eigene Individualität entwickelten, gebrochen und wieder in die Gruppe zurückgezwungen. Harmonie sei der wichtigste Grundsatz. Entscheidungen würden im Konsens getroffen, nachdem man vorher Meinungen ausgetauscht habe – natürlich nicht konfrontativ in Diskussionen, sondern in langen Gesprächen, in denen die Standpunkte vorsichtig dargelegt würden, so dass Konflikte nicht an die Oberfläche treten könnten.

Hinter dieser Theorie des japanischen »Gruppismus« standen zwei Grundannahmen, die praktisch von allen geteilt wurden, Gesellschaftstheoretikern ebenso wie Politikern oder Bürgern. Zum einen galt Japan als Mittelschichtsgesellschaft, zum anderen als ethnisch in höchstem Maße homogen. Beide Annahmen sind problematisch und heute höchst umstritten. Sie trugen jedoch ganz wesentlich dazu bei, die Identität des Kollektiven zu stützen.

Der Mythos der Mittelschichtsgesellschaft hat seinen Ursprung in Umfragen. Wie in vielen Staaten fragten Behörden die Bevölkerung ab den 1960er Jahren in regelmäßigen Abständen, ob sie sich selbst und ihre Lebensumstände der Unterschicht, der Mittelschicht oder der Oberschicht zuordnen würden. Dabei rechneten sich in schöner Regelmäßigkeit 90 Prozent der Mittelschicht zu. Dieses Ergebnis wurde durch die Medien intensiv aufgegriffen und so interpretiert, dass 90 Prozent aller Menschen tatsächlich der Mittelschicht angehören würden, es also kaum soziale Ungleichheiten gäbe. Diese Meldung wirkte wiederum zurück auf die Leser, die sich nun tatsächlich einer höchst egalitären Gesellschaft zugehörig fühlten.

Hinter den Umfragen und ihrer Interpretation durch die Medien steckt eine Reihe grober Missverständnisse. Es beginnt damit, dass die Behörden in der Regel fünf Antwortkategorien vorgaben. Die Mittelschicht wurde in untere, mittlere und obere unterteilt, während die Unterschicht und die Oberschicht nicht mehr weiter spezifiziert wurden. Das entspricht in etwa dem britischen Verständnis von Klasse. Bei dieser Aufteilung verwundert es nicht, dass die Umfragen immer wieder auf 90 Prozent Mittelschicht kamen. Das ist übrigens nicht nur in Japan so. Fast überall auf der Welt antworten Befragte zu 90 Prozent, sie würden zur Mittelschicht gehören. Selbst in Entwicklungsländern, wo meist deutlich größere soziale Unterschiede herrschen als in Industrienationen, ist dies so.

Neben der unglücklichen Art zu fragen, war es ein zweiter Fehler, die Selbsteinschätzung der Befragten mit ihrer tatsächlichen Lage zu verwechseln. Es ist nicht allzu verwunderlich, dass sich ärmere Menschen lieber als untere Mittelklasse statt als Unterklasse sahen. Der Unterschied ist sowieso nicht ganz so einfach zu definieren, und für das eigene Selbstbewusstsein ist es auf jeden Fall angenehmer, sich nicht zu den Verlierern zu bekennen. Am anderen Ende der Skala gehört schon einige Überzeugung dazu, sich der Oberschicht und nicht etwas diplomatischer der oberen Mittelschicht zuzurechnen. Die Art zu fragen erzeugte also eher eine bestimmte Selbsteinschätzung, als objektive Fakten zu erheben. Nachdem die Medien sich zudem einmal darauf eingeschossen hatten, immer wieder über die Mittelschichtsgesellschaft zu berichten, dürfte es Befragten noch schwerer gefallen sein, sich abseits dessen zu stellen.

Hinzu kommt ein weiterer Effekt, der sich aus der Entwicklung der Wirtschaft in der japanischen Nachkriegszeit ergibt. Die allermeisten Japaner konnten sich mehr leisten als ihre Eltern. Sie hatten deutlich bessere Bildungschancen, schafften es leichter, eine Karriere als Angestellte einzuschlagen oder zumindest einen besseren Beruf als die Vorgängergeneration zu finden, die mehrheitlich noch Bauern gewesen waren. Deshalb hatten viele Menschen eine persönliche Aufstiegserfahrung und nahmen sich so eher als Teil der Mittelschicht wahr. Insofern entsprach die Umfrage dann doch wieder der tatsächlichen Selbsteinschätzung. Allerdings war nur den wenigsten klar, dass ihr persönlicher Erfolg nicht heißen musste, dass sie schon Klassenschranken überschritten hatten. Sie konnten immer noch zu den ärmeren Mitgliedern der Gesellschaft gehören, obwohl ihr Leben doch viel leichter als das ihrer Eltern war.

Aus der allseits geteilten Vorstellung, Japan sei eine Mittelschichtsgesellschaft mit wenig sozialen Ungleichheiten, entstand letztendlich ein starkes Gefühl der Homogenität. Es mochte etwas reichere und etwas ärmere Menschen geben, doch ging es nicht allen gut? Hatten sich die Chancen für alle nicht deutlich gebessert? Konnte nicht jeder sein Glück machen, wenn er sich nur redlich bemühte? Kam Japan etwa nicht immer weiter voran? Die Verdoppelung des nationalen Einkommens, die Ikeda 1960 binnen eines Jahrzehnts versprach und die viele als Verdoppelung ihres persönlichen Einkommens interpretierten, ist ein Beispiel für diesen generellen Fahrstuhleffekt, in dem alle gemeinsam nach oben fahren.

Diese Gewissheit, dass fast alle einer sozial recht homogenen Gesellschaft angehören, ist in den letzten beiden Jahrzehnten stark in Frage gestellt worden – dazu später mehr. Sie war aber wohl schon in den 1960er und 70er Jahren zweifelhaft. Viele historische Indizes zur sozialen Ungleichheit weisen Japan nicht als ein besonders homogenes Land aus. Die Gesellschaft war im oberen Mittelfeld des Gleichheits-Rankings angesiedelt, also nicht ganz oben, wie immer wieder suggeriert wurde.

Ähnlich wie mit dem Mythos der Mittelschichtsgesellschaft verhält es sich mit der zweiten Grundannahme zur ethnischen Homogenität Japans. Während der großen Wirtschaftsrallye in den 1980er Jahren wurde immer wieder betont, wie wichtig es für japanische Unternehmen sei, dass sie von Managern mit dem gleichen ethnischen Hintergrund geführt würden, die darum umso mehr Verständnis füreinander hätten und zusammenhielten. Gleichzeitig war oft von Schwierigkeiten die Rede, wenn diese Unternehmen in Europa oder den USA neue Fabriken bauten und dort dann mit der Belegschaft Verständigungsprobleme aller Art hatten.

Diese Betonung der ethnischen Homogenität ist eigentlich verwunderlich. Vor 1945 war es eher umgekehrt. Viele Wissenschaftler und Intellektuelle betonten, der Erfolg Japans bei der imperialen Ausbreitung in Asien beruhe gerade darauf, dass das Volk sowieso schon durchmischt sei. Diese Sichtweise half der Politik und dem Militär, ihre Expansion zu rechtfertigen. Taiwan, Korea oder Teile Chinas wurden nach dieser Logik nicht besetzt und einfach annektiert, sondern sie wurden unter die Obhut des großen Bruders Japan genommen, um ihnen den Weg in die Moderne zu ermöglichen und sie vor dem Zugriff der fremden westlichen Kolonialmächte zu schützen.

Nach dem Zweiten Weltkrieg erfolgte die Kehrtwende. Die Theorie der ethnischen Durchmischung war vom imperialistischen und ab den 1930er Jahren vom faschistischen Establishment missbraucht worden, um den Krieg gegen Asien zu legitimieren und immer neue Gebiete unter japanische Kontrolle zu bringen. Dem musste man abschwören. Die Japaner waren ethnisch rein und hatten deshalb keinen Anspruch darauf, irgendwelche anderen asiatischen Länder unter dem Vorwand zu unterjochen, sie wohlwollend brüderlich zu zivilisieren und zu modernisieren. Die Argumentation verläuft also genau umgekehrt zu Deutschland. Dort behauptete die nationalsozialistische Rassenideologie die Überlegenheit der Arier und leitete daraus das Recht ab, minderwertige Rassen zu vernichten. Nach dem Krieg war Rasse und Rassismus damit folgerichtig nicht mehr tragbar. Die Deutschen als reine Rasse zu sehen wäre ein Rückfall in unheilvolle Zeiten gewesen. In Japan wäre es dagegen genau umgekehrt äußerst heikel gewesen, die Japaner nicht als eigenes isoliertes Inselvolk ohne Verbindungen zu anderen Asiaten darzustellen.

Dieser Bruch mit der Ideologie des Imperialismus und Ultranationalismus wurde in den Japanertheorien zum Selbstläufer. In Verbindung mit dem Mythos der Mittelschichtsgesellschaft führt die Vorstellung von einem Staatsvolk, das ethnisch rein ist und keine sozialen Konflikte kennt, direkt zum Glauben an einen besonderen Kollektivismus. Packt man dazu noch die grobe historische Vereinfachung, die Japaner seien früher allesamt Reisbauern gewesen, die ihre Felder als Dorfgemeinschaft bewässern mussten, hat man das Bild, das in den 1980er Jahren so dominant war.

Wie schon mit dem Mittelschichtsmythos verhält es sich mit der ethnischen Homogenität ebenfalls nicht so einfach. An sich sind Gesellschaftstheorien, die sich an Rasse oder Ethnie orientieren, meist sowieso schon suspekt, weil beide Begriffe wissenschaftlich alles andere als eindeutig und unumstritten sind. Hinzu kommt, dass man, um so zu argumentieren, im Falle Japans ausblenden musste, dass viele Koreaner nach 1945 im Land geblieben waren. Außerdem hat es keinen Sinn zu glauben, die Japaner seien ein über Jahrhunderte abgeschlossenes Inselvolk gewesen, das sich seine Reinheit erhalten konnte, da man weiß, dass es im Mittelalter starke Migrationsbewegungen zwischen dem Festland und Japan gab.

Im Alltag war die Idee der Homogenität Japans für mich oft recht anstrengend. In dieser Zeit war man als sogenannter *gaijin* – eine abfällige Bezeichnung für Ausländer – in Tsu eine außergewöhnliche Erscheinung. Chinesen, Koreaner oder Südamerikaner japanischer Abstammung fielen nicht so auf. Aber speziell Weiße wurden auf der Straße des öfteren angestarrt. Es gab vielleicht um die 50 von uns in ganz Tsu, und selbst ich starrte immer unwillkürlich, wenn ich einem anderen begegnete. Daraus ergab sich fast automatisch ein gewisser Alltagsrassismus, oft ohne böse Absichten, schlichtweg, weil der Umgang mit Fremden so ungewohnt und exotisch war. Das alles hatte durchaus seine Vorteile. Ich durfte zweimal in Grundschulen auftreten, damit die Kinder einmal in Kontakt mit einem Ausländer kamen, und wurde dafür sehr gut bezahlt.

Insgesamt ist die Ideologie ethnischer Reinheit in den letzten Jahrzehnten ebenso wie die der Mittelschichtsgesellschaft zunehmend kritischer gesehen worden. Es gibt weiterhin Rechtskonservative, die diese Thesen in schrillen Tönen vertreten. Dazu gehört der ehemalige Gouverneur von Tokio, Ishihara Shintarō, der gerne unliebsame Ausländer internieren würde, wenn sie Probleme machen, und der Kriegsverbrechen der kaiserlichen Armee im Zweiten Weltkrieg leugnet. Trotzdem ist die Gesellschaft in den letzten Jahrzehnten offener und weniger fremdenfeindlich geworden.

Der Normlebenslauf

Ein drittes Element neben dem Mittelschichtsmythos und der vorgeblichen ethnischen Reinheit ist wichtig, um die japanische Nachkriegsgesellschaft und den Glauben an ihre Homogenität und ihren Kollektivismus zu verstehen. Bis vor zwei bis drei Jahrzehnten gab es eine Art Normlebenslauf in den Köpfen vieler Japaner, an dem man sich orientierte. Dieser Normlebenslauf hatte seine Ursprünge schon in der ersten Hälfte des 20. Jahrhunderts. Damals waren allerdings die meisten Menschen noch Bauern oder Fischer, so dass sie wenig Chancen hatten, ein ganz anderes Leben zu leben und einen sozialen Aufstieg zu verwirklichen. Die obere Mittelschicht bildete hingegen eine genaue Vorstellung aus, wie die Kinder erzogen werden und welche Ziele sie erreichen sollten. Nach der Niederlage im Zweiten Weltkrieg entwickelte sich Japan immer mehr zu einer Industrienation. Mit dem stetigen Wirtschaftswachstum ergaben sich für die meisten jungen Japaner neue Möglichkeiten, ihr Leben zu leben. Die meisten Eltern drängten nun darauf, dass ihr Nachwuchs jene Lebenswege einschlagen sollte, die von der oberen Mittelschicht vor dem Krieg verfolgt wurden. Diese Wege verfestigten sich immer mehr zu einem Normlebenslauf.

   Grundlage war zunächst einmal eine gute Schulbildung. Schon Ende des 19. Jahrhunderts war die Schulpflicht eingeführt und weitestgehend durchgesetzt worden. Über ein halbes Jahrhundert später sollten die Jungen und Mädchen wenn möglich nicht nur die sechsjährige Unterschule und im Anschluss daran die dreijährige Mittelschule besuchen. Das wäre um 1900 schon eine beachtliche Schullaufbahn gewesen. 1960 hätte man damit freilich keinen Eindruck mehr schinden können. Immer mehr Kinder gingen zusätzlich noch auf die dreijährige Oberschule. Die Quote von Schulabgängern, die zwölf Jahre durchlaufen hatten, steigerte sich schließlich auf höchst eindrucksvolle 98 Prozent. Es kam also schon einem absoluten Versagen gleich, wenn man dieses Ziel nicht erreichte. Dabei gab und gibt es in diesem Schulsystem praktisch keine Sitzenbleiber. Jede und jeder wird irgendwie mitgezogen. Wer nicht mitkommt, wird entweder individuell gefördert oder geht auf eine weniger anspruchsvolle Schule. Da alle Kinder im gleichen Alter eingeschult werden, verlassen alle die Schule gleichaltrig.

Der Übergang zur Universität war lange die Schnittstelle im Lebenslauf, die über den späteren Lebensweg entschied, und ist es bis zu einem gewissen Grad immer noch. Wichtig ist dafür nicht die Schulabschlussnote. Man muss zwar die Oberschulreife erlangen, aber um auf eine Eliteuniversität zu kommen, ist es wichtig, bei der zentralen Eingangsprüfung eine hohe Punktzahl zu erzielen. Diese Prüfung findet jedes Jahr im Januar statt. Sämtliche Testaufgaben sind Multiple-Choice-Fragen, um die Auswertung zu standardisieren und zu erleichtern. Je besser man bei dieser Prüfung abschneidet, desto höherrangige Universitäten stehen zur Auswahl. Das Ziel, bei dieser Prüfung erfolgreich zu sein, bestimmt deshalb ganz nachhaltig die Schullaufbahn. Eine gute Oberschule kann einen viel besser auf die zentrale Eingangsprüfung vorbereiten als eine schlechte. Um auf eine gute Oberschule zu kommen, muss man erst einmal deren Eingangsprüfung bestehen. Dafür sollte man eine gute Mittelschule besucht haben, auf die man selbstverständlich nur kommt, wenn man deren Eingangsprüfung meistert. Die Chancen hierfür steigen beträchtlich, wenn man eine gute Grundschule besucht hat. Für die Aufnahmeprüfung kann einen jedoch nicht jeder Kindergarten fit machen.

So begann lange Zeit das Wettrennen um die besten Ausgangspositionen im Leben schon beim Kampf um gute Kindergartenplätze. Auf allen Ebenen der Schulkarriere versuchten die Eltern außerdem, ihre Kinder in gute Nachhilfeschulen zu schicken, die noch besser als die Schule selbst auf die alles entscheidende zentrale Universitätseingangsprüfung vorbereiteten. Inzwischen ist der Druck etwas gesunken. Weil es immer weniger Kinder in Japan gibt, müssen sich inzwischen die Schulen und Universitäten strecken, um an Nachwuchs zu kommen. Außerdem hat sich der Zusammenhang zwischen den Lebenschancen und der Ausbildung gelockert. Trotzdem ist ein Studienplatz an der Universität von Tokio immer noch hochangesehen und wird wohl in bessere Jobs führen als ein Studium an einer durchschnittlichen Universität.

Ich selber war an einer durchschnittlichen Universität Gaststudent, die noch dazu in der Provinz lag. Immerhin handelte es sich um eine staatliche Institution. Damit waren die Studiengebühren zumindest vor 20 Jahren deutlich günstiger als bei den meisten privaten Konkurrenten. Schon damals musste man allerdings einige tausend Euro jährlich berappen, um zu studieren. Inzwischen ist die Höhe der Gebühren bei staatlichen Universitäten weitestgehend dem Niveau privater angeglichen worden. Die meisten meiner Kommilitonen bekamen zwar die Studiengebühren von ihren Eltern gezahlt, jobbten jedoch nebenher fleißig, um ihre Lebenshaltungskosten aufzubringen. Der hochgelobte japanische Servicesektor profitiert stark davon, dass viele junge Menschen so einen Zuverdienst brauchen. Die Stundenlöhne sind recht moderat.

Die schulische und universitäre Ausbildung ist insgesamt ein teures Unterfangen. Schon gute Nachhilfeschulen kosten viel Geld, ebenso wie gute Privatschulen. Am Ende stehen dann die Studiengebühren. Trotz alledem legten und legen Eltern größten Wert auf eine möglichst gute Ausbildung. Können sie sich die Ausbildungskosten der Kinder nicht leisten, greifen oft die Großeltern ein. Wenn sie nicht helfen können oder das Geld immer noch nicht reicht, verschulden sich Eltern auch, weil Bildung so zentral für den weiteren Lebensweg der Kinder ist. Ein Abschluss an der Tokio-Universität bringt einen im Leben ungleich weiter als an einer weniger bekannten Institution. Statt mediokrer Positionen stehen einem dann Posten in den Ministerien der Hauptstadt offen. Private Universitäten wie die Waseda oder die Keiō, beide in Tokio gelegen, verschaffen einem beste Möglichkeiten, in die Privatwirtschaft zu gehen. Die Universitäten bemühen sich aktiv um Kontakt zu potentiellen Arbeitgebern und verhelfen so ihren Studierenden zu Jobs.

Damit hat das japanische Ausbildungssystem trotz der hohen Kosten für die Familien einen sehr demokratischen Effekt. Wer begabt und fleißig ist, wird seinen Weg machen. Der soziale Hintergrund spielt keine so große Rolle, obwohl er nicht ganz unwichtig ist. Da aber die allermeisten Eltern bereit sind, die Kosten irgendwie aufzubringen, bleibt die Chancengleichheit einigermaßen erhalten. Ständige Eingangsprüfungen sind objektive Prüfsteine dafür, wer wirklich gut ist. Die japanische Nachkriegsdemokratie lebte stark von diesem Bewusstsein der objektiven Chancengleichheit. Wahrscheinlich war diese Bildungsdemokratie wichtiger für das breite Selbstverständnis als die meisten Wahlen, Parteien oder anderen politischen Institutionen. Vor allem in der Zeit des wirtschaftlichen Aufschwungs Japans in den 1950er bis 70er Jahren ermöglichte diese relativ egalitäre Bildungslandschaft vielen einen sozialen Aufstieg, von dem ihre Eltern nur hatten träumen können.

Weil es zwischen Bildungsweg und späterer Karriere einen so engen Zusammenhang gibt, versuchen alle, eine möglichst gute zentrale Universitätseingangsprüfung abzulegen. Die Fragen dort sind schwer. So lernen die 16- bis 18-Jährigen in der sogenannten Prüfungshölle jahrelang anhand der Fragen der letzten Jahre. Prüfungshölle heißt dieser Lebensabschnitt deswegen, weil extrem viel persönlicher Einsatz vonnöten ist, um zu bestehen. Selbst die Klügsten müssen in dieser Zeit bis tief in die Nacht lernen, um sich wirklich sicher sein zu können, einen Platz an der Tokio-Universität ergattern zu können. Einmal an der Universität angekommen, schwindet der Druck dann. Es reicht, an der Tokio-Universität gewesen zu sein. Man muss dort nicht unbedingt brillieren. Andererseits sind jene, die dort aufgenommen werden, durch ihren Weg durch die verschiedenen Eliteschulen und die Prüfungshölle schon so geprägt, dass sie, selbst wenn sie sich keine Mühe geben, immer noch ziemlich gute Studierende sein dürften.

Die Mie-Universität, an der ich studierte, ist die wichtigste in der gleichnamigen Präfektur. Sie kann zwar nicht mit den staatlichen und privaten Unis in den Zentren wie Tokio oder Kioto konkurrieren. Die regionale Verwaltung nimmt freilich die Absolventen dankbar auf. So ist die Präfekturverwaltung von ehemaligen Mie-Universität-Studierenden durchsetzt, die so ein internes Netzwerk in der Bürokratie bilden. Jede Präfektur hat zumindest eine staatliche Universität. Bei den peripheren Präfekturen ist das die wichtigste Bildungseinrichtung. Es gibt dort meist nur wenige private Universitäten.

Dagegen sind vor allem Tokio und Kioto absolute Bildungszentren. In Tokio gibt es allein weit über 100 Universitäten. Sowohl in Tokio als auch in Kioto studieren einige hunderttausend junge Menschen. Die fünf ältesten staatlichen Universitäten, die vormals kaiserlich waren, sind die angesehensten. Die Tokio-Universität wurde als erste in der Hauptstadt gegründet und diente direkt von Anfang an als Ausbildungsstätte für die zukünftige Elite des Landes. Auf Japanisch heißt sie »Tōkyō daigaku«, wird aber nur kurz »Tōdai« genannt. Die Kioto-Universität war die zweite kaiserliche Universität. Die angesehensten Privatuniversitäten verteilen sich mit einigen Ausnahmen ebenfalls auf Tokio und Kioto.

Nach Abschluss der Universität versuchen die Studierenden der besten Universitäten Beamte zu werden, weil diese Stellen sicher sind. Zumindest in Tokio kann man zudem als Regierungsbeamter weit aufsteigen. Die andere attraktive Alternative war lange Zeit eine lebenslange Anstellung bei einem großen japanischen Unternehmen wie Mitsubishi, Sumitomo, Sony oder Toyota.

Das Normative an diesen Lebensläufen ist vor allem, dass die meisten Menschen sehr ähnliche Stufen in ihrer Biografie durchlaufen haben. Obwohl sich hier gerade einiges ändert, kann ich in Japan meist sehr schnell einschätzen, wie es jemandem in seinem Leben so ergangen ist, der genauso alt wie ich ist. In aller Regel hat mein Gegenüber die Oberschule mit 18 abgeschlossen, mit 22 die Universität und ist dann in seine jetzige Firma oder Behörde eingetreten. Der Karriereweg birgt meist keine größeren Überraschungen, es sei denn, man stellt sich außerordentlich clever oder dumm an. Aber in aller Regel ist der langsame Aufstieg recht vorhersehbar. Ein Gegenüber in meinem Alter oder älter, das so gar nicht in dieses Raster passt, ist meistens schon jemand mit einer spannenden Lebensgeschichte. Bei den Jüngeren sind vielfältigere Wege durchs Leben hingegen nicht mehr so ungewöhnlich. Aber wer 40 Jahre oder älter ist, hat meist doch den normalen Weg beschritten und sicher nicht im Ausland studiert, ein paar Jahre lang gar nichts getan oder einfach so einen völlig anderen Pfad durchs Gestrüpp des Lebens geschlagen.

Deswegen sind in Japan Visitenkarten so wichtig. Kennt man die Hintergründe des Normlebenslaufs, kann man anhand der Visitenkarte, auf der ja mindestens das Unternehmen und die Position vermerkt sind, sehr leicht einschätzen, mit wem man es zu tun hat. Man muss kaum damit rechnen, dass Karrierewege verschlungen oder irgendwie sonderlich überraschend waren. Ein hoher Ministerialbeamter war mit ziemlicher Wahrscheinlichkeit an der Universität von Tokio und war davor ein überaus fleißiger sowie intelligenter Schüler. Ein normaler Angestellter in einer mittleren oder kleinen Firma wird praktisch nie von einer Eliteuniversität kommen, sondern von einer eher unbekannten Privatuni. Zumindest galt das so noch bis vor zwei Jahrzehnten. Inzwischen sind die Möglichkeiten und Aufstiegswege vielfältiger geworden und lassen durchaus Ausnahmen zu.

Zum Normlebenslauf gehört, dass alle Stufen in der Ausbildung oder der Karriere immer jahrgangsweise durchschritten werden. Ob in der Schule, der Universität oder im Berufsleben; es wird großer Wert darauf gelegt, dass die Gleichaltrigen sich gegenseitig gut kennenlernen, viel gemeinsam machen und so ein Netzwerk bilden. Den Älteren, den sogenannten *senpai*, schuldet man Respekt. Sie dürfen ihre *kōhai*, also die Jüngeren, mit Aufgaben herumscheuchen und sogar ein wenig triezen. Gleichzeitig sind sie für ihr Fortkommen verantwortlich.

Die politische Starre und Stabilität

Der Mittelschichtsgesellschaftsmythos, der Glaube an die ethnische Homogenität, die Bildungsdemokratie und die Wirtschaftsaufschwünge waren eng verknüpft mit einer besonderen politischen Statik. Zwischen 1955 und 2009 regierte durchgehend die Liberaldemokratische Partei (LDP) – mit Ausnahme der Jahre 1993/94, als sie in die Opposition geriet. Ab 1994 regierte sie mit den Sozialisten, ab 1996 wieder alleine. Sie war 1955 aus dem Zusammenschluss zweier Parteien des konservativen Spektrums hervorgegangen. In der politischen Landschaft war der Hauptgegensatz lange Zeit der zwischen der LDP und der Sozialistischen Partei Japans (SPJ), wobei auf nationaler Ebene die LDP eben durchweg die Oberhand behielt.

Das heißt, dass die LDP zwischen 1955 und 2009 mit Ausnahme der Jahre 1993 bis 1996 alle Premierminister stellte. Der Premierminister nimmt im politischen System Japans etwa die Rolle ein, die der Bundeskanzler in Deutschland spielt. Das nominelle Staatsoberhaupt ist in der Praxis der Kaiser, wenngleich sich die Verfassung hier sehr unklar ausdrückt und deshalb abweichende Meinungen den Premier als Staatsoberhaupt sehen. Die US-Besatzungskräfte, die dem japanischen Parlament die neue Verfassung 1946 praktisch diktierten, wollten den Kaiser zwar nicht absetzen, seine Rolle aber im Vergleich zur Zeit von vor 1945 deutlich einschränken. So steht nirgendwo, dass er Staatsoberhaupt ist. Auf jeden Fall ist er nicht mehr Staatssouverän wie nach der alten Meiji-Verfassung von 1890. Das japanische Volk hat ihn in diesem Punkt abgelöst.

Der Premierminister wird von den beiden Kammern des japanischen Parlaments gewählt und vom Kaiser ernannt. Sowohl im Ober- wie auch im Unterhaus hatten die Liberaldemokraten in den Nachkriegsjahrzehnten dauerhaft eine komfortable Mehrheit. Es kam daher nie dazu, dass das Ober- und Unterhaus sich bei der Wahl des Premierministers widersprochen hätten. In diesem Falle hätte das Votum des Unterhauses gegolten, was schon zeigt, dass hier die eigentliche Macht liegt. Das Oberhaus war vor 1945 die Kammer der Adeligen, doch der Adel wurde nach dem Krieg abgeschafft. So haben die 242 Mitglieder, die alle drei Jahre zur Hälfte neu gewählt werden, deutlich weniger Macht.

Die 480 Abgeordneten des Unterhauses werden nach einer grundlegenden Wahlrechtsreform Mitte der 1990er Jahre nach zwei Systemen gewählt. 300 müssen ihren Wahlkreis gewinnen, um einen Sitz einzunehmen. Die restlichen 180 werden in elf regionalen Verhältniswahlblöcken gewählt. Das Wahlrecht ist also relativ kompliziert und für die Wähler verwirrend.

Die dauerhafte Mehrheit der Konservativen in beiden Häusern führte dazu, dass selbst Entscheidungen gefällt werden konnten, die in einem problematischen Verhältnis zur Verfassung stehen. 1954, also ein Jahr vor Gründung der LDP, wurden die sogenannten Selbstverteidigungsstreitkräfte aufgestellt. Eigentlich besagt Artikel 9 der japanischen Verfassung, dass das japanische Volk »für alle Zeiten auf den Krieg als ein souveränes Recht der Nation« verzichtet und deshalb keine Armee aufstellt. Die US-Besatzungsbehörden dürften diesen Artikel erdacht haben, im verständlichen Wunsch, ein für alle Mal mit dem japanischen Militarismus zu brechen. Im Kalten Krieg war dieser Artikel bald in den Augen der USA selbst nicht mehr allzu wünschenswert, da Japan als Verbündeter eine Armee haben sollte. Die Selbstverteidigungsstreitkräfte sind de facto immer eine solche gewesen und haben immer einen großzügigen Etat gehabt. Die LDP stellte sich jedoch auf den Standpunkt, dass die Selbstverteidigungsstreitkräfte eben keine Armee seien.

Hier wird eine Besonderheit des politischen Systems offenkundig. Es gibt kein explizites Verfassungsgericht, das über die Streitkräfte hätte entscheiden können. Vielmehr haben alle Gerichte, also sogar die untergeordneten, das Recht, Urteile zur Verfassung zu fällen. In der Praxis wandern solche Urteile durch die verschiedenen Revisionen zum Obersten Gerichtshof, der letzten Instanz. Doch der Oberste Gerichtshof übt nicht die Rolle des deutschen Bundesverfassungsgerichts aus. Er kann nur anhand konkreter Fälle über die Verfassung entscheiden, nicht jedoch aufgrund abstrakter Normenkontrollen. Außerdem hat sich das Gericht sowieso meist zurückgehalten, die Entscheidungen der Politik durch Urteile in Frage zu stellen.

Im Falle der Selbstverteidigungsstreitkräfte gab es 1973 tatsächlich ein Urteil eines untergeordneten Gerichts in Sapporo, das sie als Verstoß gegen Artikel 9 in Frage stellte. Anwohner hatten gegen die Errichtung eines Militärstützpunktes geklagt. Nur durch diese konkrete Klage konnte überhaupt über Artikel 9 und die Armee entschieden werden. Das Urteil wurde freilich in der nächsthöheren Instanz wieder aufgehoben, und der Oberste Gerichtshof bestätigte diese Abweisung der Klage ein knappes Jahrzehnt später. Die LDP konnte also ihre Politik weitgehend durchsetzen.

Dabei hatte es in der direkten Nachkriegszeit durchaus eine starke Gewerkschaftsbewegung gegeben, in der auch Kommunisten einflussreich waren. Doch die amerikanischen Besatzungsbehörden hatten entgegen der ursprünglichen Intention, der Demokratie freien Lauf zu lassen, die sogenannten *red purge* initiiert. Mitglieder der Kommunisten wurden aus öffentlichen Ämtern entlassen. Damit verschob sich das politische Klima insgesamt nach rechts. Davon profitierte die neugegründete LDP.

Die Grundlage ihres Erfolges war zunächst einmal eine Politik, mit der sie ihre Klientel an sich band. Vor allem Wähler in der Peripherie stimmten für die Partei, darunter viele Bauern. Obwohl während des wirtschaftlichen Aufschwungs immer mehr Japaner in die Städte zogen, blieb die ländliche Basis zentral für die LDP. Die Wahlkreise wurden nämlich lange nicht neu zugeschnitten. Das führte dazu, dass wenige Wähler in der Provinz viele Wähler in der Stadt aufwogen, was vor allem die LDP begünstigte. Außerdem war die Nähe zur aufstrebenden Industrie wichtig für die Partei. Die LDP zeichnete sich immer durch einen ebenso liberalen wie konservativen Kurs aus und konnte so viele Interessen bedienen. Schließlich erkannten LDP-Politiker wie Ikeda Hayato einfach auch sehr gut die Zeichen der Zeit. Seine Strategie der Verdoppelung des nationalen Einkommens veränderte die politische Diskussion nachhaltig. Selbst die oppositionellen Sozialisten konnten sich der Faszination dieser Vision nicht entziehen. Sie versuchten zwar eigene ähnliche Programme aufzustellen, stellten jedoch Ikedas Ansatz nicht prinzipiell in Frage.

Ein entscheidender Grund der Flexibilität bei der LDP war, dass sie viele Gruppen unter sich vereinte. Diese Gruppen pflegten ihre eigene Diskussionsrunden, brachten ganz eigene Ideen ein und konkurrierten ständig miteinander. Dabei waren die politischen Überzeugungen weit gespannt und wären in anderen Ländern wohl durch zwei, drei oder gar mehr Parteien vertreten worden. Aber das System LDP funktionierte lange Zeit gut und garantierte die Macht, wenngleich keine der parteiinternen Gruppen sie komplett für sich beanspruchen konnte. Das erklärt, warum die Premierminister im Schnitt alle zwei bis drei Jahre wechselten, obwohl doch die LDP unverändert an der Regierung blieb. Die Gruppen organisierten durch Personalpolitik den Machtausgleich innerhalb der Partei. Die stärksten Gruppen bekamen die wichtigsten Posten zugesprochen. Allerdings wechselten Abgeordnete immer wieder zwischen Gruppen. Außerdem veränderten Wahlen das Gleichgewicht zwischen ihnen, so dass immer wieder Neujustierungen notwendig wurden.

Was also nach außen erstaunlich stabil wirkt, war unter der Oberfläche hochdynamisch. Es war zudem nicht so, dass die LDP alle politischen Diskussionen durch ihre dauerhafte Regierung zum Erliegen gebracht hätte. Charismatische Gouverneure der großen Städte wie Minobe Ryūkichi, der mit Unterstützung der Sozialisten und Kommunisten ab 1967 insgesamt 16 Jahre lang Tokio regierte, bildeten den einen Gegenpol. Außerdem gab es durchaus außerparlamentarische Oppositionsbewegungen. Ende der 1950er Jahre protestierten Millionen Japaner gegen den neuen Sicherheitsvertrag mit den USA. Der Vertrag symbolisierte für die Gegner eine neue Phase des japanischen Militarismus – gerade einmal eineinhalb Jahrzehnte nach Ende des Zweiten Weltkrieges. Der Vertrag trat zwar letztendlich in Kraft, doch der Premierminister Kishi Nobusuke musste aufgrund der massiven Proteste trotzdem zurücktreten. Der neue Vertragstext hätte Japan als gleichwertigen Partner definiert.

Auch die Studentenbewegung Ende der 1960er Jahre fiel auffallend heftig und gewalttätig aus – sogar im internationalen Vergleich. Die Studierenden prangerten besonders an, dass die US-Streitkräfte das Land als Nachschubbasis für den Vietnamkrieg nutzten. Auf dem Höhepunkt der Studentenbewegung besetzte der weit links stehende Studentenbund Zengakuren 1969 die Tokio-Universität. Die zentrale Eingangsprüfung musste ausfallen, und die Studierenden lieferten sich heftige Kämpfe mit der Polizei. Die Unruhen konnten niedergeschlagen werden, und viele Studierende landeten auf schwarzen Listen, weshalb sie kaum noch Arbeit fanden.

Es ist also nicht so, dass die dauerhafte LDP-Regierung in Verbindung mit dem Wirtschaftsaufschwung alle Konflikte im Land erstickt hätte. Sie führten nur nicht zur Abwahl der LDP, die alle Stürme überstand. Erst 2009 wurde das 55er-System ausgehebelt, wie die Dauerherrschaft der LDP nach ihrem Anfangsjahr genannt wurde. Eine neue Kraft im politischen System, die Demokratische Partei Japans (DPJ), hatte die Wahlen erdrutschartig gewonnen und stellte nun den Premier. Die DPJ war mit dem expliziten Ziel gegründet worden, ein Zweiparteiensystem wie in den USA zu etablieren, und gibt sich mitte-links. Zwei der drei bisherigen Premiers der Partei stammen ursprünglich aus der LDP, was den Neuanfang ein wenig relativiert.

Letztendlich ist das Ende der dauerhaften Herrschaft der LDP ein weiteres Anzeichen dafür, dass sich die Gesellschaft in den letzten beiden Jahrzehnten gravierend verändert hat und sich dessen zudem bewusst geworden ist. Wenn schon die alten Gewissheiten in Bezug auf die Wirtschaft, die Sicherheit am Arbeitsplatz oder die Zugehörigkeit aller zur Mittelschicht gebröckelt sind, warum soll dann dieselbe Partei wie immer einfach so weiterregieren? Warum dann nicht einmal etwas Neues versuchen? Nicht dass die Erwartungen in die Politik generell recht hoch wären, aber schlimmer als zuletzt kann es ja nicht mehr werden. Immerhin sind Wahlen jetzt wieder spannend, was sie jahrzehntelang nicht waren. Es gibt Alternativen, und es ist nicht mehr absolut vorhersehbar, welche Partei nach dem Wahltag regieren wird. Allerdings hat die LDP die Wahlen 2012 deutlich gewonnen und die DPJ wieder abgelöst, sodass es fraglich ist, ob man wirklich von einem Neuanfang sprechen kann.

Gewinner und Verlierer

Das Ende der alten Gewissheiten äußert sich auch in der Vorstellung von der eigenen Gesellschaft. Wo vor zwei Jahrzehnten alle gleich waren, spricht man jetzt von einer Differenzgesellschaft, in der es Gewinner und Verlierer gibt. Früher waren die Reichen jene, die es einfach ein bisschen schneller als der Rest geschafft hatten. Die anderen würden schon noch ähnlich reich werden. Heute sind die Reichen jene, die zu den Gewinnern gehören, und es ist klar, dass die allermeisten nie so erfolgreich sein werden. Die Wirtschaft lahmt, und damit ist der Fahrstuhl steckengeblieben, der bis Anfang der 1990er Jahre alle zuverlässig nach oben gebracht hat.

Die Erkenntnis, dass Japan eine Gesellschaft voller sozialer Unterschiede geworden ist, begann um die Jahrtausendwende um sich zu greifen. Für viele war der Verlust der alten Welt schockierend oder gar traumatisch. Selbstmorde unter Angestellten, die ihren Job verloren und denen der soziale Abstieg drohte, griffen um sich. So etwas hatte es vorher nicht gegeben. Die Selbstmordrate war immer hoch gewesen, aber für längere Zeit sicher nicht hauptsächlich wegen beruflicher Sorgen und Abstiegsängste. Plötzlich wurde die Möglichkeit recht real, im Leben trotz guter Bildung und bester Voraussetzungen zu scheitern.

Zudem ist die Armut angewachsen. Die Zahl derer, die von Sozialhilfe leben, hat die Millionengrenze überschritten. Es gab schon früher Arme und Tagelöhner. Gewisse Viertel in Tokio und Osaka hatten keinen guten Ruf, weil die dort Gestrandeten in recht spartanischen und nicht immer hygienischen Unterkünften hausten. Jetzt kann es jedoch beinahe jeden treffen, während früher schon einige Faktoren zusammenkommen mussten, bevor man in eine Existenz als Tagelöhner abrutschte. Pfandhäuser und windige Kreditfirmen sind aufgeblüht, ebenso wie 100-Yen-Shops, die Entsprechung zum 1-Euro-Laden.

Auf der anderen Seite sind die Louis-Vuitton-Produkte nicht weniger geworden, und die Ginza, die Luxusmeile von Tokio, glitzert wie eh und je. Es ist also nicht nur das Armutsrisiko gestiegen, sondern eine Schere hat sich geöffnet und scheint immer weiter aufzugehen. Früher waren Managergehälter international verglichen moderat. Manager verdienten immer schon gut, gleichwohl bei weitem nicht so gut, als dass ihr Verdienst völlig abgehoben gewesen wäre. Kanzlerin Angela Merkel nannte noch 2007 in der Debatte um deutsche Spitzenverdiener Japan als Vorbild, wo selbst die Topchargen nicht mehr als das Zwanzigfache normaler Arbeiter verdienen würden. In Zeiten, in denen sich Großunternehmen als Familien sahen, wäre es nicht geschickt gewesen, hätten die Manager die Bodenhaftung verloren. Die Familienbande wären zerbrochen. In Zeiten, in denen Großunternehmen aber ihren Mitarbeitern kündigen, ist es dagegen nicht mehr so wichtig, die Balance zwischen den Gehaltsstufen unbedingt zu halten. Insofern kam Merkels Verweis auf das japanische Vorbild ausgerechnet in einem Moment, in dem sich die dortigen Verhältnisse in Richtung USA oder Deutschland zu bewegen begannen.

So hat sich die Rede vom Gewinnerteam und dem Verliererteam inzwischen verselbständigt. Ursprünglich bezeichnete man mit den entsprechenden japanischen Ausdrücken Firmen der New Economy, die entweder trotz der schweren wirtschaftlichen Gesamtlage erfolgreich waren – oder eben nicht. Dann wurde das Begriffspaar vor einigen Jahren in immer weitere Bereiche übertragen. Menschen, die es ins Gewinnerteam geschafft haben, sind inzwischen in der Alltagssprache jene, die im Leben erfolgreich sind. Der Rest ist im Verliererteam. Solche Probleme gab es vor 30 oder 40 Jahren nicht. Damals waren praktisch alle Gewinner. Niemand wäre deshalb auf die Idee gekommen, die Gesellschaft in diese beiden Kategorien einzuteilen.

Jetzt machen Englischschulen oder Erfolgsautoren Werbung damit, einem den Weg in die Reihen des Gewinnerteams zeigen zu können. In Zeitschriften und Büchern finden sich Tipps, wie man Gewinner wird, wie sich Gewinner kleiden und wie sie sich verhalten. Die Vorstellung, die eigenen Kinder könnten nicht zum Gewinnerteam gehören, sondern im Verliererteam enden, macht so manchen Eltern Angst und lässt sie noch strenger auf die Erziehung achten. Vom Gewinnerteam zu lernen scheint ein neuer Volkssport geworden zu sein. Es tun sich Gräben in der Gesellschaft auf, die vorher unbekannt gewesen waren.

Dabei kann es je nach Lebenssituation Unterschiedliches bedeuten, zum Gewinner- oder Verliererteam zu gehören. Von Männern wird erwartet, dass sie 300 000, 600 000 oder gar eine Million Euro im Jahr verdienen. Die Diskussionen im Internet, wer die wahren

Gewinner sind, dauern in diesem Punkt weiter an. Bei Frauen spielt ihr Familienstatus die größere Rolle. Im Verliererteam sind jene, die sich den 40 nähern, keinen gut verdienenden Ehemann gefunden und keine Kinder bekommen haben. Im Siegerteam hat man all das und lebt sorgenfrei. So oder so richten sich die Kategorien des Gewinner- und Verliererteams nach sehr materialistischen Vorstellungen aus. In einer Krise ist das sinnvoll. Es gibt indes viele Stimmen, die sich deshalb dieser Einteilung verweigern und keinen Sinn in ihr sehen. Stattdessen wünschen sie sich neue Formen des gesellschaftlichen Zusammenhalts.

Eine unsichere Arbeitssituation ist auf jeden Fall ein sicheres Indiz dafür, dass man im Verliererteam mitspielt. Die Freeter sind also Verlierer. Allerdings hat sich die Unsicherheit in der Arbeitswelt dramatisch ausgeweitet. Prekäre Verhältnisse sind alles andere als die Ausnahme. Über 30 Prozent aller Stellen sind befristet. Das Verliererteam ist groß. Eines zieht das andere nach sich. Wer keine unbefristete Stelle hat, tut sich schwer, eine Familie zu gründen. Es fehlen einfach die Argumente gegenüber potenziellen Ehepartnern und vor allem deren Eltern. Außerdem ist es riskant, Kinder in die Welt zu setzen, wenn nicht klar ist, wie die Ausbildungskosten je bezahlt werden sollen.

Inmitten dieser Situation hat sich der Staat langsam zurückgezogen. Erst wurde die Staatsbahn privatisiert. Sie heißt jetzt Japan Railways. Dann sollte die Post ebenfalls privatisiert werden. Vor allem wegen der dazugehörigen Postbank, bei der ein Viertel aller privaten Ersparnisse der Japaner gebunkert waren, war dieser Schritt sehr umstritten. Noch hält das Finanzministerium alle Anteile, doch der Zeitpunkt der endgültigen Privatisierung naht. Hintergrund für diese Privatisierungen war die Entscheidung, einen schlankeren Staat zu schaffen, der sich aus vielen Bereichen des öffentlichen Lebens zurückzieht. Diese neoliberale Politik hat die Unsicherheit nur noch erhöht. Wenn nicht einmal mehr Staatsbetriebe Sicherheiten wie dauerhafte Arbeitsplätze bieten, ist auf fast nichts mehr dauerhaft Verlass.

Junge Menschen stehen angesichts dieser Lage vor vielen schweren Entscheidungen. Sollen sie sich dem Rennen um die besten Arbeitsplätze bedingungslos unterwerfen und mit aller Gewalt versuchen, ins Gewinnerteam zu kommen? Oder sollen sie einfach alternative Lebenswege einschlagen und sich nicht um Gewinner und Verlierer kümmern? Es scheint nicht wenige zu geben, die den zweiten Weg wählen. Damit ist die alte Mittelschichtsgesellschaft am Ende ihres Weges angelangt.

Wer ist Japan?

Die Homogenität der Japaner wird ebenfalls zunehmend in Frage gestellt. So ergriffen selbst LDP-Regierungen Maßnahmen, um die Gesellschaft zu öffnen. Dabei hatten gerade deren Politiker meist darauf gepocht, die Japaner seien ethnisch rein und einzigartig. Das begann Anfang der 1990er Jahre relativ harmlos. Plötzlich war Internationalisierung ein Modewort, und jeder wollte Englisch lernen. Japaner konnten die Sprache in aller Regel damals erschreckend schlecht. Das lag vor allem daran, wie Englisch in den Schulen gelehrt wurde. Die zentrale Universitätseingangsprüfung besteht aus Multiple-Choice-Tests. Wer dort in Englisch gut sein wollte, musste vor allem im Schriftlichen und in der theoretischen Beherrschung der Grammatikregeln gut sein. Reden und Verstehen gehörten kaum zur Ausbildung, und dementsprechend war es praktisch unmöglich, auf Englisch eine vernünftige Auskunft zu bekommen oder gar ein Gespräch zu führen.

Die Regierung startete deswegen Ende der 1980er Jahre das Japan Exchange and Teaching Programme (JET). Englischlehrer aus den USA, England und anderen Muttersprachenländern sollten den Schülern dazu verhelfen, bessere Kommunikationsfähigkeiten zu entwickeln. Außerdem wurden bei den Präfekturen Ausländer als Koordinatoren für Programme angestellt, die auch jenseits der Schulen für eine Internationalisierung sorgen sollten. Auf diese Weise kamen jährlich rund 4000 junge Ausländer ins Land. Das Gehalt war sehr gut, zumal oft Dienstwohnungen gestellt wurden. Gerade für junge Amerikaner und Briten war das JET-Programm eine hervorragende Möglichkeit, ihre Ausbildungskredite recht schnell zurückzahlen zu können.

In den Schulen war das Programm erfolgreich. Junge Japaner sprechen heute deutlich besser Englisch als noch vor 20 Jahren, wenngleich sie sich immer noch mit der Aussprache schwertun. In den Präfekturverwaltungen schlugen die Internationalisierungsprogramme dagegen nicht immer ein. Die beiden Koordinatoren, die ich in Tsu kennenlernte, waren mit ihren Aufgaben nicht sonderlich glücklich. Einer kam aus den USA und konnte sich wenigstens die Hälfte der Arbeitszeit sinnvoll beschäftigen, da seine Englischkenntnisse gefragt waren. Sein Kollege aus Spanien dagegen langweilte sich schrecklich im Büro. Er war angestellt worden, weil die Präfektur Mie eine Partnerregion in Spanien hatte. Aber abgesehen von einem Besuch einer spanischen Delegation gab es so gut wie nichts zu tun.

Doch selbst die vorhandenen Aufgaben waren oft unbefriedigend. Einmal sollten beide ein internationales Begegnungswochenende organisieren. Ausländer, die in der Präfektur wohnten, wurden eingeladen, ein Wochenende mit Präfekturangestellten in einem Freizeitressort zu verbringen. Die zuständige Abteilung wollte aber nicht auf die Vorschläge der Koordinatoren für das Programm eingehen und lieber alles so wie immer organisieren. Das hieß dann alberne Kennenlernspiele, ein gemeinsames Essen, etwas Bowling, ein Besuch des Freizeitparks im Ressort und ansonsten Freizeit. Echte Kontakte konnten sich so kaum entwickeln, und die beiden Koordinatoren waren dementsprechend frustriert. Immerhin bekam Tsu durch das JET-Programm und durch die zusätzlichen Englischlehrer an Privatschulen ein etwas internationaleres Gesicht. Ich traf ab Mitte der 1990er immer häufiger weiße Ausländer, und irgendwann grüßte ich nicht mehr jeden, weil es langsam normal wurde.

Etwa zur gleichen Zeit kamen weitere Ausländer mit Billigung der japanischen Regierung ins Land. Man hatte eine Gruppe potenzieller Migranten gefunden, von denen man sich sicher war, dass sie die ethnische Homogenität nicht sonderlich in Frage stellen würde. Gegen Ende des 19. und Anfang des 20. Jahrhunderts waren Hunderttausende Japaner nach Südamerika ausgewandert. Japan war damals arm, und gerade Bauern erhofften sich in ihrer neuen Heimat ein besseres Leben. Das erwies sich zunächst als trügerisch, weil die Arbeitsbedingungen in Südamerikas Farmen sehr hart waren. Nach und nach schafften die Japaner und ihre Nachkommen jedoch durch Fleiß und Ausdauer den sozialen Aufstieg. Besonders viele waren nach Brasilien gegangen, wo sie jetzt oft zur gehobenen Mittelschicht gehören. Insgesamt leben dort um die zwei Millionen Menschen japanischer Herkunft. Ende der 1980er Jahre verschlechterten sich allerdings die ökonomischen Bedingungen in Südamerika massiv, während japanische Unternehmen auf dem Höhepunkt der Spekulationsblase händeringend nach neuen Mitarbeitern suchten. So öffnete Japan die Grenzen für die »Heimkehr« der brasilianischen Japaner, die oft schon in der dritten oder vierten Generation waren. Japanische Auswanderer heißen auf Japanisch *nikkei*, was so viel wie »japanischer Abstammung« bedeutet. Derzeit leben knapp 300 000 *nikkei* aus Brasilien in Japan.

Die Heimkehr stellte sich für beide Seiten jedoch als komplizierter als gedacht heraus. Trotz japanischer Abstammung ließen sich die Brasilianer nicht so ohne weiteres in die Gesellschaft integrieren. Sie taten sich schwer mit der Sprache sowie in vielen anderen Lebensbereichen. Zudem fanden sie bald keine besonders attraktiven Jobs mehr, weil die wirtschaftlichen Aussichten ab Anfang der 1990er insgesamt schlechter wurden. So wurden die *nikkei* in 3D-Jobs abgeschoben, also solche, die dirty, difficult und dangerous waren. Selbst gut ausgebildete Heimkehrer fanden kaum bessere Stellen. Immerhin konnten sie selbst in diesen schlechten Positionen im Vergleich zu Brasilien noch recht gut verdienen.

Viele *nikkei* fühlen sich indes nicht wohl in Japan und haben den Eindruck, dass sie diskriminiert werden. Es gibt oft Vorwürfe, dass die Japaner kalt und herzlos seien. Das führt dazu, dass sich die *nikkei* auf eine brasilianische Identität zurückziehen. Sie tanzen z. B. Samba und beteiligen sich am großen brasilianischen Karneval im Tokioer Stadtteil Asakusa, der schon vor ihrer Ankunft 1981 von örtlichen Geschäftsleuten aus der Taufe gehoben worden war. Der Karneval bietet eine perfekte Bühne für die Inszenierung der *nikkei*. Jährlich kommen um die eine Million Besucher. In diesem Kontext ist Brasilien also sehr positiv besetzt. In Brasilien dagegen sind *nikkei* kaum als feurige Sambatänzer bekannt und beteiligen sich nicht sonderlich aktiv am Karneval. Der Samba ist für sie nur eine Strategie, um sich eine positive Identität zu verschaffen und außerdem, um der japanischen Umwelt klarzumachen, dass *nikkei* eben nicht seltsame Japaner sind, sondern Brasilianer japanischer Herkunft.

Die Zuwanderung auf Japanischstämmige zu begrenzen, funktioniert freilich längst nicht mehr. Im letzten Jahrzehnt kamen immer mehr Chinesen ins Land. Inzwischen sind es nach offiziellen Zahlen um die 700 000, die ähnlich wie die *nikkei* oft in 3D-Jobs gedrängt worden sind oder zum Studium herkamen. An der Mie-Universität waren schon Anfang der 1990er Jahre zwei Drittel meiner ausländischen Kommilitonen Chinesen. Sie studierten meist Wirtschaft oder Medizin, um mit ihren Abschlüssen dann zu Hause Karriere zu machen. Es gibt jedoch außerdem viele Scheinstudenten, die über diese Visa ins Land kommen, um zu arbeiten. Dazu kommen noch einmal einige hunderttausend illegale Migranten, meist Chinesen oder Vietnamesen, die sich ein besseres Leben erhoffen, aber in der Regel nur sehr schlecht bezahlte und gefährliche Arbeit finden. Das gilt natürlich vor allem für junge Frauen, die sich in Bars als Hostessen oder Prostituierte verdingen.

Langsam öffnen sich die Migrationsschleusen also, teils legal, teils illegal. Zumindest legal ist das dringend nötig und begrüßenswert, weil so die Alterung der Gesellschaft etwas aufgefangen werden könnte. Auch sonst tut die Internationalisierung dem Land gar nicht so schlecht. Die strikte Inselmentalität, die in der Nachkriegszeit gerne propagiert wurde, wird so aufgebrochen. Damit wird vielen Japanern klar, dass sie vielleicht derzeit eine Wirtschaftskrise durchmachen, jedoch global betrachtet immer noch sehr reich sind. Es gibt mehr Projekte und Non Govermental Organizations, die sich international engagieren und ein stärkeres Problembewusstsein für globale Ausbeutung entwickelt haben.

Man kann es nur wiederholen. Die letzten zwei Jahrzehnte haben einschneidende Veränderungen gebracht und die Sicht der Japaner auf sich selbst deutlich verändert. Natürlich waren die ersten Nachkriegsjahrzehnte ebenfalls sehr turbulent und lebten von einem dynamischen Wandel. Damals ging es allerdings in allen Bereichen des Lebens voran. Außerdem schien die große Masse der Menschen gleichermaßen von der Entwicklung zu profitieren. Daraus ergab sich ein großes Gemeinschaftsgefühl, das kaum durch Krisensituationen auf die Probe gestellt wurde. Teil dieses Gemeinschaftsgefühls waren die gleichartigen Lebenswege, vor allem bei den Angestellten, oder gemeinsame Konsum- und Medienerfahrung. Jeder konnte sich irgendwann die drei heiligen Konsumgüter leisten. Alle sahen im Fernsehen 1959 die Hochzeit des damaligen Kronprinzen und heutigen Tenno, ebenso wie alle die Olympischen Spiele 1964 anschauten.

Die Welt war relativ überschau- und recht kontrollierbar und die politische Lage stabil. Freilich gab es heftige Krisen wie 1960 um den Sicherheitsvertrag mit den USA und 1968 die Studentenunruhen. Die Politik wurde von diversen Skandalen erschüttert, wie dem Lockheed-Skandal Mitte der 1970er Jahre. Ähnlich wie in Deutschland hatten Politiker Bestechungsgelder des Flugzeugherstellers Lockheed erhalten. Der Premierminister Tanaka wurde angeklagt, und die LDP verlor sogar die absolute Mehrheit im Unterhaus.

Trotzdem sind diese regelmäßigen Erschütterungen nicht zu vergleichen mit dem, was sich seit zwei Jahrzehnten abgespielt hat. Neben der Wirtschaftskrise gehört dazu das Ende des Kalten Krieges und die Globalisierung. Japan war immer der engste Verbündete der USA in Asien und damit fest in die westliche Verteidigungsstruktur eingebunden, selbst wenn es nicht der NATO angehörte. Außenpolitisch war damit der Handlungsspielraum klar abgesteckt. Mit dem Ende der Ost-West-Konfrontation Ende der 1980er Jahre ist die japanische Außenpolitik komplexer geworden. Ganz ähnliche Fragen und Probleme wie in Deutschland tauchten jetzt auf der Tagesordnung auf. Soll und kann sich Japan an internationalen Friedensmissionen der Vereinten Nationen beteiligen oder steht das einem Land nicht zu, das so viele Kriegsverbrechen zu verantworten hat? Die Antwort ist ähnlich wie in Deutschland für die Beteiligung ausgefallen, hat allerdings ebenso heftige Debatten ausgelöst.

Die Globalisierung und transnationale Vernetzung hat alle Änderungen der letzten 20 Jahre noch mehr akzentuiert. Sämtliche Vorstellungen von Homogenität in ethnischer oder sozialer Hinsicht sind in Frage gestellt worden. Damit ist das Gemeinschaftsgefühl vergangener Zeiten zwar nicht völlig hinfällig, jedoch arg strapaziert. Natürlich waren 100 Millionen Japaner Mitte der 1960er keine echte Gemeinschaft in dem Sinne, dass jeder jeden gekannt und ihm geholfen hätte. Es ging vielmehr um eine vorgestellte Gemeinschaft. Man konnte sich gut einbilden, mit einem beliebigen Japaner recht viel gemein zu haben und ganz ähnliche Ziele, Wünsche und Erlebnisse zu teilen. Zudem war der Lebensstandard im ganzen Land vergleichbar.

Diese vorgestellte Gemeinschaft ist auseinandergebrochen. Es gibt jene, die unbedingt zum Gewinnerteam gehören wollen, und jene, die die Einteilung in Gewinner und Verlierer schrecklich und materialistisch finden. Die Einkommensschere klafft immer weiter auseinander, und es dürfte vielen Bürgern klar sein, dass es viele Landsleute gibt, deren Erfahrungswelten und sozialer Status so völlig anders sind als die eigenen. Selbst die realeren kleinen Gemeinschaften wie die in der Arbeit, die Nachbarschaft oder die Familie sind nicht mehr die Stützen, die sie vor drei bis vier Jahrzehnten oft noch waren. Im Job herrscht Konkurrenz und Angst, gekündigt zu werden. Die Nachbarschaften sind in der Phase der Urbanisierung unpersönlich geworden. Schließlich sind die Familien kleiner geworden und als Sicherheitsnetz nicht mehr so verlässlich wie früher. Entweder gibt es keine Angehörigen mehr, oder sie sind weit weggezogen oder haben gar selber mit wirtschaftlichen Problemen zu kämpfen.

    Ich habe die Situation im letzten Absatz ein wenig zugespitzt. Die Gesellschaft zerfällt nicht völlig. Aber die Angst davor treibt viele Menschen um. Die Welt ist unsicherer geworden, real und im Kopf, im Großen wie im Kleinen.

Die Zukunft ist das Alter

Als ich vor rund zehn Jahren meine Promotion abgeschlossen hatte, bekam ich das Angebot, in einem Forschungsprojekt mitzuarbeiten. Dabei sollte es um einen Vergleich der deutschen und der gerade eben erst eingeführten japanischen Pflegeversicherung gehen. Das Thema erschien mir zunächst dröge und wenig bedeutend. Was sollte daran reizvoll sein, die Frage der gesellschaftlichen Alterung zu untersuchen? Trotzdem nahm ich das Angebot an, weil ich so schnell wieder nach Japan konnte, um zu forschen.

Wieder im Land angekommen, wurde mir schnell klar, dass ich die Tragweite des Themas völlig unterschätzt hatte. Ich wusste zwar, dass die japanische Gesellschaft alterte. Doch das Tempo und die immensen Folgen dieser Entwicklung waren mir bis dahin weitestgehend verborgen geblieben. Japan ist wohl seit rund fünf Jahrzehnten das am schnellsten alternde Land der Erde. Aus einer sehr jungen Gesellschaft ist in dieser Zeit eine alte geworden. Die Auswirkungen auf die Sozialsysteme, die Arbeitswelt und überhaupt alle Bereiche des Lebens sind immens. Insofern stellte es sich als absoluter Glücksfall heraus, dass ich mich genau mit diesem Thema intensiver beschäftigen durfte. Das galt umso mehr, als die Japanforschung dieses Thema erst einige Jahre später voll für sich entdeckte. Die rasante Alterung wurde zwar immer einmal wieder angesprochen, und es gab einige Bücher zur demografischen Entwicklung. Aber eigentlich ist diese Seite Japans hierzulande sehr lange unbekannt geblieben.

Ich habe in dieser Forschungsphase viele Dinge erlebt, die sich mir tief eingeprägt haben. Obwohl die Frage der Alterung viele Probleme aufgeworfen hat, sind es eher positive Erinnerungen. Sicher habe ich Altenheime gesehen, in denen ich nicht hätte enden mögen, und Betreiber interviewt, deren Haltung mir nur wenig

Hoffnung machte, dass sich etwas ändern würde. Mehr noch war ich indes von einer Vielzahl von Ansätzen beeindruckt, die Krise als Chance für eine insgesamt bessere Gesellschaft zu sehen, und davon werde ich später noch berichten. Trotzdem ist es wichtig, zuerst das Krisenbewusstsein meiner Gesprächspartner wiederzugeben. Trotz aller guten Projekte ist die Angst vor der alten Zukunft bei vielen stark ausgeprägt.

Herr F., der in der Stadt Fukuoka im Süden Japans dafür verantwortlich war, ehrenamtliche Mitarbeiter für die Stadt zu gewinnen, fürchtete, dass immer wieder Alte sterben, ohne dass es irgendjemand bemerkt. Es hatte schon damals vor rund 15 Jahren eine Reihe solcher grausigen Entdeckungen gegeben. Alte Menschen ohne Angehörige und Freunde waren in ihren Appartements verstorben, und die Nachbarn hatten erst Wochen später am Geruch oder am überquellenden Briefkasten registriert, dass irgendetwas nicht stimmte.

Solche einsamen Tode waren für Herrn F. ein Symptom für das ultimative Versagen der japanischen Gesellschaft. Er erzählte mir, dass es all das in seiner Jugend nicht gegeben hätte. Es sei immer jemand da gewesen, der sich um Alte gekümmert hatte, in erster Linie natürlich Familienangehörige. Seitdem sind Kernfamilien vorherrschend geworden. Die Generationen leben nicht mehr gemeinsam in einem Haus und oft genug noch nicht einmal mehr in der Nähe. Schlimmstenfalls ist sogar der Kontakt zu den Eltern völlig abgerissen.

Das wiederum hätten früher, so Herr F., nachbarschaftliche Strukturen aufgefangen. Aber diese gegenseitige Aufmerksamkeit ist längst Vergangenheit. Die großen Apartmenthäuser sind für Herrn F. das Symbol für diese Problematik. Bis in die 1950er Jahre hinein gab es solche großen Wohnblocks nicht. Dann wurden sie modern, und weil sie mit allen Annehmlichkeiten der Zeit ausgestattet waren, zogen junge Familien gerne ein. Damit wurde jedoch das Band zur Großfamilie zerschnitten. Die Eltern konnten nicht mehr zur Familie geholt werden, wenn es nötig gewesen wäre. Umgekehrt bleiben die Alten jetzt allein, wenn die Kinder aus der Wohnung sind und der Ehepartner stirbt. Ähnlich wie überall in großen Apartmentblocks auf der Welt sind jene in Fukuoka oder andernorts sehr anonym. Dann kommt es zu den »einsamen Toden«, die Herrn F. so beschäftigten.

Natürlich enthält die Erzählung von Herrn F. viel Sozialromantik. So rosig, wie Herr F. es im Interview mit mir darstellte, waren die Zeiten nie. Aber ein Stück Wahrheit steckt schon in seiner Geschichte. Die japanische Gesellschaft war vor einigen Jahrzehnten ganz sicher besser integriert. Ob alle Alten im Kreise ihre Lieben starben, mag dahingestellt sein. Aber die Furcht vor einem einsamen Tod hat die Menschen immer mehr im Griff.

Was mir Herr F. vor eineinhalb Jahrzehnten erzählt hat, war vor drei Jahren Teil einer Dokumentationsreihe des Staatsfernsehens NHK. Der Titel »Muenshakai« lässt sich als »Indifferente Gesellschaft« oder »Gesellschaft ohne Beziehungen« übersetzen. Es ging in der Reihe nicht nur um einsame Tode, doch sie waren der Aufhänger für die Reportagen. Seitdem ist dieser Titel in Japan zu einem Schlagwort geworden. Gerade die alten Menschen leiden oft unter der Anonymität der Großstädte und der Wohnsiedlungen aus den 1960er und 70er Jahren. Unter ihnen sind besonders die Männer gefährdet, einsame Tode zu sterben, wie mir Herr F. darlegte. Sie verlieren mit der Rente viele ihrer Sozialkontakte, weil sie oft in der Firma die meisten Freunde und Bekannten hatten. Die Frauen dagegen sind meist besser im Stadtviertel vernetzt. Sie kennen selbst in Neubausiedlungen wenigstens ein paar Nachbarn oder Geschäftsinhaber. Normalerweise wird es nicht zum Problem, dass die Männer sich eher schlecht im Leben neben der Arbeit zurechtfinden. Ihre Frauen überleben sie. In den Alten- und Pflegeheimen habe ich fast nur Frauen gesehen. Sie haben ihre Männer bis zum Tod gepflegt und sind dann allein zurückgeblieben. Das ist der Fluch ihrer hohen Lebenserwartung. Wenn doch einmal ein alter Mann seine Frau verliert oder gar schon geschieden war, sitzt er laut Herrn F. oft allein vor dem Fernseher. Das ist das Ausgangsszenario des einsamen Todes und ein einprägsames Bild für die Gesellschaft ohne Bindungen.

Die radikale Alterung

Grundlage dieser Probleme ist wie gesagt die rasch alternde japanische Gesellschaft. Dass die Bevölkerung insgesamt älter wird und damit diverse Probleme einhergehen, sind wir von hierzulande ebenfalls gewohnt. In Japan verläuft dieser Prozess jedoch besonders schnell. Die Vereinten Nationen haben zwei Werte definiert, die beschreiben, wo ein Land in seiner demografischen Entwicklung steht. Staaten mit einem Altenanteil von weniger als 7 Prozent sind typischerweise weitestgehend agrarisch. Mit Alten sind Menschen über 65 Jahre gemeint, selbst wenn man sich darüber streiten kann, ob man damit heutzutage wirklich schon alt ist. Ab 7 Prozent geht die UN davon aus, dass ein Land industriell geprägt ist und den damit verbundenen typischen demografischen Wandel vollzieht. Vor einigen Jahrhunderten gab es nirgends auf der Welt mehr als 7 Prozent alte Menschen. Dann wurden die medizinische Versorgung und die Hygienestandards besser. Auch die Ernährung wurde immer sicherer. So erreichten mehr Menschen ein hohes Alter. Gleichzeitig schwand die Notwendigkeit, durch viele Kinder für das Alter vorzusorgen. Das übernahmen in industrialisierten Nationen nun Versicherungssysteme. Die Menschen übten sich in Geburtenkontrolle. Der Anstieg des Altenanteils lag also nicht nur daran, dass die Lebenserwartung stieg, sondern ebenso daran, dass die Zahl der Jungen sank.

Die zweite Schwelle der UN liegt bei 14 Prozent und bezeichnet den Übergang zu einer postindustriellen Phase. Die Menschen arbeiten nicht mehr hauptsächlich in Fabriken, sondern vermehrt im Dienstleistungsgewerbe. Gleichzeitig verstärken sich die Entwicklungen, die schon zum Überschreiten der ersten Schwelle geführt haben. Nun haben die meisten westlichen Länder den Wandel von weniger als 7 Prozent Altenanteil zu mehr als 14 Prozent in einem relativ langen Zeitraum vollzogen und konnten daher ihre Sozialsysteme und viele andere gesellschaftliche Stellschrauben anpassen. In Deutschland war der Übergang dagegen schon relativ schnell, da er nur 45 Jahre dauerte. Japan indes schlägt in dieser Beziehung alle Rekorde. Noch in den 1960er Jahren war die Bevölkerung sehr jung. Die 7-Prozent-Marke wurde erst 1970 überschritten. Bis zu den 14 Prozent brauchte man dann nur noch 24 Jahre bis 1994! Das heißt also, dass sich eine junge Bevölkerungsstruktur innerhalb kürzester Zeit zu einer eher alten wandelte.

Mit der verstärkten Industrialisierung in den 1950er Jahren veränderten sich die Familienverhältnisse. Damals war es nicht unüblich, dass eine Familie vier oder mehr Kinder hatte. Junge Frauen hatten spätestens mit Mitte 20 geheiratet und bekamen dann schnell Kinder. Doch langsam änderte sich das. Der Zeitpunkt der

Heirat verschob sich, die Lebensplanungen wurden individueller – auch wenn die älteren Generationen oft ganz andere Vorstellungen davon besitzen. Eine Freundin, die mit Ende 20 noch unverheiratet war, erzählte mir einmal, wie manche Verwandten Probleme damit hatten. Eine ältere Tante fragte sie bei jedem Aufeinandertreffen: »Und, wie geht es den Kindern?« – nur um sich dann an den Kopf zu langen und hinzuzufügen: »Oh, du hast ja gar keine Kinder.« So wollte die Tante zum Ausdruck bringen, dass es ihrer Meinung nach längst Zeit gewesen wäre, eine Familie zu gründen. Ähnliche Geschichten habe ich öfter in meinem Bekanntenkreis gehört. Wenn junge Frauen bewusst erst einmal nicht heiraten und Kinder kriegen wollen, um im Beruf Fuß zu fassen, ist es nicht unüblich, dass die Umgebung auf diese Weise ihre Erwartungshaltung zum Ausdruck bringt. Das ist für die Betroffenen meist belastend. Manche geben auf, manche wollen erst recht ihren eigenen Weg gehen.

Zwar sah vor rund drei bis vier Jahrzehnten der ideale Lebensweg einer jungen Frau auch schon ein Studium vor. Das aber sollte innerhalb von zwei Jahren an einer Kurzzeituniversität absolviert werden und nicht in vier an einer normalen. Das Studium war eher dafür gedacht, den Kindern später auf dem Weg durch die Schule helfen zu können, als den Grundstein für eine eigene Karriere zu legen. Schließlich war es an den Müttern, die Kinder später durch die Prüfungshölle zu bringen, damit sie eine gute Arbeit finden konnten. Dass die jungen Frauen nach dem Studium dann erst einmal ein paar Jahre arbeiten gingen, war keineswegs verpönt. Oft fanden die jungen Frauen sogar ihre Ehepartner durch die Vermittlung älterer Kollegen im Unternehmen. »Firmenfrau« nannte man solche Arrangements.

Doch halten sich wie gesagt viele Japaner nicht mehr an den Normlebenslauf, und so werden heute nur noch rund 1,3 Kinder pro gebärfähige Frau geboren. Dieser Wert liegt weltweit unter den niedrigsten. Etwas über zwei Kinder wären nötig, damit sich die japanische Bevölkerung stabil reproduziert, aber das tut sie schon lange nicht mehr. Gleichzeitig werden die Menschen so alt wie nirgendwo sonst auf der Welt. Das liegt an der guten medizinischen Versorgung und am gesunden Essen. Die ungesunden Essgewohnheiten, von denen schon die Rede war, reißen eher bei den jüngeren Menschen ein, während sich die Älteren noch recht gut ernähren.

Frauen werden im Schnitt rund 87 Jahre, Männer immerhin noch 81. So steigt der Altenanteil weiter und weiter. Die 14 Prozent von 1994 sind längst Geschichte. Inzwischen sind es landesweit deutlich über 20 Prozent, und die Tendenz ist weiterhin steigend, so dass selbst 30 Prozent nicht unwahrscheinlich sind. Japan vollzieht also einen Wandel, der weit über das hinausreicht, was die UNO mit ihren beiden Schwellenwerten von 7 und 14 Prozent misst.

Besonders drängend sind die Probleme auf dem Land. Die Industrialisierung und der wirtschaftliche Aufschwung der 1960er und 70er Jahre spielten sich vor allem in den Zentren ab, also auf den 1000 Kilometer Küstenstreifen am Pazifik. Die Jungen zogen aus den Dörfern, wo ihre Eltern nicht selten noch Bauern gewesen waren, in die großen Städte, um sich beruflich weiterzuentwickeln. Inzwischen ist die Elterngeneration alt. In ihren Dörfern und kleinen Städten fehlt die mittlere Generation, und in der Folge gibt es weniger Nachwuchs. Die Kinder, die da sind, werden zum Studium wieder in die Zentren gehen und wahrscheinlich dort bleiben. Das hat dazu geführt, dass es in manchen Orten schon über 40 Prozent alte Menschen gibt.

Ich habe in solchen Gemeinden zur gesellschaftlichen Alterung geforscht und viel mit den verantwortlichen Lokalpolitikern und Aktivisten der Zivilgesellschaft gesprochen. Die Stimmung schwankte stark. Auf der einen Seite gab es durchaus Menschen, die in der Lage eine Herausforderung und Chance sahen. Sie wollten vor allem, dass die Alten nicht abgeschoben würden, sondern sichtbar und in die dörflichen Gemeinschaften integriert bleiben. Auf der anderen Seite sind die Aufgaben riesig, die sich aus einem so hohen Altenanteil ergeben. Einrichtungen für die Pflege alter Menschen zu schaffen ist für die Gemeinden sehr schwer, zumal die kommunale Finanzlage nicht besonders rosig ist. Alles in allem liegt eine riesige Aufgabe völlig neuer Qualität vor diesen Kommunen.

Die Städte werden nachziehen. Sie profitieren jetzt noch davon, dass vor drei bis vier Jahrzehnten viele junge Menschen zugezogen sind und Kinder bekommen haben. So liegt der Altenanteil oft noch deutlich unter 20 Prozent. Diese Lücke wird sich schließen, wie die Statistiker vorhersagen. In zwei bis drei Jahrzehnten werden die großen Zentren vor ähnlichen Aufgaben stehen wie jetzt die ländlichen Regionen. Ähnliche demografische Wandlungsprozesse gibt es in vielen westlichen Ländern, u. a. hierzulande. Aber mit dieser Geschwindigkeit und Wucht laufen sie nur in Japan ab, und man kann derzeit nur in Ansätzen erahnen, was das für eine Gesellschaft bedeutet.

Eine Lösung wäre es, mehr Migranten ins Land zu lassen. Deutschland altert vor allem deswegen nicht so rapide wie Japan, weil in den letzten Jahrzehnten viele junge Menschen zugewandert sind, die zudem oft ihre Familien samt der Kinder mitgebracht oder recht schnell gegründet haben. Ohne diesen Zuzug sähe es hierzulande womöglich kaum anders aus als in Japan. Doch dort ist die Migrationspolitik wie schon gesehen sehr restriktiv. Die Regierung ist zu spät auf diese Möglichkeit aufmerksam geworden und hat zu zögerlich reagiert. Die Grenzen werden zwar langsam offener, aber an der grundsätzlichen Entwicklung wird das auf absehbare Zeit nicht mehr viel ändern.

Pflege als Problem

Die Pflege der alten Menschen wird jetzt immer mehr zur Belastung für die Angehörigen und die Gesellschaft ganz allgemein. Es gibt nicht nur immer mehr Alte, sondern insbesondere immer mehr hochalte Menschen. Diese sind jedoch besonders pflegeanfällig. Es ist Zufall, dass ich zum ersten Mal in Japan einem Menschen mit Alzheimer begegnet bin, denn selbstverständlich gab es damals schon Betroffene in meiner Heimat. Trotzdem ist es vielleicht bezeichnend. Die hohe Lebenserwartung bringt eine viel höhere Wahrscheinlichkeit mit sich, dass Menschen am Lebensende noch dement werden.

Jedenfalls war die Oma eines Freundes die erste demente Person, mit der ich gesprochen habe. Wir besuchten sie und ihren Mann an Neujahr. Sie lebten auf dem Land in Westjapan, während der Sohn in die Großstadt gezogen war, um dort zu arbeiten. Immerhin war er nicht nach Tokio gegangen, sondern in der Nähe geblieben. Innerhalb einer Fahrstunde konnte die junge Generation ihr Heimatdorf erreichen. Der Umgang der Familie mit der Erkrankten war sehr rührend. Die Oma fragte mich immer wieder, woher ich komme und wie alt ich sei. Ich war der einzige ihr Fremde in der Runde und noch dazu ein recht auffälliger Ausländer. Ihr Sohn, der

Vater meines Freundes, drehte sich nach ein paar solcher Nachfragen seitens seiner Mutter zu mir und meinte: »Meine Mutter ist immer wieder ein neuer Mensch – denk dir nichts.« Die Situation war zwar für die ganze Familie belastend. Es ist nie schön, einen nahestehenden Menschen dement werden zu sehen. Immerhin war der Gedanke sehr tröstlich, die Oma verliere sich nicht automatisch in ihrer Krankheit, sondern würde immer wieder ein neuer Mensch.

Trotz alledem kam in den 1980er Jahren der Begriff »Pflegehölle« auf, der die Stimmung betroffener Familien sehr gut beschreibt. Erschöpfung durch Pflege wurde sogar offiziell als Krankheit anerkannt. Es waren typischerweise die Töchter oder Schwiegertöchter, die die Elterngeneration pflegen mussten. Die Pflegebedürftigen in ein Heim zu geben war verpönt, hätte es doch mangelnde Elternliebe bedeutet. So mühten sich die Frauen der jüngeren Generation ab, oft genug gefangen zwischen Haushalt, Kindern, Arbeit und zu all dem noch der Pflege. Die Politik diskutierte verschiedene Lösungsansätze. Wie weit weg von der Situation der Familien die Politiker dabei teilweise im Kopf waren, zeigt ein Plan, der durchaus ernsthaft erwogen wurde. Die Alten sollten ins Ausland an irgendeinen sonnigen Ort abgeschoben werden. Dort hätten sie ihren Lebensabend genießen sollen, während die mit der gesellschaftlichen Alterung verbundenen Probleme aus dem Land geschafft worden wären. Dazu kam es natürlich nie.

Die Liberaldemokratische Partei, die ja bis Mitte der 1990er Jahre dauerhaft die Regierung stellte, griff auf einen billigen Ausweg zurück. Sie propagierte die »Wohlfahrtsgesellschaft japanischen Stils«. Die Familien seien die natürliche Ressource für alle Formen von sozialer Zuwendung in Krisensituationen. Das sei in Japan schon immer gute Sitte gewesen. Damit wurde indirekt auf das konfuzianische Erbe verwiesen, bei dem den Alten generell und den Eltern insbesondere unbedingt höchster Respekt entgegenzubringen ist. Historisch ist es freilich einmal wieder nicht so einfach, eine derartige Aussage zu belegen. Die konfuzianische Norm wurde wohl mehr als einmal in der Realität nicht so genau genommen. Aber angesichts der seit Ende der 1970er Jahre nicht mehr so rasant wachsenden Wirtschaft fehlte das Geld, um in der Sozialpolitik große Sprünge zu machen, wie man zeitweise noch vollmundig versprochen hatte. Viel einfacher war es, die Familien in die Pflicht zu nehmen. Gerade in der Pflege alter Familienangehöriger half den Betroffenen der Verweis auf die gute Tradition nicht wirklich weiter. Pflege war früher auch nicht immer einfach, aber aus verschiedenen Gründen nicht in dem Ausmaß belastend wie heutzutage. Die Familien waren deutlich größer und seltener über das ganze Land verteilt, sondern alle am selben Ort ansässig. So konnten sich mehrere Mitglieder der jungen Generation bei der Pflege gegenseitig unterstützen. Außerdem erreichten viel weniger Menschen ein Alter, in dem sie hätten überhaupt pflegebedürftig werden können. In der zweiten Hälfte des 20. Jahrhunderts galt das alles allerdings nicht mehr, und die pflegenden Angehörigen waren oft bald völlig überfordert mit den Ansprüchen.

Viele Familien fanden einen eigenen Ausweg aus der Pflegehölle. Wenn es schon verpönt war, die eigenen Eltern in ein Pflegeheim zu geben, so konnte man sie doch in ein Krankenhaus bringen. Das hieß im Umkehrschluss, dass sie krank waren, was wiederum keinen Schatten auf die Elternliebe der Kinder warf. Immer mehr Kliniken spezialisierten sich darauf, Pflegebedürftige aufzunehmen, ohne wirklich ernsthaft zu pflegen. Dafür waren sie gar nicht ausgerüstet. Die alten Menschen blieben den ganzen Tag im Bett. Sie wurden nicht dazu ermuntert, aufzustehen und sich so weit wie möglich am Leben zu beteiligen, wie es bei guter Pflege selbstverständlich ist. In einem Krankenhaus passte das nicht ins Konzept. Die »Patienten« sollten in ihren Zimmern und Betten bleiben. Die Folgen dieses breiten Ausweichmanövers waren in vielerlei Hinsicht teuer. Japan wurde zum Land mit dem höchsten Windelverbrauch der Erde, trotz einer der niedrigsten Geburtenraten. Die Pflegebedürftigen wurden einfach gewickelt. Das ersparte Arbeit und Kosten. Die Ausgaben für das Gesundheitssystem stiegen trotzdem rasch an. Die Krankenhäuser waren für das, was sie leisteten, unverhältnismäßig teuer.

Es liegt auf der Hand, dass es so nicht lange weitergehen konnte. Diese Geschichte zeigt aber sehr gut einige grundlegende Wertvorstellungen. Die Eltern durften zwar nicht in Pflegeheime abgeschoben werden, wo sie jedoch vergleichsweise gut aufgehoben gewesen wären. Als Alte hatten sie Anrecht auf Respekt und Kindesliebe. Als Kranke jedoch hatten sie vielmehr Anrecht auf eine bestmögliche medizinische Behandlung. Die westliche Medizin hatte sich Ende des 19. Jahrhunderts so nachhaltig durchgesetzt, dass niemand mehr so schnell auf die Idee käme, einen ernsthaft Kranken zu Hause heilen zu wollen. Freilich war es ein Fall von Doppelmoral, dieses Werteschema zu nutzen, um sich der Eltern doch noch entledigen zu können. Doch die Vorstellung der Politik, in Japan würden all solche Probleme harmonisch in Familien gelöst, war wohl noch verlogener, da die Angehörigen in ihrer Not einfach alleingelassen wurden.

Am Ende reagierte die Politik auf die immer drängenderen Probleme, die auch in den Medien zunehmend Aufmerksamkeit fanden. Eine der größten Tageszeitungen hatte eine Serie gestartet, in der von berührenden Einzelschicksalen berichtet wurde. Nicht selten wählten sogar Eltern den Ausweg in den Freitod, um ihren Kindern nicht zur Last fallen zu müssen. Deshalb wurde nach deutschem Vorbild eine Pflegeversicherung eingeführt. Die Pflegebedürftigen sollten zu Hause gepflegt werden, doch die pflegenden Angehörigen bekamen Unterstützung durch professionelle Pflegedienste.

Die neue Versicherung hat nicht alle Probleme gelöst. Man muss sich nur immer wieder vor Augen führen, wie gravierend die Entwicklung insgesamt für das Land ist. Viele Industrienationen altern und werden irgendwann einmal in eine ähnliche Lage kommen. In Japan ist das, was uns in einigen Jahrzehnten droht, schon zur Realität geworden, und die Situation verschärft sich immer weiter. Noch liegt der Altenanteil unter 25 Prozent, bald wird er über 30 Prozent steigen, was angesichts der regionalen Ungleichheiten heißt, dass es in einigen Dörfern sicherlich mehr als 50 Prozent Alte geben wird. Ganz zwangsläufig bedeutet das, dass sich alte Menschen um hochalte Pflegebedürftige kümmern werden. Das kann überhaupt nur klappen, wenn massiv Hilfe von außen hinzukommt.

Es ist bemerkenswert, dass viele Vereine und Freiwillige daran glauben, dass die Alterung geradezu eine große Chance ist, die Gesellschaft wieder lebenswerter zu machen. Ich habe in meiner Forschung viele Grassroots-Aktivisten getroffen, die genau diesen Standpunkt vertraten. Eine Initiative in Fukuoka hat mich dabei besonders beeindruckt. Mitten in der Stadt gibt es eine Art Wohngruppe für demente Alte, bei deren Besuch ich direkt das Gefühl hatte, einmal in ähnlichen Umständen leben zu wollen, sollte ich Alzheimer bekommen. Schon in den 1980er Jahren erkannten eine

Krankenschwester und ein buddhistischer Priester im Gespräch über die Probleme ihres Stadtbezirks, dass für Demente irgendetwas getan werden müsse. Sie beide waren überzeugt, dass die Betroffenen möglichst in ihrer angestammten Umgebung bleiben sollten und nicht in sterile und für sie letztlich verwirrende Heime abgeschoben werden dürften. Nur wie konnte man das am besten bewerkstelligen? Am Anfang stellte der Priester seinen Tempel für eine kleine Tagesgruppe zur Verfügung. Die Alten trafen sich, wurden betreut und dann wieder nach Hause gebracht. Allein schon das war für die Zeit fortschrittlich. Dass sich noch dazu ein buddhistischer Priester engagierte, war auch sehr untypisch. Soziale Aktivitäten sind nur bedingt eine Stärke buddhistischer Schulen in Japan.

Dann hatte die kleine Initiative Glück. Ein Nachbar vererbte ihr sein geräumiges Haus gleich neben dem Tempel. Das Haus stammte aus den 1950er Jahren. Die Gruppe baute es nur wenig und mit viel Augenmaß um und aus. Dahinter stand die Überlegung, dass die meisten dementen Alten genau in solchen Häusern ihr Leben verbracht hatten. Sie hier zu betreuen und zu pflegen würde helfen, ihre Verunsicherung angesichts der immer mehr entschwindenden Welt nicht unnötig zu vergrößern.

Bei meinem ersten Besuch in diesem Haus saßen rund zehn Alte im Wohnzimmer, sangen und erzählten sich Geschichten. Sie wirkten glücklich und zufrieden. Einige Pfleger kümmerten sich um sie. In der Küche kochten gerade zwei Freiwillige aus dem Viertel das Mittagessen. Drei der alten Damen waren inzwischen komplett in das Haus übergesiedelt. Zum Konzept gehört ein allmählicher Übergang von einer Umgebung in die andere. Wenn die Demenz beginnt, kommen die Betroffenen zuerst zwei oder drei Nachmittage. Mit der Zeit bleiben sie immer länger. So können sie sich langsam an das neue Leben gewöhnen, das von der Umgebung her meist gar nicht so anders ist als ihr altes. Am Ende werden sie in der Einrichtung bis an ihr Lebensende gepflegt.

Diese Art der Pflege wirkt sich auch auf das Stadtviertel aus. Die Alten verschwinden nicht, sondern bleiben Teil des alltäglichen Lebens, da sie zunächst weiter zu Hause leben, einkaufen gehen und weiter mit anderen Bewohnern Kontakte haben. Selbst wenn sie ganz umsiedeln, verlieren sie ihre Netzwerke nicht, weil der Umzug meist kein sonderlich weiter ist. Sie können weiterhin einkaufen gehen etc. Damit die Dementen nicht verloren gehen, falls sie den Weg zurück nicht mehr finden oder ziellos umherirren, gehen Freiwillige mit Bildern der Betroffenen zu den Ladenbesitzern, Polizisten und Anwohnern im Viertel. Die wissen dann direkt, wer wo hingehört und können helfen. Das verhindert nicht nur umständliche Suchaktionen, sondern macht zudem allen im Viertel deutlich, dass sie Verantwortung für ihre Alten haben. Gleichzeitig entsteht ein Gefühl des Zusammenhalts, weil die Schwachen und Hilfsbedürftigen nicht ausgegrenzt werden. Die »Gesellschaft ohne Beziehungen« wandelt sich wieder zu einem Netzwerk für alle.

Selbstverständlich gibt es auch in einem Projekt wie diesem Probleme und Ungereimtheiten. Vor allem passen die Ideen der Aktivisten nicht so recht in den Rahmen der Pflegeversicherung. Die sieht einfach nicht vor, dass Alte nach und nach und je nach aktuellen Bedürfnissen Dienste in Anspruch nehmen. Das muss im Voraus geplant werden und kann nicht von Tag zu Tag geändert werden. So gibt es immer einmal wieder Geldsorgen. Außerdem hakt es bei den Hilfen der Stadt. Der örtliche Liberaldemokrat, der sich am meisten in Sachen Altenarbeit engagiert, schätzt das Projekt zwar, vermutet aber, dass es dem Kommunismus zuneigen würde und will deshalb keine Unterstützung der Stadt zusichern. Der Weg zu einer Gesellschaft, die über die Sorge um das Alter und die alten Menschen den Wert guter Nachbarschaft und menschlicher Bindungen (wieder)entdeckt, ist steinig.

Altern als Chance

Auf der anderen Seite hat sich in den letzten beiden Jahrzehnten ein sogenannter *silver market* entwickelt. Silver steht dabei für das Alter, da alte Menschen im Idealfall ja schöne silberne Haare haben. Unternehmen versuchen aus den anstehenden gesellschaftlichen Fragen mit Technologie und Serviceangeboten Kapital zu schlagen. Es gibt inzwischen viele Produkte, die auf die Bedürfnisse alter Menschen zugeschnitten sind. Vieles davon ist durchaus sinnvoll, manches jedoch etwas zweifelhaft. So gibt es ähnlich wie hierzulande schon eine Weile Telefone mit großen Tasten und nur den nötigsten Funktionen, die man selbst dann bedienen kann, wenn man nicht mehr so gut sieht, mit diffiziler Technik seine Probleme hat und nicht mehr die volle Kontrolle über die eigenen Hände besitzt. Weil der Kundenkreis größer ist, ist das Angebot breiter und hat seinen Eingang in die normalen Läden gefunden – eine Entwicklung, die uns in dieser Breite erst noch bevorsteht.

Über die Umgestaltung von alltäglichen Gegenständen hinaus gibt es jedoch außerdem Neuerfindungen, die speziell auf den »Silbermarkt« zugeschnitten sind. Darunter fällt sicherlich die elektronische Robbe namens Paro, über die in deutschen Medien schon ab und an berichtet wurde. Eine Plüschrobbe dient als Haustierersatz. Sie kann emotionale Regungen simulieren. Außerdem ist sie sehr kuschelig und sieht recht süß aus. Sie dient dazu, den alten Menschen die Wärme eines Haustiers zu vermitteln, ohne die umfangreichen Aufgaben und Zwänge, die normalerweise mit der Haltung von Haustieren einhergehen. Die Robben müssen nicht zu festen Zeiten ausgeführt werden wie Hunde und machen außerdem keine Häufchen. Sie müssen nicht gefüttert werden oder zum Arzt. Sie können nicht ausbüxsen wie Katzen. Vor allem können sie nicht sterben und damit ihre Besitzer traurig stimmen. So sind die Robben durchaus beliebt in der Altenpflege und werden von alten Menschen scheinbar gerne angenommen. Allerdings sind sie nicht billig. Knapp 3000 Euro kostet ein Exemplar.

Meine Freunde aus Fukuoka jedoch halten von solchem Ersatz für echte tierische oder menschliche Zuwendung freilich nur wenig. Auf diese Art verändert man die Gesellschaft nicht grundlegend in die Richtung, die angesichts der demografischen Entwicklung nötig wäre, sondern schafft nur mehr oder minder billige Auswege. Darum geht es letztlich oft bei Lösungen wie der Robbe. Beschäftigt man die alten Menschen mit einer elektronischen Robbe und stillt so ihr Bedürfnis nach Zuwendung und Kontakten, braucht man weniger Pflegende, die sich mit ihren menschlichen Sorgen und Nöten auseinandersetzen.

Noch krasser lässt sich das im Falle der Pflegeroboter sagen. Weil Pflegepersonal teuer ist und nicht genügend ausgebildete Pflegerinnen und Pfleger zur Verfügung stehen, werden Maschinen- und Roboterhilfen konstruiert, die Teile der Pflege übernehmen sollen. Manche davon sind sinnvoll. Eine automatische Badewanneneinstieghilfe für alte Menschen, die nicht mehr so leicht in eine normale Wanne hinein- und hinauskommen, entlastet alle. Es ist körperlich für Pflegende sehr belastend, Pflegebedürftige zu baden. Doch baden gehört in Japan einfach zur Alltagskultur, so dass Ersatzlösungen wie Duschen oder Waschen einen Bruch mit den liebgewonnenen Gewohnheiten bedeuten würden. Dagegen lässt sich also kaum etwas einwenden. Roboter, die mit den Pflegebedürftigen sprechen und weite Aufgabenfelder übernehmen, werden indes wohl nie ein voller Ersatz für Pflegende sein, die echte Gespräche führen können. Allerdings gilt das nur, wenn die Sätze der Pflegeversicherung überhaupt zulassen, dass sich Pflegepersonal mit der menschlichen Seite der ihnen Anvertrauten auseinandersetzt. Sparen im Bereich der Altenpflege ist in Deutschland wie in Japan ein wichtiges Gebot.

Eine andere Lösung der Problematik, immer mehr Fachkräfte für wachsende Aufgaben der Altenpflege zu gewinnen, ist aus deutscher Sicht wohl bekannt, für japanische Verhältnisse jedoch geradezu revolutionär. Seit einigen Jahren werden Pflegekräfte vor allem aus Indonesien und den Philippinen ins Land geholt. Die Regierung hat mit diesen beiden Ländern 2008 ein Wirtschaftsabkommen geschlossen, das dies ermöglicht. Während Pflegebedürftige in Deutschland nicht selten in eigener Initiative Pflegekräfte aus Osteuropa anheuern, gibt es Vergleichbares in Japan nicht. Das liegt an den wesentlich restriktiveren Immigrationsbestimmungen. Es ist schlichtweg mit hohem bürokratischen Aufwand verbunden, einfach so ausländische Arbeitskräfte ins Land zu holen, und es wird nicht gerne gesehen. Auf individueller Ebene ist das also keine Lösung. Angesichts der immensen Schwierigkeiten, genügend junge Menschen für diesen Beruf zu begeistern, die dann zusätzlich noch in anderen Bereichen des Arbeitsmarktes fehlen werden, hat man vor einigen Jahren erstmals gezielt Pflegekräfte aus Asien angeworben und ins Land geholt. Ihre Zahl war höchst überschaubar. Einige Dutzend machten den Anfang.

Aber die Politik stellte von Anfang an sehr hohe Ansprüche an die ausländischen Pflegekräfte. Sie mussten unabhängig von ihrer teilweise langjährigen Berufserfahrung noch einmal Fachprüfungen ablegen und vor allem intensiv Japanisch lernen. Dabei wurden nicht zuletzt umfassende Kenntnisse im Lesen und Schreiben gefordert. Einfach die gesprochene Sprache zu lernen wäre schon sehr anspruchsvoll gewesen, aber an den Schriftzeichen sind viele gescheitert und haben Japan frustriert wieder verlassen. Nach den ersten Jahren hat daher die Bereitschaft ausländischer Pflegekräfte eher nachgelassen, es einmal zu versuchen. Es hat sich herumgesprochen, dass die Hürden einfach zu hoch sind, um die Zulassung für Japan zu erhalten.

Damit ist dieses Projekt, den Bedarf an Pflegekräften irgendwie auf lange Sicht decken zu können, vorerst eigentlich schon wieder gescheitert. Die Regierung tut sich schwer mit Zugeständnissen, die die Aufnahme erleichtern könnten, obgleich der Bedarf immer mehr wächst. Ob Roboter jemals diese Lücke füllen können, darf bezweifelt werden. Autos bauen ist etwas anderes als alte Menschen zu pflegen. Der Markt kann insgesamt nur Lösungen anbieten, für die es politische Rahmenbedingungen gibt. Krankenhäuser und Pflegedienste scheinen bereit, ausländische Arbeitskräfte aufzunehmen, nimmt man Stellenausschreibungen als Indikator. Doch die Tatsache, dass Zuwanderung gut für Japan ist, wollen sich die Verantwortlichen noch nicht vollständig eingestehen.

Wie sieht die alte Zukunft aus?

Wie sieht die Zukunft der alternden Gesellschaft in Japan aus? Diese Frage ist für uns besonders interessant. Deutschland wird sich in eine ähnliche Richtung entwickeln, allerdings langsamer und mit einer gewissen Zeitverzögerung. Deshalb bietet der Blick nach Japan die Möglichkeit, zu lernen, welche politischen Maßnahmen greifen und was sich nicht bewährt. In Japan sind die Prognosen ähnlich wie die Gegenwart zweigeteilt. Es gibt jene, die in der Entwicklung eine Chance sehen und aus diesem Grund die Zukunft ebenso optimistisch beurteilen. Meine Freunde in Fukuoka gehören eher zu dieser Gruppe. Sie sind keineswegs allein mit ihrer Einschätzung. Es gibt viele andere Aktivisten, Praktiker, Professoren und Intellektuelle, die nicht glauben, dass eine schnell alternde Gesellschaft zwangsläufig in eine Schieflage geraten wird. Die Optimisten eint der Glaube, dass die Veränderungen den Blick für das Wesentliche schärfen werden. Das ist die Frage danach, was Lebensqualität oder noch allgemeiner Glück eigentlich ausmacht. Wenn diese Frage einmal gestellt wird, so glauben sie, werden sich Lösungen einstellen. Die Menschen werden näher zusammenrücken und nicht mehr allein dem wirtschaftlichen Erfolg hinterherjagen. Manche der eher optimistisch gestimmten Experten sehen noch nicht einmal einen Widerspruch darin. Die Alterung verspricht ihrer Meinung nach wachsende Absatzchancen – eben den »Silbermarkt«.

Auf der anderen Seite malen die Pessimisten ein sehr düsteres Bild von der Zukunft. Die japanische Bevölkerung wird in den nächsten Jahrzehnten drastisch schrumpfen. Heute leben knapp 130 Millionen Menschen im Land. In einigen Jahrzehnten wird es rund ein Drittel weniger sein, also grob geschätzt etwas über 80 Millionen. Besonders die ländlichen Gebiete werden entvölkert werden. Womöglich gibt es Mitte des 22. Jahrhunderts überhaupt keine Japaner mehr, wenn alles so weitergeht wie bisher – diese Sorge treibt zumindest die Konservativen um. Aber die Appelle an die Staatsbürger, doch endlich wieder mehr Kinder in die Welt zu setzen, fruchten nichts, wenn sie nicht von politischen Maßnahmen begleitet werden. Solange sich nichts an den Rahmenbedingungen ändert, so bei der Vereinbarkeit von Familie und Beruf, den fehlenden staatlichen Unterstützungen für Familien, den hohen Ausbildungskosten usw., werden es nicht mehr Kinder werden. Hinzu kommt, dass die jungen Leute sich immer schwerer damit tun, überhaupt Heiratspartner zu finden. Das liegt oft an den fehlenden Gelegenheiten, sich kennenzulernen. Deshalb haben Speeddating und ähnliche postmoderne Methoden der Partnerwahl Fuß gefasst und sind sehr beliebt. Vielleicht besteht also zumindest doch Hoffnung, dass junge Menschen ihr Interesse an einer Familiengründung nicht völlig verloren haben.

Die konservative Hoffnung nach einer Wende in Sachen demografischer Entwicklung wird sich trotzdem nur schwer erfüllen lassen. Von 1,3 Kindern pro Frau im gebärfähigen Alter auf 2,1 zu kommen ist alles andere als eine leichte Aufgabe. Es lohnt sich für Politiker kaum, sich in diesem Feld zu engagieren, selbst wenn sie die Probleme sehen. Bei Wahlen wird man in Japan kaum für langfristige familienpolitische Maßnahmen belohnt. Nur wenige Politiker machen sich daher diesen Bereich zu eigen.

Letztendlich ist es unglaublich schwer, seriöse Prognosen darüber aufzustellen, wie Japan angesichts der Alterung in einigen Jahrzehnten aussehen wird. Die Entwicklung ist in dieser Form und Geschwindigkeit völlig einzigartig in der Menschheitsgeschichte. Die Zahlen sind dabei noch das kleinste Problem. Demografische Trends sind relativ stabil. Dass eine liberale Zuwanderungspolitik alles ändern wird, ist sehr unwahrscheinlich, wie ich schon an einigen Beispielen gezeigt habe. Wie der Arbeitsmarkt, die Sozialsysteme, die Demokratie oder der kulturelle Wandel von der Alterung beeinflusst werden, kann man bislang erst in Ansätzen erkennen. Ein Altenanteil von knapp einem Viertel der Bevölkerung ist hoch, doch ein Drittel und mehr wird die Lage noch einmal deutlich ändern.

Die Vorstellung, wie sich alles ändern wird, fällt mir selbst schwer. Ich bilde mir bei jedem Besuch in Japan ein, mehr alte Menschen auf den Straßen zu sehen. Das ist wie gesagt nur Täuschung, weil ich die Zahlen gut kenne und inzwischen einen anderen Blick auf die Welt habe als zu meiner Studienzeit. Damals habe ich alte Menschen sicher weniger wahrgenommen, selbst wenn es viele davon gab. Trotzdem ist ganz klar, dass Japan kein junges Land mehr ist. Die Jugendkultur mag sicherlich sichtbarer sein. Außerdem gibt es wie vielerorts in Japan eher einen Jugend- denn einen Altenkult in den Medien und in der Werbung. Aber wer nur ein bisschen genauer hinschaut, sieht, dass unter dieser Oberfläche ein Land ergraut.

Three Eleven

Im Herbst 2012 saß ich in einem Hotelzimmer in Tokio im sechsten Stock. In den folgenden Tagen wollte ich nach Nordjapan fahren, um mir ein Bild von den Auswirkungen der großen dreifachen Katastrophe im März 2011 zu machen. Im Fernsehen lief ein Bericht über die Folgen des Erdbebens und Tsunamis für ein Fischerdorf und über den problematischen Wiederaufbau dort. Das staatliche Fernsehen wusste zu berichten, dass die Rückkehr zur Normalität noch durch die Folgen der Havarie der Kernkraftwerke in Fukushima erschwert wurde. Niemand wollte mehr Fisch aus der Region kaufen, aus Angst vor der Strahlenbelastung. Ich selber hatte gerade in einem Hamburgerrestaurant gegessen, das an der Kasse explizit darauf hingewiesen hatte, dass Gemüse aus der Präfektur Fukushima verwendet wurde, um den Bauern der Region zu helfen. Das hatte ich erst beim Zahlen gesehen.

Plötzlich setzte die Tonspur der Reportage aus und ein Sprecher vermeldete aufgeregt, in Nordjapan habe gerade wieder die Erde gebebt. Am oberen Bildschirmrand erschienen Einblendungen, welche Ortschaften wie stark betroffen waren. Nur Sekunden darauf gab es auch in Tokio einen Erdstoß, und mein Hotelzimmer begann zu wackeln. Das Hotel schwang leicht hin und her. Für einen kurzen Moment bereute ich meinen Forscherehrgeiz, der mich hierhergeführt hatte, und stellte mich auf das Schlimmste ein. Eine knappe halbe Minute später war alles schon wieder vorbei. Das Hotelgebäude schwang noch ganz leicht nach. Ich kam mir ziemlich albern vor. Das Beben war alles andere als heftig gewesen und viele Tokioter hatten es wahrscheinlich gar nicht bemerkt, weil sich Ähnliches fast jeden Tag ereignete. Nur ich als Ausländer hatte mich sofort vom leichten Beben und dem hektischen Unterton des Fernsehsprechers anstecken lassen. Der meldete inzwischen, dass es keine Gefahr von Tsunamis gebe. Nach kaum einer Minute war der ganze Spuk vorbei, und die Tonspur zur Fernsehreportage setzte einfach wieder ein. Am übernächsten Tag fuhr ich dann nach Nordjapan, um Betroffene zu interviewen. Praktisch jeder Ausländer, der aus einer Gegend kommt, in der es keine Erdbeben gibt, dürfte sich schon einmal lächerlich vorgekommen sein. Wenn es einen Erdstoß gibt, wird man sofort panisch und sucht Schutz. Die Japaner um einen herum bleiben dagegen recht ruhig und bemerken schwache Erdstöße kaum – alles eine Frage der Gewöhnung. Es wackelt einfach zu oft ein bisschen, als dass man jedes Mal gleich aufschrecken würde. Manchmal allerdings befällt sogar die Einheimischen Angst und Schrecken, und sie fürchten um ihr Leben.

Der 11. März 2011 war definitiv so ein Tag, und dazu komme ich später noch ausführlicher. Doch schon im letzten Jahrhundert gab es einige Naturkatastrophen, die teilweise sogar schrecklicher als die dreifache Katastrophe waren. Dem großen Kantō-Erdbeben im Jahr 1923 fielen die Hauptstadt Tokio, das angrenzende Yokohama und weite Teile Kantōs zum Opfer. Um die Mittagszeit des 1. September bebte zunächst die Erde mit einer Stärke von 7,9 auf der Richterskala. Damals waren nur wenige Gebäude erdbebensicher. Holzhäuser dominierten auch in Tokio und Yokohama noch das Straßenbild. Sie stürzten nicht nur recht schnell ein, sondern boten den vielen Feuern Nahrung, die allerorten ausbrachen. So kosteten die Brände weit mehr Menschenleben als das eigentliche Erdbeben. Insgesamt starben knapp 150 000 Menschen.

Erfahrungen wie diese haben die Haltung in Japan zu Naturkatastrophen geprägt. Ich hätte mich in meinem Hotelzimmer im Herbst 2012 sogar bei einem weit stärkeren Erdbeben sicher fühlen können. Die Bauvorschriften sind streng und werden im Gegensatz zu manch anderen Ländern eingehalten. So hätte das Hotel ziemlich sicher selbst eine Katastrophe wie die von 1923 überstanden. Es hätte noch viel stärker geschwankt, aber es wäre nicht gekippt oder in sich zusammengefallen. Die Fensterscheiben wären wohl ebenfalls nicht gesprungen. Das ist insofern wichtig, als die Scherben zu gefährlich scharfen Fluggeschossen werden könnten. Doch neue Fenster müssen starke Erschütterungen aushalten. So gibt es in vielen Bereichen Vorschriften und Regeln, die Schlimmeres verhüten. Hinzu kommt, dass immer wieder geübt wird, wie man sich im Ernstfall zu verhalten hat. Schulen haben jedes Jahr einen Katastrophenübungstag, an dem die Kinder erklärt bekommen, wie sie sich im Ernstfall zu verhalten haben. Durch die immer wiederkehrende Übung weiß jeder recht gut, was zu tun ist.

Trotz alledem – an Tagen wie dem 17. Januar 1995, als in Kobe die Erde bebte, oder eben dem 11. März 2011 können selbst alle Sicherheitsvorschriften und Übungen nicht das Schlimmste verhindern. Gleichwohl wären bei beiden Katastrophen in weniger gut vorbereiteten Ländern die Folgen weitaus schrecklicher gewesen. Sie haben trotzdem die japanische Gesellschaft jeweils in eine neue Richtung gestoßen. Das lässt sich für das Erdbeben von Kobe 1995 sicher sagen und ebenso schon jetzt für die dreifache Katastrophe von 2011, wenngleich noch nicht so viel Zeit vergangen ist.

Das große Hanshin-Awaji-Erdbeben 1995

Das Kobe-Erdbeben von 1995 traf eine Region, die normalerweise nicht so sehr mit Erdstößen vertraut ist. In Tokio wackelt es ständig, und man rechnet immer damit, dass das nächste große Erdbeben demnächst kommt. Das letzte war wie gesagt 1923. Davor traf es die Stadt Mitte des 19. Jahrhunderts schwer. Knapp 7000 Menschen starben damals. Man erwartet alle 70 bis 80 Jahre eine Katastrophe, und demgemäß wäre eine neue überfällig. Doch in der Region Kansai und speziell in Kobe sah das etwas anders aus. Natürlich waren sich die Menschen bewusst, dass es immer wieder zu Erdbeben kommen kann, jedoch ist ihre Region keine ausgesprochene Katastrophenzone. Deswegen traf das Erdbeben vom 1. September 1995 Kobe besonders hart. Eigentlich ist der deutsche Name »Kobe-Erdbeben« irreführend. Er hat sich eingebürgert, weil hierzulande vor allem die Schreckensnachrichten und Bilder aus der zweitgrößten Stadt in Kansai über die Medien verbreitet wurden. Der japanische Name Hanshin-Awaji-Erdbebenkatastrophe gibt die Dimensionen aber genauer wieder. Hanshin ist der Name für die Metropolregion Osaka-Kobe, und Awaji heißt eine kleine Insel südwestlich von Osaka, bei der das Epizentrum lag. Knapp 6500 Menschen starben und rund 300 000 wurden obdachlos. Immerhin war es Glück im Unglück, dass sich das Erdbeben früh am Morgen um Viertel vor 6 Uhr ereignete. Eineinhalb Stunden später hätten zahlreiche Gasherde gebrannt, um das Frühstück zuzubereiten, und kleine Öfen, um die Wohnungen zu wärmen. Es kam trotzdem zu großen Feuern, doch bei weitem nicht in dem Ausmaß wie es etwas später der Fall gewesen wäre. Vor allem in Kobe brannten die älteren Teile der Stadt, in denen es noch viele Holzhäuser gab. Außerdem stürzten diverse Hochstraßen und Bahnbrücken ein. Selbst Hochhäuser kippten.

Die Rettungsmaßnahmen kamen nur langsam in Gang. So waren zwar Einheiten der Selbstverteidigungsstreitkräfte in der Nähe stationiert. Sie konnten nur nicht direkt mit voller Stärke eingreifen. Dazu hätte es einer offiziellen Anforderung der betroffenen Präfekturen Osaka und Hyōgo, mit der Hauptstadt Kobe, bedurft. Der Gouverneur von Hyōgo zögerte damit aber zunächst und bat schließlich nur um begrenzte Unterstützung. Nach der damaligen Rechtslage mussten die anfordernden Präfekturen die Kosten des Einsatzes übernehmen. Der Gouverneur konnte anfänglich die Lage nicht voll einschätzen. So befürchtete er, zu viele Streitkräfte einzusetzen, deren Kosten später dann den Haushalt der Präfektur schwer belastet hätten.

Des Weiteren kam von außen nicht genug Hilfe. In den Augen der Betroffenen vor Ort und der japanischen Öffentlichkeit ganz allgemein wurde hier ein Versagen des Zentralstaates offenkundig. Schon die hochtechnologischen Vorwarnsysteme hatten nicht angeschlagen und die Menschen gewarnt. Zudem reagierten die Regierungsstellen in Tokio nach dem Erdbeben viel zu langsam und bürokratisch. Dagegen waren die regionalen und lokalen Verwaltungsstrukturen teilweise zerstört und mit der Lage erst einmal deutlich überfordert. Deshalb konnten Katastrophenpläne nicht konsequent umgesetzt werden, und die staatliche Hilfe kam nicht so recht ins Rollen. Kritik kam darüber hinaus von internationalen Hilfsorganisationen, die zunächst nicht ins Land durften. Die offiziellen Stellen argumentierten, dass die internationalen Helfer weder eine Lizenz hätten, in Japan als Ärzte zu arbeiten, noch über ausreichend Sprachkenntnisse verfügten. Die Hilfe lief also nur höchst schleppend an und war schlecht koordiniert.

Letztendlich mussten sich die Bürger vor Ort erst einmal selbst behelfen. Sie versuchten zuallererst sich selbst und dann verschüttete Nachbarn zu retten. In den nächsten Tagen wurden noch ganz andere Schwierigkeiten offensichtlich. Nachdem viele Häuser eingestürzt waren, mussten die Bewohner irgendwie anders untergebracht werden, zumal es Winter war. Scheinbar banale Fragen des alltäglichen Lebens wurden plötzlich zu echten Problemen. Es gab in einigen Stadtvierteln keine Toiletten und kein funktionierendes Abwassersystem mehr. Einige Nachbarschaftsorganisationen reagierten, indem sie spontan über aufgestemmten Kanaldeckeln Klos konstruierten. Ähnliche Hilfe zur Selbsthilfe konnte man in vielen Fällen beobachten.

Hinzu kam eine absolut überwältigende Zahl von Freiwilligen, die nach Kobe, Osaka und in die anderen betroffenen Städte eilten, um zu helfen. Insgesamt zählte man über eine Million freiwilliger Helfer, die das Schicksal der Opfer nicht kaltließ. Da das Katastrophengebiet sehr urban ist, war es relativ leicht möglich, dorthin zu kommen, um zu helfen. Der Einsatz der Volunteers wurde von den Medien begeistert gefeiert und dem offenkundigen Staatsversagen gegenübergestellt. Der Einsatzwille und die Spontaneität der Volunteers hoben sich für viele wohltuend von der verkrusteten Bürokratie ab, die die Probleme nicht in den Griff bekam.

Die Arbeit der Volunteers war darüber hinaus beim langwierigen Wiederaufbau wichtig. Die obdachlos gewordenen Opfer wurden in Notquartiere umgesiedelt. Containersiedelungen entstanden, die die Letzten erst Jahre nach der Katastrophe verließen. In diesen Notunterkünften kam es zu erneuten Tragödien. Alte Menschen, die aus ihrer vertrauten Umgebung gerissen wurden, schafften es nicht, neue Freunde und Bekannte zu finden, und verzweifelten schließlich an ihrer Lage. So kam es zu einigen Selbstmorden. Gerade deshalb war es wichtig, dass die Freiwilligen sich weiter engagierten. Es gab erfolgreiche Initiativen zur Planung eines sozialen Wiederaufbaus, der den Wünschen der ehemaligen Bewohner von Stadtvierteln gegenüber der Bürokratie Gehör verschaffte. Helfer kümmerten sich um die Kinder in den Notunterkünften, indem sie Freizeitangebote organisierten. Die Bewältigung des Traumas war ein weiteres wichtiges Thema.

Der Wiederaufbau zog sich jahrelang hin. Kobe war vor der Katastrophe eine der wichtigsten Hafenstädte des Landes mit einem internationalen Flair gewesen. Doch die Hafenstruktur war stark in Mitleidenschaft gezogen worden. Zwei Jahre nach dem Erdbeben fuhr ich mit einer Fähre von Kobe nach China und konnte mich dabei selbst davon überzeugen, dass die Hafengegend noch nicht wieder völlig aufgelebt war. Während ich in der Innenstadt kaum noch Folgen des Bebens entdecken konnte, waren einige künstliche Inseln im Hafen verwaist, die vorher zu den quirligsten Plätzen der Stadt gehört hatten. In die am schwersten betroffenen Stadtviertel, wo ich sicherlich noch einiges hätte sehen können, kam ich leider nicht. Selbst so war klar, wie langwierig und aufwendig es war, mit den Folgen des Januars 1995 fertig zu werden, selbst für eine so starke Wirtschaftsnation wie Japan.

Trotz aller Probleme bei der direkten Katastrophenhilfe und der heftigen öffentlichen Kritik muss man jedoch für das große Hanshin-Awaji-Erdbeben eines festhalten: Der Standard der Vorkehrungen und der Hilfe war im internationalen Vergleich sehr hoch. Mit Kansai hatte es allerdings eine Region getroffen, die innerhalb Japans vielleicht etwas weniger gut vorbereitet war. Außerdem machte das Erdbeben deutlich, dass sich die Vorkehrungen noch weiter verbessern ließen. Immerhin führte der Einsatz der Volunteers dazu, dass 1995 in Japan als Geburtsstunde der freiwilligen Hilfe gefeiert wird. In Kobe verfestigten sich die spontan entstandenen Strukturen zu tragfähigen Netzwerken, die in ganz Japan als Vorbild angesehen wurden und die man allerorten zu kopieren versuchte. Volunteer wurde zum japanischen Wort des Jahres, das in den Medien einen breiten Raum einnahm.

Allerdings muss man ein wenig vorsichtig sein. Die Medien und viele der Volunteerorganisationen unterstellten, dass sich die Freiwilligen praktisch gegen den ausdrücklichen Willen des Staates ihren Freiraum erst erkämpfen mussten, um in Kobe zu helfen. Dem Zentralstaat von Tokio sei es alles andere als recht gewesen, Verantwortung an zivilgesellschaftliche Strukturen abzugeben. Dem lässt sich entgegenhalten, dass es schon seit den 1970er Jahren viele staatliche Initiativen gab, Freiwillige zu gewinnen und zu fördern. Darüber hinaus versuchte die Privatwirtschaft durch Organisationen wie der Toyota-Stiftung schon seit längerem, zivilgesellschaftliches Engagement zu stärken. Das alles geschah nicht uneigennützig. Sowohl der Staat als auch die Privatwirtschaft wollten auf lange Sicht Kosten sparen. Seit den 1980er Jahren haben neoliberale Denkmuster Konjunktur. Der Staat soll möglichst verschlankt werden, und die Bürger sollen eigenverantwortlich und vor allem kostengünstig ihre Probleme selbst in die Hand nehmen. Dabei haben die staatlichen Programme ebenso wie die privatwirtschaftlichen immer Wert darauf gelegt, keine allzu politisch engagierten Volunteers heranzuziehen. Neue zivilgesellschaftliche Strukturen und Non Governemental Organizations (Nichtregierungsorganisationen, NGOs) sollten den Staat unterstützen, nicht in Frage stellen.

Das Erdbeben von Kobe zeigt, dass diese Strategie letztendlich aufgegangen ist. Die Regierung in Tokio musste zwar viel Kritik einstecken, doch die Freiwilligen sind wie erhofft zur Hilfe geeilt. Vor allem haben sich die langfristig entstandenen Strukturen nicht allzu sehr politisiert. Es gibt z. B. nur wenige NGOs, die sich um illegale Einwanderer kümmern und in dieser Rolle fast zwangsläufig mit staatlichen Stellen aneinandergeraten. Dafür haben sich viele NGOs im Jugend- und Altenbereich gegründet, die das Sozialsystem ergänzen und entlasten. Das Erbe von Kobe lebt also fort. Allerdings entspricht es nicht ganz der überschwänglichen Erzählung, die man gerade von Grassroots-Aktivisten oft zu hören bekommt. Die Volunteerbewegung war kein Befreiungsschlag gegenüber dem allmächtigen Zentralstaat, sondern eher ein verdecktes Zugeständnis an den neoliberalen Staat, der sich nach und nach aus der Verantwortung gestohlen hat.

Der 11. März 2011 und die Folgen

Als am 11. März 2011 erst die Erde in bis dahin kaum gekanntem Ausmaß bebte und direkt danach ein Tsunami die Küste von Nordjapan traf, war das schon schlimm. Die Havarie der Kernkraftwerke von Fukushima fügte der Katastrophe allerdings eine neue Dimension hinzu. Trotzdem ist es vor allem in Deutschland ganz wichtig, sich eines immer wieder vor Augen zu halten, weil besonders die Medienberichterstattung leider dazu geführt hat, dass die Situation in Nordjapan völlig verzerrt wahrgenommen wurde: Unter den rund 16 000 Todesopfern in Nordjapan sind die allermeisten durch den Tsunami gestorben, ein kleiner Anteil durch das Erdbeben und bislang niemand durch den Supergau von Fukushima – zumindest nicht in dem Moment, wo ich diese Zeilen schreibe. Fukushima wird Japan und die Welt sicherlich noch lange beschäftigen, und es wird wohl Krebsfälle und Todesopfer geben, selbst wenn der direkte Zusammenhang bestimmt nicht so leicht nachzuweisen sein wird. Aber die eigentliche Tragödie ist durch den Tsunami verursacht worden, das kann man gar nicht oft genug wiederholen.

Im September 2011 reiste ich für einige Wochen nach Nordjapan, um mir selber ein Bild zu machen und um ein Forschungsprojekt zur dreifachen Katastrophe anzustoßen. Mich interessierte vor allem, wie die alten Menschen mit den Folgen fertigwerden würden. Nordjapan gehört zur Peripherie, ist also stark überaltert. Vor allem in den Fischerdörfern an der Küste lebten viele Alte. Mit drei Koordinatoren der Hilfe für Alte in der Krisenregion fuhr ich nach Rikuzentakata, neben Kesennuma einer der am stärksten betroffenen Orte. Dort hatte der Altenanteil vor dem März 2011 über 30 Prozent betragen!

Das machte die Stadt sehr anfällig für Naturkatastrophen. Schon beim großen Hanshin-Awaji-Erdbeben waren Alte überproportional unter den Todesopfern. Sie konnten oft weniger schnell flüchten und hatten weniger körperliche Widerstandskräfte. Speziell im März 2011 waren die Außentemperaturen sehr niedrig, wodurch gerade überlebende Alte einer weiteren Gefahr ausgesetzt waren. Andererseits hatten die alten Menschen in Rikuzentakata schon Erfahrungen mit Tsunamis gesammelt, die sie sicher vorsichtiger und wachsamer gemacht hatten. Besonders ihnen dürfte klar gewesen sein, dass ein Erdbeben immer große Tsunami-Gefahr bedeutet und man daher keine Zeit verlieren darf, zu flüchten. Rikuzentakata war zum letzten Mal 1960 nach einem Erdbeben in Chile von einem Tsunami getroffen worden. Ein Bürger von Rikuzentakata erzählte mir sehr eindrücklich, wie er damals seinen besten Freund verlor und wie sehr ihn die jetzige Katastrophe daran erinnerte.

Schon davor hatte es immer wieder große Tsunamis gegeben. Der schlimmste davon hatte die Region 1896 getroffen und über 20 000 Todesopfer gefordert. Die Nachricht über die Katastrophe an der Küste hatte damals erst am folgenden Tag Tokio erreicht, weil die Kommunikationswege in die abgeschiedenen Fischerdörfer schlecht waren. An diesen Tsunami erinnerte sich bei meinem Besuch 2011 natürlich niemand mehr. Aber die Erinnerung war durch Gedenksteine wach geblieben. Insofern traf der Tsunami am 11. März 2011 die Küste nicht völlig unvorbereitet und überraschend. Wissenschaftler hatten sowieso immer wieder betont, dass es mit 90-prozentiger Wahrscheinlichkeit in den nächsten 30 Jahren eine neue Katastrophe geben würde. Hohe Mauern waren errichtet worden, um die Wellen abzuhalten. Notfallpläne waren ausgearbeitet worden. Außerdem konnte ich in Rikuzentakata überall Warnschilder sehen, auf denen stand »Bis hierhin wird der Tsunami kommen«. Jeder wusste also, was drohte.

Gleichzeitig zeigen diese Warnschilder, dass alle Vorbereitungen nicht ausreichen. Sie standen nämlich viel zu weit unten am Meer. Der Tsunami war erheblich größer, als die Vorausberechnungen angenommen hatten. Wer sich direkt hinter dem Warnschild in Sicherheit wähnte, erlebte am 11. März eine große, unheilvolle Überraschung und dürfte sie leider meist nicht überlebt haben. Mit einem Tsunami dieses Ausmaßes hatte niemand gerechnet, auch die Wissenschaftler und lokalen Beamten nicht, die für die Warnschilder, die Schutzmauern und die Notfallpläne verantwortlich waren. Hätte man hingegen aus dem Tsunami von 1896 Lehren gezogen, hätte man ahnen können, wie schlimm es werden könnte. Quellen von damals lassen eine Welle mit ähnlich verheerenden Ausmaßen erahnen – womöglich war sie sogar noch höher, so dass sie teilweise Häuser auf 50 bis 60 Meter hohen Hügeln weggespült haben soll. Die Menschen hatten nichtsdestotrotz seitdem wieder die niedrigen Flächen direkt an der Küste besiedelt und damit alle Warnhinweise in den Wind geschlagen. Es war vor allem für die Fischer einfach praktischer, direkt am Wasser zu wohnen. Sogar Altenheime waren direkt am Meer errichtet worden, damit die Bewohner die Aussicht genießen konnten. Immerhin war man in Rikuzentakata schlauer gewesen und hatte das dortige Alten- und Pflegeheim auf einem Hügel mitten in der Stadt errichtet. Im Gegensatz zu vielen anderen Einrichtungen konnten deshalb alle Bewohner gerettet werden.

Im September 2011 sah ich in Rikuzentakata schon nicht mehr allzu viel von der Katastrophe. Wie die meisten Fischerorte im nördlichen Katastrophengebiet liegt bzw. lag Rikuzentakata zwischen dem Meer und den nur wenige hundert Meter dahinter beginnenden steilen Bergen. Die Stadtteile Rikuzentakatas auf den Bergen waren völlig intakt. Als mich meine Begleiter dagegen zur Küste hinunterfuhren, bemerkte ich zunächst nur eine große grüne Wiese. Bei näherem Hinsehen konnte man Fundamente von Häusern erkennen. Die Trümmer waren schon samt und sonders auf zwei hohe Schutthaufen geschafft worden, die sich am Strand entlangzogen. Die Schutthaufen waren mit blauen Plastikplanen abgedeckt worden, doch darunter konnte man ganz gut Türen, Wände und andere Teile von Häusern erkennen.

Als Nächstes kamen wir an einem riesigen Autofriedhof vorbei. Hier wurde mir die Wucht, die die Welle gehabt haben muss, besonders deutlich vor Augen geführt. Ich habe noch nie dermaßen verbogene und zerstörte Autos gesehen und schon gar nicht so viele davon auf einmal. Wagen waren L-förmig gebogen oder völlig eingedrückt worden.

Wir fuhren wieder den Berg hinauf. Besonders eindrücklich war, wie offensichtlich wenige Meter den Unterschied gemacht hatten. Kaum waren wir etwas höher gekommen, standen schon wieder komplett unversehrte Häuser, wo Menschen gerade ihre Wäsche zum Trocknen aufhängten. In den Bergen waren dann etwas versteckt am Rande der Straße die Notunterkünfte mit Containern, in denen die Überlebenden der Innenstadt von Rikuzentakata jetzt wohl für die nächsten Jahre leben würden.

Der erste Eindruck an diesem Tag war für mich völlig irritierend. Ich erzählte meinen Begleitern aus der Altenarbeit, dass die grünen Wiesen mit Fundamenten, die fein säuberlich abgedeckten Schutthaufen, die Autofriedhöfe, die Warnschilder vor Tsunamis und die Notunterkünfte in den Bergen zwar beeindruckend gewesen seien, aber ich mir nicht vorstellen könne, wie es im März eigentlich zugegangen sei. Alles wirkte auf eine gespenstische Art aufgeräumt und fein säuberlich sortiert. Daraufhin zeigte mir eine der Koordinatorinnen drei Filme, die Bewohner von Küstenstädten und -dörfern bei der Ankunft des Tsunamis mit Handys oder Kameras aufgenommen hatten. Im Fernsehen hatte ich immer nur ganz kurze Sequenzen zu sehen bekommen, die wohl jeder in der einen oder anderen Weise kennt. Am bekanntesten ist wohl die Szene, wie ein großes Fischerboot in Kesennuma von der Welle über die Kaimauer geworfen wird. Die drei Amateurfilme vermittelten eine etwas andere Atmosphäre. Bis der Tsunami über die Orte hinwegspülte, waren etwa 20 Minuten Zeit zum Flüchten geblieben. Viele Bewohner hatten sich auf die Hänge, Hügel und Berge retten können – und von dort hatten dann einige unwillkürlich angefangen, Amateurvideos zu drehen. So konnte man sehen, wie die Menschen gebannt nach unten starrten, wo noch Feuerwehrautos hektisch herumfuhren und viele weitere Bewohner zu flüchten ver suchten. Man konnte Warndurchsagen hören, und es lag eine schreckliche Spannung in der Luft. Dann kam der riesige Tsunami. Die Schutzmauern hielten zunächst stand, brachen jedoch kurz darauf, so dass sich die Wassermassen ihren Weg in die Ortskerne bahnten. Die Menschen auf dem Berg begannen teilweise verzweifelt zu schreien und zu weinen, weil sie sehen konnten, wie unten in den Ortschaften Familienmitglieder, Freunde oder einfach andere Bewohner vergebens versuchten, in allerletzter Sekunde vor der Welle zu fliehen. Häuser wurden weggespült und schwammen einige hundert Meter weit. Ein, zwei Minuten später war der Heimatort praktisch fort und eine einzige Trümmerlandschaft. Es stimmt also nicht, dass die Menschen die Katastrophe stoisch hingenommen hätten, ohne große Gefühlsregungen, wie in den Medien oft kolportiert wurde. Das mag für die Tage danach so gewirkt haben, heißt aber eher, dass die Überlebenden ihre tiefe Trauer und Verzweiflung nicht durch die Medien weltweit teilen, sondern für sich behalten wollten.

Dass die Welle gleichzeitig weiter im Süden an der Küste außerdem über Kernkraftwerke hinwegrollte, war am 11. März noch niemandem bewusst. Fukushima wurde erst etwas später relevant. Zunächst einmal mussten die Überlebenden in Sicherheit gebracht werden, das heißt weg von den zerstörten Häusern und vor allem ins Warme. Die Bewältigung des großen Hanshin-Awaji-Erdbebens von 1995 war dabei ein bisschen die Blaupause für die Frage, wie die dreifache Katastrophe vom 11. März 2011 in Nordjapan aufgefangen werden sollte. Die Selbstverteidigungsstreitkräfte gaben eine wesentlich bessere Figur ab als eineinhalb Jahrzehnte vorher. Das Gesetz für ihren Einsatz bei Katastrophen wurde geändert. Sie können inzwischen einfach auf Weisung der Regierung in Tokio in Krisenregionen losgeschickt werden. Ohne die Selbstverteidigungsstreitkräfte hätte es in Nordjapan wohl noch schrecklicher ausgesehen. Sie waren schnell zur Stelle und in der Lage, die zusammengebrochene Infrastruktur halbwegs zu flicken. Es gab kaum noch Straßen an der Küste oder andere Möglichkeiten, überhaupt in Orten wie Rikuzentakata Krisenhilfe zu leisten.

Ähnlich wie 1995 spielten Freiwillige eine große Rolle. Es kamen allerdings nur knapp halb so viele wie damals, was vor allem daran liegt, das Nordjapan weiter ab von den Metropolregionen liegt und monatelang wirklich nur schwer erreichbar war. Ab dem Sommer gab es dann schon gute Möglichkeiten z. B. mit Bussen ab Tokio über das Wochenende nach Norden zu fahren und zuerst vor allem einmal Schutt und Geröll wegzuräumen oder die völlig verschlammte Kanalisation wieder freizulegen. Im September sah ich noch diverse Volunteergruppen, die Grundstücke säuberten. Daneben pflanzten die Freiwilligen Sonnenblumen an der Küste, um etwas Farbe und damit Hoffnung in das Alltagsleben zu bringen. Sie säuberten Fotos, die Rettungskräfte geborgen hatten, in der Hoffnung, Menschen ihre Erinnerungen wieder zurückgeben zu können. Oder sie kümmerten sich um die vielen alten Menschen, die ihre Welt hatten untergehen sehen.

Die fortgesetzte Aufmerksamkeit für Nordjapan ist wichtig. Ähnlich wie nach dem Erdbeben von 1995 wird es sicherlich ein Jahrzehnt dauern, bis die Region zur Normalität zurückkehren kann. Überhaupt ist die Frage, ob es sich lohnt, alles wieder aufzubauen. Die Fischer an der Küste sind alt. Wenn 60- oder 70-Jährige als Perspektive haben, dass in zehn Jahren ihr Hafen vielleicht wieder intakt ist, ist das nicht unbedingt besonders sinnvoll. Die Fischerei wird wohl nie wieder auf den Stand vor der dreifachen Katastrophe kommen. Das liegt auch daran, dass sich die Fische und Meeresfrüchte nicht so bald wieder verkaufen lassen werden. Derzeit sind viele infolge der Havarie in Fukushima radioaktiv belastet. Selbst wenn sie das einmal nicht mehr sind, wird es sehr lange dauern, das Vertrauen der Verbraucher zurückzugewinnen.

Fukushima – und wie weiter?

In der Umgebung der Kernkraftwerke von Fukushima wird ein Jahrzehnt bei weitem nicht für den Wiederaufbau reichen. Die Lage ist komplex – komplexer zudem, als es in den hiesigen Medien und der Öffentlichkeit angekommen ist. Oft war ja von den technikbesessenen Japanern die Rede, die in grenzenloser Zuversicht einfach Atomkraftwerke in einer Erdbebenzone errichtet hätten. Zudem seien die Sicherheitsmaßnahmen recht oberflächlich gewesen. Schließlich hätte es noch nicht einmal eine nennenswerte Antiatomkraftbewegung gegeben. 2011 hatte ich immer einmal wieder den Eindruck, dass man hierzulande fast ein wenig froh war, dass die Japaner für all das nun die Quittung bckommen hätten. Freilich waren der Schock und die Trauer in Deutschland groß. Aber ein gewisses »wir haben es ja schon immer gewusst« schwang schon mit.

So einfach sollte man sich ein Urteil über die Katastrophe von Fukushima jedoch nicht machen. Es gibt einiges mehr zu bedenken, will man wirklich verstehen, warum das Kernkraftwerk Fukushima I gerade an dieser Stelle entstand und in dieser Form gebaut wurde. Das geht schon mit der Geschichte der Reaktorblöcke im Kernkraftwerk Fukushima I los. Diese wurden keineswegs von japanischen Ingenieuren geplant und errichtet. Federführend war Ende der 1960er und Anfang der 70er Jahre der amerikanische Elektrokonzern General Electric. Die ersten beiden und der letzte der insgesamt sechs Blöcke sind durch General Electric gebaut worden. Für die anderen drei zeichneten Toshiba und Hitachi verantwortlich.

Hintergrund für das Engagement von General Electric war vor allem die Kooperation Japans mit den USA im Kalten Krieg. Die Sicherheit des Landes hing stark von den US-Streitkräften ab. Dabei war die Bedrohung durchaus real. Außer der Diktatur in Südkorea waren die meisten anderen asiatischen Nachbarn auf dem Festland kommunistisch regiert, allen voran natürlich China. Diese enge Anlehnung an die USA hatte einen Technologietransfer zur Folge. Die amerikanische Seite war an der Partnerschaft ebenso interessiert, war Japan doch der ideale und fast einzige Stützpunkt für Operationen in Asien. Also galt es, den asiatischen Partner zu stärken und insbesondere seine Energieversorgung mit sicherzustellen.

Japan ist relativ rohstoffarm. Es gab zwar Steinkohle, aber die Förderung rentierte sich in den 1960er Jahren kaum noch und wurde deshalb alsbald eingestellt. So war man hauptsächlich vom Öl abhängig. Deshalb schien eine neue, vielversprechende Energieform wie die Kernkraft interessant zu sein. Die Hoffnungen und das Vertrauen in die Kernenergie waren immens. Das galt nicht nur für Japan, sondern lange Zeit für viele Länder – sogar für Deutschland. In den 1970er Jahren erschütterten zudem die beiden Ölkrisen das Vertrauen in die dauerhafte Verfügbarkeit fossiler Brennstoffe. Jetzt versuchte man noch verstärkt in alternative Energieträger zu investieren, die das Öl ersetzen konnten. Der Kernkraft schien völlig fraglos die Zukunft zu gehören.

In der Peripherie entstanden zahlreiche Kernkraftwerke. Die China zugewandte Seite der Hauptinsel Honshu war dünn besiedelt und bot sich für Atomkraft an. Gleiches galt für Nordjapan, das ebenfalls vorwiegend agrarisch strukturiert war. Für eine Region wie Fukushima war die Kernenergie eine Chance, nicht vollends abgehängt zu werden und den jungen Menschen vor Ort doch Aufstiegschancen zu ermöglichen. Außer Fischerei an der Küste und Landwirtschaft im Inneren der Präfektur bot Fukushima in Zeiten des Fortschritts nicht viel, um junge Menschen zu halten. Der Anteil alter Menschen lag 2011 immerhin nur knapp über dem Landesdurchschnitt, was für eine Präfektur in dieser Lage schon als Erfolg zu werten ist. Insofern hatte es sich also erst einmal ausgezahlt, auf Kernkraftwerke zu setzen. Erst das Erdbeben und der Tsunami vom 11. März 2011 zeigten dann die Kehrseite der Berechnung auf, gezielt den Bau von Kernkraftwerken in der eigenen Präfektur zu fördern. Dabei war Fukushima I noch nicht einmal die einzige Anlage, die in die Bredouille geriet. Weiter nördlich gab es außerdem in Onagawa Probleme. Das dortige Kraftwerk lag aber höher als Fukushima und wurde deshalb vom Tsunami nicht ganz so hart getroffen.

Dass Kernenergie nicht unbedingt sicher ist, ahnte man in Japan schon vor der dreifachen Katastrophe. Ich kann mich erinnern, dass eigentlich bei jedem meiner längeren Aufenthalte im Land einmal ein Unfall in einem Kernkraftwerk oder einer Wiederaufbereitungsanlage passierte und sofort intensiv in den Medien diskutiert wurde. Mal leckten mehrere Tonnen Natrium aus einem Kühlkreislauf. Dann wurde wieder aufgedeckt, dass Sicherheitsbestimmungen nicht eingehalten wurden. Wahrscheinlich passierten diese Fehler weniger aus dem Glauben an die absolute Beherrschbarkeit der Technik, sondern eher, weil die Betreiber um höherer Renditen willen an besserem Personal und mehr Kontrollen sparten. Das Vertrauen in die Atomindustrie war in meinem Bekanntenkreis deshalb nicht besonders ausgeprägt. Gleichzeitig rechtfertigten die meisten meiner Freunde und Bekannten das Festhalten an der Atomkraft damit, dass Japan eben keine Bodenschätze hatte. Außerdem erinnerten sich gerade die Älteren an die Luftverschmutzung in den 1960er und 70er Jahren. Im Vergleich dazu erschien die Kernenergie eine sehr saubere Lösung zu sein. So waren selbst Müttervereinigungen, die normalerweise eine kritische Stimme in der Gesellschaft sind, dafür, auf die Kernkraft zu setzen. Sie glauben, damit der Zukunft ihrer Kinder am besten zu dienen.

Das heißt nicht, dass es keine Anti-Atomkraft-Bewegung gegeben hätte. Mitte der 1990er Jahre durfte ich sogar einmal als Dolmetscher für die älteste Bewegung gegen den Bau eines bestimmten Atommeilers fungieren. Der sollte eigentlich schon lange an der Küste der Präfektur Mie gebaut werden, also in einem ziemlich abgelegenen Eck Honshus. Doch die Bewohner einer der Gemeinden, die vom Bau betroffen waren, kämpften unablässig gegen dieses Vorhaben. Sie hatten damals schon mehr als zwei Jahrzehnte erfolgreich Widerstand geleistet, länger als die Gegner irgendwelcher anderen Pläne weltweit, ein Kernkraftwerk zu errichten! Um ihren Argumenten mehr Gewicht zu verleihen, luden sie Experten aus dem Ausland ein. So hatten sie Michael Sailer vom Darmstädter Öko-Institut gebeten, einen Vortrag zu halten, den ich übersetzen durfte. Der Saal war voll, und die Bürger des kleinen Ortes waren heftig gegen Atomkraft im Allgemeinen und den Bau eines Kraftwerks in ihrer Nähe im Speziellen. Sailer lieferte ihnen als einer der bekanntesten deutschen Anti-Atomkraft-Experten weitere Argumente und vor allem Glaubwürdigkeit.

Der Nachbarort hatte sich dagegen auf die Seite des Stromkonzerns geschlagen und dem Bau zugestimmt. Dafür gab es dort inzwischen viele neue Einrichtungen wie ein Bürgerhaus oder ein Schwimmbad, denn der Stromkonzern hatte sich nicht lumpen lassen. Am Ende siegte jedoch die Gegenbewegung. Ihr heftiger und nicht nachlassender Widerstand führte dazu, dass die Pläne nach rund drei Jahrzehnten aufgegeben wurden. Michael Sailer wiederum war 2011 einer der meistgefragten Experten in den Fernsehanstalten, um die Vorgänge in Fukushima zu kommentieren. Allerdings verwies niemand darauf, dass Sailer schon Erfahrungen mit der Anti-Atomkraft-Bewegung in Japan gemacht hatte.

Ähnliche kleinere Bewegungen hat es in Japan vielerorts gegeben. Sie zeichneten sich durch ihre Unnachgiebigkeit und nicht selten durch die Kreativität der Proteste aus. Allerdings konnten sie nie viel Gewicht in der öffentlichen Diskussion erlangen, weil sie einfach zu wenige Mitglieder hatten. Das liegt weniger daran, dass niemand gegen Atomkraft gewesen wäre. Vielmehr ist es eine Folge davon, dass zivilgesellschaftliche Arbeit in Japan fast immer von kleinen Gruppen getragen wird. Es gibt keine großen Organisationen wie den BUND (Bund für Umwelt und Naturschutz Deutschland), der allein aufgrund seiner vielen Mitglieder und seiner stabilen Strukturen Gehör findet. Die kleinen Gruppen sind sehr flexibel und gut in der Lage, regionale Probleme anzugehen. Öffentlichkeitsarbeit und der Aufbau größerer Strukturen sind dagegen weit weniger ihre Stärke.

Nach Fukushima hat sich daran nicht allzu viel geändert. Zwar haben sich die unterschiedlichen Gruppierungen zusammenfinden können, um gemeinsame Proteste in Tokio zu organisieren. Bei diesen Demonstrationen fanden sich mehrere zehntausend Demonstranten ein, was zeigt, dass der Kampf gegen die Stromkonzerne vielen Menschen ein Anliegen ist. Ob daraus eine dauerhafte Zusammenarbeit entsteht oder sich gar eine Bewegung unter dem Dach einer großen Organisation entwickelt, bleibt offen. Immerhin scheint es so, als ob sich vor allem junge Leute seit der Katastrophe mehr für Politik interessierten. Das galt lange als müßig, weil die Politiker in Tokio sowieso machen würden, was sie wollten. Außerdem wirkten die Parteien nicht sonderlich zugänglich für normale Menschen, sondern eher wie Erbhöfe. Tatsächlich wurden Parlamentssitze des öfteren quasi vom Vater an den Sohn weitergegeben, indem aussichtsreiche Wahlkreise in der Familie verblieben. Inzwischen hat sich das Klima indes gewandelt. Die politische Arena erweckt Aufmerksamkeit, weil klar ist, dass gerade jetzt viele wichtige Entscheidungen für die Zukunft anstehen. Wie soll es mit den Atommeilern weitergehen, die nach Fukushima erst einmal abgeschaltet blieben? Wie soll die Energiefrage gelöst werden? Zunächst einmal hat man sich mit Stromspar-Appellen beholfen. Aber wie könnten langfristige Lösungen aussehen? Vielleicht ist das Land an einem ähnlichen Punkt wie nach den Umweltskandalen der 1960er und 70er Jahre, die zu einer äußerst fortschrittlichen Umweltpolitik führten. Zu hoffen wäre es natürlich.

Offen wird letztendlich die Frage bleiben, wie es mit Fukushima langfristig weitergehen wird. Die Regierung hat alles darangesetzt, möglichst schnell Normalität zu demonstrieren und zu zeigen, dass die Lage längst unter Kontrolle sei. Dazu wurden durchaus schon einmal Zahlen recht eigenwillig interpretiert. Man verkündete einen *cold shutdown*, also eine dauerhafte kalte Abschaltung der betroffenen Reaktorblöcke, obwohl die dafür maßgeblichen

Temperaturgrenzen mehrmals überschritten wurden. Die Informationspolitik zu Fukushima ist nicht allzu verlässlich. Sie wird von allen möglichen politischen Motiven bestimmt. Das gilt nicht nur für die Regierung von Japan. Internationale Umweltverbände haben ähnliche, wenngleich ganz gegensätzliche Interessen und stellen die Lage daher höchst dramatisch dar. Deswegen ist es unmöglich, ein klares Bild davon zu bekommen, was letztendlich genau in Fukushima geschieht.

Die dreifache Katastrophe in Deutschland

Die dreifache Katastrophe war nicht nur für mich ein dramatisches Beispiel dafür, wie sehr das Japanbild hierzulande recht seltsamen Vorstellungen verhaftet ist. Wie Nordjapan in den Medien verhandelt wurde, war oft abenteuerlich. Freilich muss man die Journalisten in Schutz nehmen. Das Ausmaß der Katastrophe machte es schwer, sich schnell einen klaren Überblick zu verschaffen, wie es für eine fundierte Berichterstattung notwendig wäre. Außerdem waren die internationalen Medien kaum besser. Schließlich gaben selbst Japanexperten manchmal recht einfach gestrickte Informationen weiter. Trotzdem lohnt es sich, an Beispiel des März 2011 noch einmal darüber nachzudenken, welches Japanbild im Umlauf ist und warum es besser wäre, es noch einmal nachhaltig zu überprüfen.

Ein Grundproblem bei der Katastrophenberichterstattung war sicherlich die Geschwindigkeit, mit der sich die Lage veränderte. Was anfangs noch ein großes Erdbeben war, wurde etwas später zu einem Tsunami und einige Tage später dann vor allem zu einer Atomkatastrophe. Im Internetzeitalter scheint es ein Reflex von Journalisten großer Medien zu sein, eine Story in ihrem Kopf nur noch mit Expertenmeinungen zu garnieren, die ins Bild passen. Im Vorwort habe ich schon mein Gespräch mit einer *Bild*-Journalistin erwähnt. Deren Agenda schien es, herauszufinden, warum Japaner keine Trauer zeigen. Meine Einwände, dass die Opfer sehr wohl trauerten, wenngleich vielleicht etwas weniger in die Kameras, als es den Medienvertretern auf der Suche nach starken Bildern lieb gewesen wäre, wischte die Journalistin beiseite. Sie wollte wohl hören, dass das alles eine Frage der Mentalität sei und nicht des Umgangs mit Medien. Zudem ist es eine durchaus verständliche Reaktion, wenn Menschen ihre Gefühle allein schon deswegen zurückhalten, weil sie wissen, dass Freunde und Bekannte noch viel mehr verloren haben oder gar tot sind.

Dass es außerdem rein logistisch schon gar nicht so einfach gewesen wäre, aus Nordjapan zu fliehen, war der Journalistin ebenfalls nicht beizubringen. Viele der Überlebenden hatten angesichts der vielen toten oder vermissten Verwandten und Freunde und des Verlusts ihres Hab und Guts andere Sorgen, als sich schnellstmöglich davonzumachen. Ganz abgesehen davon gab es durchaus Versuche, Abstand zu gewinnen. Eine Bekannte von mir holte ihre Schwester mit zwei kleinen Kindern aus Tokio zu sich nach Fukuoka, das von Fukushima ähnlich weit entfernt ist wie Berlin von Tschernobyl. Von ähnlichen Ausweichmanövern habe ich öfter gehört. Doch meist blieb zumindest der Hauptverdiener der Familie zurück, allein schon, um seinen Job nicht zu riskieren. Es ist schlichtweg nicht so einfach, vor einem völlig unklaren Risiko auf Verdacht für unbestimmte Zeit zu fliehen, dabei aber sehr konkrete und schmerzhafte finanzielle und soziale Einbußen in Kauf zu nehmen.

In den Japanologen-Mailinglisten wurden eine Reihe vergleichbarer journalistischer Fehlleistungen diskutiert. Die dreifache Katastrophe übersteigt einfach die Möglichkeiten tagesaktueller Berichterstattung deutlich, insbesondere, wenn der Druck hoch ist, schnell neue Storys zu veröffentlichen. Aber es kommen noch grundlegendere Probleme hinzu. Schon angesprochen habe ich, dass die schwerwiegenderen beiden Katastrophen Erdbeben und Tsunami zugunsten der medienwirksameren der Havarie in Fukushima vernachlässigt wurden. Inzwischen findet man schon Veranstaltungsankündigungen, auf denen mit einem Foto eines an Land gespülten Schiffs für einen Vortrag über Fukushima geworben wird! Zumindest in englischsprachigen Zeitungen habe ich aber schon Artikel gelesen, die selbstkritisch zugegeben haben, dass bei der Berichterstattung etwas falsch lief und die Perspektive völlig schief war.

Hinzu kommt, dass die Vorgeschichte von Fukushima komplett unter den Tisch gekehrt wurde. Statt auf die Hilfe der USA im Kalten Krieg zu verweisen, wurde lieber spekuliert, was Fukushima über den japanischen Geist und die Liebe zur Technologie aussagt. Durch diesen ahistorischen Blickwinkel wurde Fukushima zum Symbol dafür, dass die technik- und fortschrittsgläubigen Japaner vor der Natur kapitulieren mussten. Bestenfalls stellten die Berichte noch klar, dass Atomkraft ganz generell auf falschen Annahmen der Kontrollierbarkeit beruhe. Dass Fukushima eben keine rein japanische Angelegenheit war und ist, fiel unter den Tisch.

Ähnlich ist es mit den internationalen Opfern der dreifachen Katastrophe. Normalerweise wird in den Medien immer aufgeschlüsselt, woher die Opfer von Katastrophen kommen. Man kann sich darüber streiten, ob es wichtig ist, zu wissen, dass unter x Todesopfern bei einem Busunfall in Y auch z Deutsche sind. An sich ist es schlimm genug, dass überhaupt Menschen zu Tode gekommen sind. Doch im Falle der dreifachen Katastrophe gab es keine solche Aufschlüsselung. Es wurde implizit unterstellt, dass alle Opfer Japaner seien. Irgendwie schien es für viele Journalisten wohl schwer vorstellbar, dass in Japan längst nicht nur Japaner wohnen. Freilich wurden einige deutsche Gaststudenten aus der Region interviewt, um Augenzeugenberichte senden zu können. Aber die eigentliche internationale Dimension blieb völlig außen vor. Tatsächlich gab und gibt es in den betroffenen Regionen aus verschiedenen Gründen Migranten. Da die ländlichen Gebiete so stark überaltert sind, hat man chinesische Gastarbeiter geholt, um beispielsweise Geflügelfarmen zu betreiben. Das spart zudem Lohnkosten, weil die Chinesen die schwere Arbeit für weit weniger Geld machen als einheimische Arbeiter. Auch in Bars arbeiteten viele Chinesen.

An der Küste wiederum gab es viele philippinische Frauen. Die Fischer haben schon seit langem Schwierigkeiten, Ehefrauen zu finden. Sie können finanziell wenig Sicherheit bieten. Außerdem haben sie durch ihre Arbeitszeiten wenig Zeit für die Familie. Noch in der Nacht gehen sie zum Fischen, schlafen dann tagsüber wenn sie heimkommen, um sich spätnachmittags noch einmal mit den anderen Fischern zu treffen. Sie sind also einfach keine attraktiven Heiratspartner. Deshalb haben sie sich anderweitig umgeschaut und oft über Heiratsagenturen Ehefrauen aus den Philippinen vermittelt bekommen. Für die Frauen bedeutete selbst die Heirat mit einem vergleichsweise armen japanischen Fischer einen sozialen Aufstieg gegenüber den Möglichkeiten zu Hause.

Mit dem Erdbeben und dem Tsunami änderte sich allerdings das Leben dieser Menschen schlagartig. Aus dem verheißungsvollen Land des Reichtums war plötzlich ein Albtraum geworden. Für die chinesischen Arbeiter lag es nahe, möglichst schnell nach China zurückzukehren, und viele scheinen das auch gemacht zu haben. Aber mancher Arbeitsmigrant hatte sich längst in Nordjapan eingelebt und dürfte die neue Heimat nur sehr ungern aufgegeben haben, mancher wird auch geblieben sein. Noch zwiespältiger dürften sich die philippinischen Ehefrauen gefühlt haben. Es gab zwar ein von ihrer Regierung organisiertes Programm zur Heimreise, aber einfach ihre Ehemänner zu verlassen ist wohl vielen schwergefallen, zumal ihre Kinder eher japanisch als philippinisch sozialisiert worden sind. Genaue Zahlen über Rückkehrer nach China oder auf die Philippinen gibt es bislang nicht.

Ich habe von den Chinesen und den Philippinas durch die japanischen Medien und Interviews vor Ort erfahren. Aus den deutschen Medien wusste ich darüber nichts. Allerdings war wohl jedem, der mit Japan vertraut ist, klar, dass in Nordjapan Migranten leben. Berichte über diese Dimension wären wichtig gewesen, um die dreifache Katastrophe nicht nachträglich noch über alle Maßen zum japanischen Unglück zu machen. Katastrophen diesen Ausmaßes sind im Zeitalter der Globalisierung nicht mehr nur rein nationale Angelegenheiten. Es sind eigentlich immer direkt Menschen verschiedenster Hintergründe betroffen. Deshalb hat es so wenig Sinn, alle Ursachen und Folgen auf die Mentalität der Japaner zurückzuführen. Selbstverständlich sind der japanische Staat und die Regierung in besonderem Maße betroffen und verantwortlich für alles, was in Nordjapan passiert ist. Nur kann man weder den Staat noch die Regierung mit allen Japanern gleichsetzen, sondern muss sie als eigene Institutionen untersuchen. Mit wenigen Ausnahmen wurde die Vielschichtigkeit der dreifachen Katastrophe glattgebügelt. Damit ist vieles vom Leid und den tatsächlichen Problemen in Nordjapan unsichtbar geblieben. Die Berichterstattung hierzulande sagt wohl genauso viel, wenn nicht gar mehr über unsere Vorstellung von Japan aus wie über die dreifache Katastrophe selbst.

Damit schließt sich der Kreis. Ich wollte in diesem Buch versuchen, überkommene Bilder aufzubrechen. Mir ging es darum zu zeigen, wie Japan jenseits dessen aussieht. Ich wollte nicht über

130 Millionen Menschen unter dem Blickwinkel »die Japaner« berichten und damit zu den vielen Japanertheorien noch eine weitere hinzufügen. Das Beispiel März 2011 zeigt sehr deutlich die Gefahren, die aus so einem Blickwinkel entstehen. Letztendlich wurde mit Hilfe von Fukushima viel über die in Deutschland vorhandenen Ängste diskutiert, aber recht wenig über die Betroffenen vor Ort. Damit ist die Berichterstattung über die dreifache Katastrophe im März und speziell Fukushima schlussendlich eine ganz interessante Metapher für die vielen Probleme im Umgang mit Japan.

Anhang

Empfehlungen: Literatur, Mangas und Internetquellen

Bücher

Abe, Kobo: Die Frau in den Dünen, Berlin 1997.
Barthes, Roland: Das Reich der Zeichen, Frankfurt am Main 1981.
Befu, Harumi: Japan. An Anthropological Introduction, Tokio 1981.
Buruma, Ian: Erbschaft der Schuld. Vergangenheitsbewältigung in Deutschland und Japan, München 1994.
Ders.: Inventing Japan, 1853-1964, New York 2003.
Campbell, John Creighton: How Policies Change. The Japanese Government and the Aging Society, Princeton 1992.
Chamberlain, Basil H.: ABC der japanischen Kultur. Ein historisches Wörterbuch, Zürich 1991.
Hardacre, Helen: Shintō and the State, 1868-1988, Princeton 1991.
Hearn, Lafcadio: In einem japanischen Garten, Zürich 2006.
Herrigel, Eugen: Zen in der Kunst des Bogenschießens, München 1953.
Inoue, Kiyoshi: Geschichte Japans, Frankfurt am Main, 2002.
Ishiguro, Kazuo: Der Maler der fließenden Welt, München 2001.
Ishihara, Shintarō: The Japan That Can Say No, New York 1991.
Ital, Gerta: Der Meister, die Mönche und ich, Weilheim 1966.
Kelly, William W: Fanning the Flames. Fans and Consumer Culture in Contemporary Japan, Albany 2004.
Kirino, Natsuo: Grotesk, München 2010.
Kitano, Beat Takeshi: Die Welt hasst mich, Frankfurt am Main 2006.
Kurahashi, Yumiko: Die Reise nach Amanon, Berlin 2006.
Mori, Ogai: Die Wildgans, Zürich 2012.
Murakami, Haruki: Wilde Schafsjagd, Frankfurt am Main 1991.
Murakami, Ryu: 69, Frankfurt am Main 2004.
Ders.: In der Misosuppe, Köln 2006.
Nakane, Chie: Die Struktur der japanischen Gesellschaft, Frankfurt am Main 2003.

Nitobe, Inazō: Bushido. The Soul of Japan, Philadelphia 1900.
Ōe, Kenzaburō: Der kluge Regenbaum. Vier Erzählungen, Frankfurt am Main 2009.
Oguma, Eiji: A Genealogy of »Japanese« Self-images, Melbourne 2002.
Ohnuki-Tierney, Emiko: Rice as Self. Japanese Identities through Time, Princeton 1993.
Okakura, Kakuzo: Das Buch vom Tee, Frankfurt am Main 2003.
Peace, David: Tokio im Jahr Null, München 2009.
Ders.: Tokio, besetzte Stadt, München 2012.
Schodt, Frederik L.: Manga! Manga! The World of Japanese Comics, Tokio / New York 1983.
Seidensticker, Edward: Tokyo rising. The City Since the Great Earthquake, New York 1990.
Shimada, Shingo: Die Erfindung Japans. Kulturelle Wechselwirkung und nationale Identitätskonstruktion, Frankfurt am Main 2000.
Shimada, Shingo und Christian Tagsold: Alternde Gesellschaften im Vergleich. Solidarität und Pflege in Deutschland und Japan, Bielefeld 2006.
Sievers, Sharon Lee: Flowers in Salt. The Beginnings of Feminist Consciousness in Modern Japan, Stanford 1983.
Stead, Alfred (Hg.): Unser Vaterland Japan. Ein Quellenbuch geschrieben von Japanern, Leipzig 1904.
Suzuki, Daisetsu: Zen and Japanese Culture, New York 1959.
Tagsold, Christian: Die Inszenierung der kulturellen Identität in Japan. Das Beispiel der Olympischen Spiele Tokyo 1964, München 2002.
Ders. (Hg.): Japan-Tag 2008. Eindrücke von Studierenden, Düsseldorf 2009.
Tanizaki, Jun'ichiro: Lob des Schattens. Entwurf einer japanischen Ästhetik, Zürich 2002.
Taut, Bruno: Nippon mit europäischen Augen gesehen, Berlin 2009.
Victoria, Brian: Zen at War, New York 1997.
Vlastos, Stephen (Hg.): Mirror of Modernity. Invented Traditions of Modern Japan, Berkeley 1998.
Yasutaka, Tsutsui: Mein Blut ist das Blut eines anderen, Berlin 2006.

Mangas

Nakazawa, Keiji: Barfuß durch Hiroshima, 4 Bände, Hamburg 2004.
Osamu, Tezuka: Adolf, 5 Bände, Hamburg 2005.
Otomo, Katsuhiro: Akira, 19 Bände, Hamburg 1991.

Internetquellen (letzter Zugriff: 30.11.2012)

Asahi shinbun: http://www.asahi.com/english/
Asienspiegel: http://www.asienspiegel.ch
Daily Yomiuri Online: http://www.yomiuri.co.jp/dy/
GaijinPot: http://www.gaijinpot.com
Japan Almanach – Tabibito's Japan-Blog: http://www.tabibito.de/japan/blog/
Japan Times: http://www.japantimes.co.jp
Japan Today: http://www.japantoday.com
Nikkei.com: http://e.nikkei.com/e/fr/freetop.aspx
The Asia-Pacific Journal – Japan Focus: http://www.japanfocus.org
The Mainichi: http://mainichi.jp/eng lish/english/

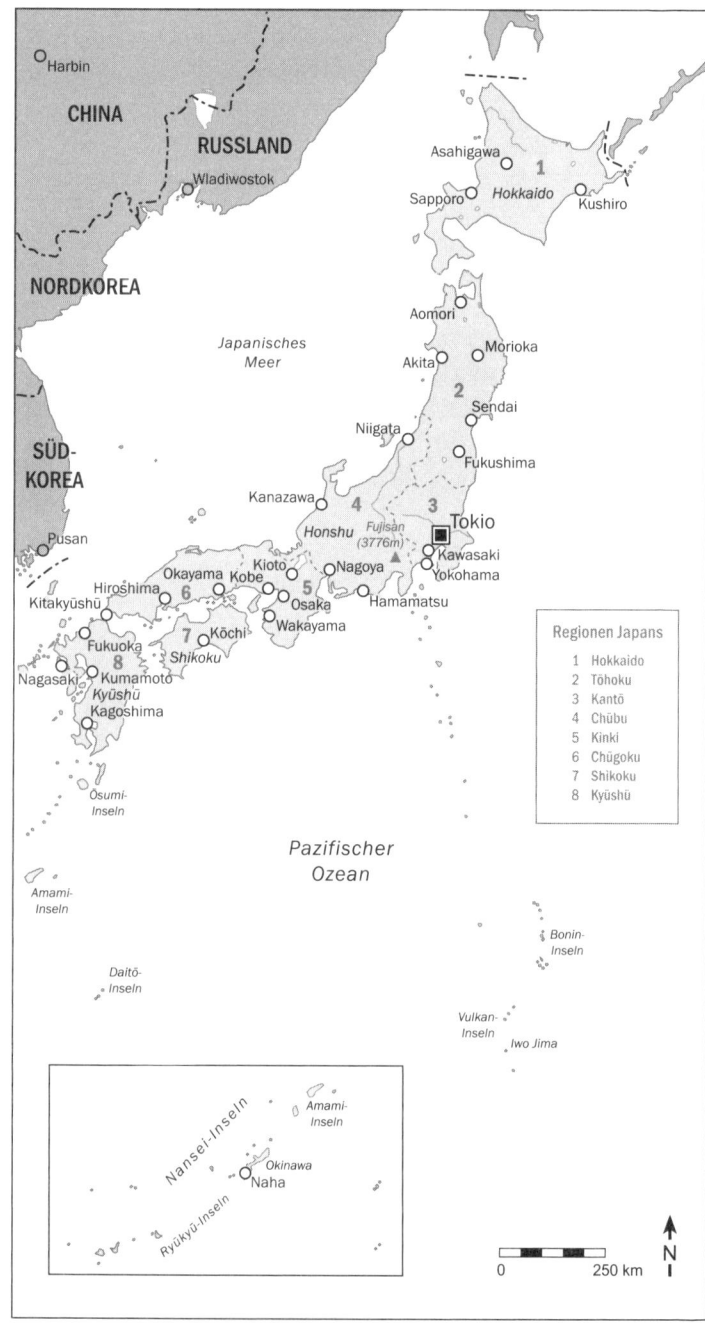

Basisdaten

Fläche: 377 923 km² (Deutschland: 357 121 km²) auf mehr als 6800 Inseln (die vier Hauptinseln: Honshu 227 963 km²; Hokkaido 77 984 km²; Kyūshū 36 738 km²; Shikoku 18 299 km²; die Zahl der Gesamtfläche beinhaltet allerdings Inseln, deren Zugehörigkeit zu Japan umstritten oder international nicht anerkannt ist)

Einwohner: ca. 128 Millionen (auf den vier Hauptinseln: Honshu 104 Mio.; Hokkaido 5,5 Mio.; Kyūshū 13 Mio.; Shikoku 4 Mio.); Deutschland: 81,9 Mio.

Bevölkerungsdichte: 336 Einwohner/km²; Deutschland: 229 Einwohner/km²

Demographie: 0 – 14 Jahre 13,2%; 15 – 64 Jahre 63,8%; älter als 65 Jahre 23,0%; Deutschland: 0 – 20 Jahre 18,4%; 20 – 59 Jahre 55,3%; älter als 60 Jahre 26,3%

Lebenserwartung: Männer 81 Jahre, Frauen 87 Jahre; Deutschland: Männer 78 Jahre, Frauen 83 Jahre

Registrierte Ausländer in Japan: 687 000 Chinesen/Taiwanesen; 565 000 Süd- und Nordkoreaner; 230 000 Brasilianer; 210 000 Filipinos; 5000 Deutsche

Landessprache: Japanisch

Wichtige Feiertage: Shōwa-Tag (Geburtstag Kaiser Hirohitos) am 29. April; Verfassungsgedenktag am 3. Mai; Geburtstag des Tenno am 23. Dezember

Staatsform: Parlamentarische Demokratie mit konstitutioneller Monarchie

Parlament: zwei Kammern, Oberhaus: 242 Sitze, Unterhaus: 480 Sitze

Hauptstadt: Tokio, 8,97 Mio. Einwohner in den 23 inneren Stadtbezirken; Großraum 35 Mio.

Größte Städte: Tokio 8,97 Mio. Einwohner, Yokohama 3,67 Mio., Osaka 2,67 Mio., Nagoya 2,26 Mio., Sapporo 1,91 Mio., Kobe 1,54 Mio., Kioto 1,45 Mio.

Bruttoinlandsprodukt: 5869 Mrd. US-Dollar; 45 850 US-Dollar pro Kopf Deutschland: 3577 Mrd. US-Dollar; 43 670 US-Dollar pro Kopf

Verwaltungsstruktur: 47 Präfekturen (Metropolpräfektur Tokio, zwei städtische Präfekturen Osaka und Kioto, Hokkaido, 43 weitere Präfekturen)

Quellen: Ministerium für Land, Infrastruktur, Verkehr und Tourismus, Japan; Statistisches Büro Japan; Vereinte Nationen; IWF; Statistisches Bundesamt

Neue Nachbarn in einer globalisierten Welt –
Eine Nahaufnahme aus dem Reich der Mitte

Marcus Hernig
China
Ein Länderporträt

2. Auflage
216 Seiten, 1 Karte, Klappenbroschur
ISBN 978-3-86153-689-5
16,90 € (D); 17,40 € (A)

China boomt. Manager, Existenzgründer, Studenten oder Praktikanten versuchen ihr Glück in der neuen Wirtschaftsmacht. Dabei ist es nicht einfach, sich in diesem Land zurechtzufinden.
Marcus Hernig schreibt von den Schwierigkeiten, in China Fuß zu fassen, und vom Glück, mit Chinesen zusammenzuleben. Aus langjähriger Erfahrung gibt er Einblicke in die wesentlichen Aspekte der chinesischen Kultur, Geschichte, Politik und Gesellschaft. Kenntnisreich vermittelt er so das Leben im heutigen China und kommt dabei ohne Stereotype und Superlative aus.

www.laenderportraet.de
www.christoph-links-verlag.de

Wodka und Politik, Kultur und neuer Reichtum – Einblicke in eine Gesellschaft im Umbruch

Manfred Quiring
Russland
Orientierung im Riesenreich

208 Seiten, 1 Karte, Klappenbroschur
ISBN 978-3-86153-471-6
16,90 € (D); 17,40 € (A)

Manfred Quiring, seit über 30 Jahren journalistisch in Moskau tätig, schildert faktenreich, wie sich der Alltag des Riesenreiches in den letzten Jahren rasant gewandelt hat. Er beschreibt den Kontrast zwischen neuem Reichtum und verbreiteter Armut, zwischen Traditionalisten und westlich orientierten Reformern sowie zwischen der Metropole Moskau und der Provinz. Zugleich erklärt er aber auch, was man die »russische Seele« nennt, welche Rolle der Wodka im Zusammenhang mit Gastfreundschaft spielt und warum die russischen Frauen als die schönsten gelten. Anhand der reichen Anekdotenkultur des Landes macht er manches verständlich, was auf den ersten Blick eher Kopfschütteln auslöst. Seine Tipps und Erklärungen helfen all jenen, die das Land bereisen oder einfach besser verstehen wollen.

www.laenderportraet.de
www.christoph-links-verlag.de

»Die Bücher dieser Reihe lesen sich wie der lange
Brief eines guten Freundes aus einer anderen Kultur.«

Haken

Marcus Funck
Kanada
Ein Länderporträt

184 Seiten, 1 Karte, Klappenbroschur
ISBN 978-3-86153-690-1
16,90 € (D); 17,40 € (A)

Ute Mehnert
USA
Vertraute Bilder, fremdes Land

240 Seiten, 1 Karte, Klappenbroschur
ISBN 978-3-86153-602-4
16,90 € (D); 17,40 € (A)

www.laenderportraet.de
www.christoph-links-verlag.de